N
Danzig
1793
Holz
markt
Pfeffer Stadt
Kaschubischer Markt
Gr. Mühle
Radaune
Alt
stadt
Schüsseldamm
Neu
stadt
Hakel-
werk
Altstädtischer Graben
Johannisgasse
Fischmarkt
Mottlau
Burggelände
Radaune
Jung-Stadt
Weichsel
4
5
7
8
9
10
11
18

E.T., 6/89

Waldemar Epp

Danzig

Schicksal einer Stadt

Waldemar Epp

DANZIG

Schicksal einer Stadt

Bechtle

Bildnachweis

Johann-Gottfried-Herder-Institut, Marburg: 1, 2, 14, 25, 26
Bildarchiv Preußischer Kulturbesitz: 15
Alle anderen: privat.

Umschlaggestaltung: Christel Aumann, München
Satz: Fotosatz Weihrauch, Würzburg
Druck und Binden: May + Co., Darmstadt
Printed in Germany
ISBN: 3-7628-0428-1

Meinen Kindern
Michael, Angelika, Andreas, Astrid
zur Erinnerung
an die Heimat ihres Vaters

Inhalt

Vorwort

Mit einem älteren und zwei jüngeren Brüdern wuchs ich auf unserem elterlichen Bauernhof in Marienau im Weichsel-Nogat-Delta auf. Die deutschnationale Haltung des weitaus überwiegenden Teils der Bauern im fruchtbaren Werder bestimmte auch die politische Einstellung meiner Eltern, die die Abtrennung der ehemals Freien Stadt Danzig vom Deutschen Reich als ein Unrecht ansahen. Später, als ich an der geisteswissenschaftlichen Fakultät der Technischen Hochschule in Danzig meine ersten beiden Semester absolvierte, sagte einer unserer Professoren in einer Vorlesung über die geschichtliche Entwicklung Danzigs zur damals gegenwärtigen Lage etwa folgenden Satz: »Diese unnatürliche Grenze ist als Folge eines Krieges gezogen worden, und sie wird auch nur durch einen Krieg beseitigt werden können«. – Und so kam es denn auch einige Jahre später.

Meine mennonitischen Vorfahren sind aufgrund der religiösen Verfolgungen in den Niederlanden und Friesland um 1540 in das Mündungsgebiet der Weichsel, die sogenannten »Preußischen Lande Königlich-polnischen Anteils«, eingewandert, wo sie trotz gelegentlicher Anfeindungen zu beachtlichem Wohlstand gelangten. Mehrere Privilegien der polnischen Könige gestatteten ihnen gerade im Hinblick auf ihre großen Kenntnisse in der Entwässerung und Urbarmachung sumpfigen Gebietes das ungehinderte Leben nach den Regeln ihrer Glaubensgemeinschaft.

Den Weg, den meine Ahnen nach Osten gegangen sind, habe ich nun in umgekehrter Richtung machen müssen. Nicht freiwillig, aber ohne Bitterkeit, denn ich kenne die schuldhafte Verstrickung, die mir wie Millionen anderer zu tragen auferlegt worden ist. Ich fühle mich meiner Heimat und dem ganzen ehemals deutschen Osten auch heute noch eng

verbunden, aber ich weiß auch, daß eben dieser Osten durch Hitlers verbrecherischen Krieg gegen Polen, der seinem imperialistischen Expansionsdrang pangermanistischer Prägung entsprang, für uns unwiederbringlich verloren ging.
Die enge Bindung, die Danzig mit Polen jahrhundertelang vereinte, ist mir erst in all ihren Einzelheiten klar geworden, nachdem ich meine Heimat verloren hatte. Und wenn die Geschichte Danzigs in den Schul- und Geschichtsbüchern bis noch vor kurzer Zeit in einem Licht dargestellt wurde, als habe es sich stets nur um einen Kampf des Deutschtums gegen das andrängende Polentum gehandelt, will ich nachstehend versuchen, die Geschichte Danzigs neu zu werten.
Diese Abhandlung über »Danzig, Schicksal einer Stadt« ist eine populärwissenschaftliche Arbeit und will nichts anderes sein. Es kam mir nicht darauf an, eine streng wissenschaftliche Untersuchung vorzunehmen, sondern unserer kritischen Jugend über diese Stadt Danzig an der Mündung der Weichsel zu berichten, die in der europäischen Geschichte so eine herausragende Rolle gespielt hat und einige Jahrhunderte hindurch heiß umstrittenes Objekt der mittel-, ost- und nordeuropäischen Mächte darstellte. Danzig war es, das den Anstoß zum Ausbruch des zweiten Weltkrieges gab, so heißt es meist. Daß Hitler, der den Krieg wollte, Danzig nur als Vorwand benutzte, um ihn vom Zaune zu brechen, kann nicht oft genug betont werden.
Bei dem Material, das die Grundlage dieser Arbeit bildet, handelt es sich weitgehend um wissenschaftliche Abhandlungen, die sich mit Teilaspekten der Danziger Geschichte befassen. Andrerseits wurden die geschichtlichen Bücher des bekanntesten Danziger Historiographen der neueren Zeit, Erich Keyser, kritisch durchgearbeitet und die feststehenden historischen Fakten zumeist anders gewertet, ohne entschieden worden zu sein. Vor uns liegt noch ein weites Feld, das der wissenschaftlichen Forschung und Bearbeitung bedarf. Eine erste Lücke hat jetzt Heinz Lingenberg mit seiner sehr gründlichen Arbeit über »Die Anfänge des Klosters Oliva und die Entstehung der deutschen Stadt Danzig« (Kieler Historische Studien, Bd. 30) geschlossen, doch weitere müßten folgen. Man sollte dies nicht allein den polnischen Historikern überlassen, die gerade über Danzig intensiv arbeiten und bereits zu manch einer fruchtbaren Erkenntnis beigetragen haben.
Aufrichtigen Dank sagen möchte ich an dieser Stelle Herrn Dr. Willy

Jaitner, ehemaligem stellv. Leiter der Abteilung Schulfunk beim WDR, der mich mit viel Verständnis und Anteilnahme beraten hat.

Köln-Auweiler 1982 *Waldemar Epp*

Danzig, Schicksal einer Stadt

Danzig, das »nordische Venedig« oder »Königin der Weichsel«, wie es oft genannt wurde, war in seiner Geschichte eine heiß umstrittene Stadt. Schon bald nach seiner Gründung stritten sich Polen und Brandenburg wie auch der Deutsche Ritterorden um diese damals noch kleine, aber doch so wichtige Stadt an der Mündung der Weichsel in das Baltische Meer.

Die Geschichte Danzigs ist ohne Emotionen wohl von keiner Seite darzustellen, es sei denn, man bemüht sich, Danzig als die Hauptstadt des natürlichen Einzugsgebietes der Weichsel mit ihren Nebenflüssen anzusehen und sich von der Behauptung zu distanzieren, Danzig sei jahrhundertelang eine deutsche oder eine polnische Stadt gewesen, denn das eine wie das andere ist ebenso richtig wie falsch.

Der 1750 vom Danziger Rat zum Syndicus berufene Rechtsgelehrte und Historiograph Gottfried Lengnich schreibt in seinem »Jus Publicum Civitatis Gedanensis« (Der Stadt Danzig Verfassung und Rechte) nach gründlichem und tiefschürfendem Studium der alten Privilegien, Recesse und Willküren sowie in genauer Kenntnis der im Geheimarchiv – es wurde Christopher genannt – aufbewahrten Dokumente: »... Allein, da in den folgenden Zeiten die deutschen Ordensritter der Stadt und den gesamten preussischen Landen schwer fielen und ihnen mit Verkürzung ihrer Freiheiten das Joch einer unerträglichen Dienstbarkeit auferlegen wollten, geschahe es, daß nebst der Stadt fast ganz Preuzzen A. 1454 den Kreuzherren den bisherigen Gehorsam aufkündigte und sich dem Könige von Polen, Casimiro IV., und dessen Nachfolgern auf ewig unterwarf. Seit der Zeit hat Danzig keinen anderen Herrn gehabt, als den König von Polen, und ist unter mancherlei Vorfällen, Widerwärtigkeiten, Reizungen und Drohungen von seiner Unterwürfigkeit nicht abgetreten, sondern in derselben standhaft geblieben, dass sie mit Recht den Beinamen der getreuesten Stadt, der ihr von ihren Königen oft gegeben worden, verdienet.« (Cap. I, § 4)

In der heutigen Geschichtsforschung nimmt Lengnich wieder einen hohen Rang ein, wie er es auch verdient, denn er gehört zu den bedeutenden Persönlichkeiten der Danziger Geschichte, und vielleicht ahnte er 1769 bei Fertigstellung seines Buches das Schicksal Danzigs, das sich durch die erste (1772) und zweite (1793) Teilung Polens so grundlegend verändern sollte. Am Schluß seiner Vorrede zum »Jus Publicum Civitatis Gedanansis« steht sein unerfüllt gebliebener Wunsch:

»Ich endige diese Vorrede mit einem kurzen doch herzlichen Wunsche, dass Gott diese meine geliebteste Vaterstadt bei ihren Rechten, Freiheiten und von den gottseligen Vorfahren auf die Nachkommenschaft gebrachten löblichen Gewohnheiten bis auf die künftigen spätesten Zeiten erhalten und ihr keine andere Könige vorsetzen wolle, als die dasjenige, was die durchlauchtigsten ehemaligen Regenten theils verliehen, theils bestätigt, heiligst zu beobachten, auch zu größerem Aufnehmen zu vermehren, sich huldreichst angelegen sein lassen.«

Ein Wort aus einer Zeit nur ein gutes Jahrzehnt später soll hier noch erwähnt werden. Adele Schopenhauer, die Schwester des großen in Danzig geborenen Philosophen, schrieb aus der Autobiographie ihrer Mutter Johanna in »Jugendleben und Wanderjahre« über die Zeit nach der ersten Teilung Polens, als Friedrich der Große durch harte Maßnahmen den Handel Danzigs zeitweise nahezu blockierte: »Der Zorn der Bürger, den das Gefühl ihrer Ohnmacht bis zu verzweiflungsvoller Wut erhöht hatte, wandelte, als der erste Schrecken überstanden war, in verbissenen Ingrimm, in immer tiefer eingreifenden Haß gegen Preußen und alles, was preußisch war, sich um, der bald in den festen Entschluß überging, zur Verteidigung des letzten armseligen Scheins ehemaliger Freiheit, der ihnen geblieben war, alles daran zu setzen, Leib und Leben, Hab und Gut.« Der Vater des Philosophen, Heinrich Floris Schopenhauer, setzte alles daran. Er, dessen Schwiegervater der Ratsherr Trosiner war, wandte seiner Vaterstadt Danzig den Rücken und zog mit seiner Familie in das artverwandte Hamburg. Von seinem Sohn Arthur, dem späteren Philosophen, schreibt der Kunsthistoriker von Holst: »Der freiheitliche individualistische Zug, der Schopenhauers Denken von den Systemen mancher staatstreuer Philosophen der ersten Hälfte des neunzehnten

Jahrhunderts unterscheidet, ist eine Morgengabe seiner Vaterstadt«.
Der letzte Hohe Kommissar des Völkerbundes in Danzig, der Schweizer Politiker und Historiker Carl J. Burckhardt, schreibt in seinem Buch »Meine Danziger Mission«: »Bei den Friedensverhandlungen schlug die ›Cambon-Kommission‹ die bedingungslose Abtretung Danzigs durch das Reich an Polen vor, aber Lloyd George erklärte, es handele sich um rein deutsches Gebiet. Der Begriff reindeutsches Gebiet wurde von den Polen mit ethnischen und mit überzeugend wirkenden historischen Argumenten bestritten«.
Bereits um die Wende vom 13. zum 14. Jahrhundert hatten sich Brandenburg, Polen und der Deutsche Ritterorden um den Besitz Danzigs gestritten und Kriege geführt, bis es schließlich 1308 dem Orden gelang, Danzig seinem Hoheitsgebiet einzuverleiben. Es soll nicht bestritten werden, daß für die wirtschaftliche Entwicklung Danzigs diese Lösung die beste war, aber ebensowenig kann bestritten werden, daß Danzigs freiwillige Lösung vom Orden und Unterwerfung unter die polnische Krone die Grundlage für die weltweite Bedeutung wurde, die Danzig unter der Herrschaft der polnischen Könige dann erreichte. Dem »Anschluß« an Preußen 1793, den der damalige polnische König Stanislaw II. August (Poniatowski) trotz aller Bitten Danzigs nicht verhindern konnte, ging ein verzweifelter Kampf um die Freiheit voraus.
Noch einmal flammten dann Freiheitsbewegungen in Danzig auf, als »die Danziger Delegation am Wiener Kongreß als Hauptaufgabe hatte, die Bindungen zwischen Danzig und dem polnischen Staat, welche Form der Kongreß ihm auch geben möge, aufrechtzuerhalten« (Burckh. S. 248/49). Der Wiener Kongreß entschied, daß Danzig auch weiterhin zu Preußen gehören sollte. Die Verbindung zu Polen aber wurde durch die russisch-polnische Grenze, die unmittelbar südlich von Thorn verlief, unterbrochen. Polen wurde zwar wieder ein Königreich, das aber »auf ewige Zeiten durch seine Verfassung mit Rußland verbunden sein sollte« (Rhode S. 341) ... Danzig aber blieb eine preußische Provinzstadt.
Fast genau einhundert Jahre später begann der Streit um Danzig aufs neue. Der weltberühmte polnische Pianist und glühende Patriot Ignacy Jan Paderewski wurde 1914 Vicepräses des polnischen Hilfskomitees in der Schweiz und wirkte intensiv als Propagandist des polnischen Nationalgedankens. Ihm dürfte es in erster Linie zuzuschreiben sein, daß der amerikanische Präsident Wilson in sein Vierzehnpunkteprogramm als

dreizehnten Punkt die Errichtung eines unabhängigen polnischen Staates unter Einschluß aller Gebiete mit unzweifelhaft polnischer Bevölkerung und mit freiem Zugang zur See aufnahm. Für das am 15. 8. 1917 in Lausanne gegründete »Polnische Nationalkomitee«, an dessen Spitze Dmowski, Paderewski und Seyda standen, war es selbstverständlich, daß damit Danzig als Mündungshafen der Weichsel an Polen fallen würde. Statt dessen kam es zur Bildung der »Freien Stadt Danzig«, so daß Danzig von diesem Zeitpunkt ab erst recht umstritten war, denn es gehörte weder zu Deutschland noch zu Polen. Mit dieser Lösung hat keines der beiden Länder sich je abgefunden, denn für Polen war der Anspruch auf Danzig ein geschichtlich begründbarer und damit legitimer. Deutschland hingegen, welches die Geschichte nicht auf seiner Seite hatte, begründete seinen Anspruch ethnisch, denn zweifellos handelte es sich um ein Gebiet, welches in weiten Teilen rein deutsch, in anderen überwiegend deutsch war. Die polnische und kaschubische Minderheit schwankte, auf das ganze Gebiet der Freien Stadt Danzig bezogen, zwischen drei und vier Prozent.

Heute ist Danzig der Bevölkerung nach eine rein polnische Stadt. Die Polen haben nach dem Krieg, der Danzig fast total zerstört hatte, mit Liebe und Sachkenntnis die Stadt historisch getreu wiederaufgebaut, und der Stolz Polens auf sein Gdańsk ist unverkennbar. Danzig ist heute wieder wie in früheren Jahrhunderten die Handelsmetropole an der Weichsel.

Gottfried Lengnich, Syndicus von Danzig (1750)

Als sich der Rat der Stadt Danzig im Jahre 1524 entschloß, die Stelle eines obersten Verwaltungsbeamten zu schaffen, nannte er diesen neuen Amtsträger Syndicus. Einer der bedeutendsten Syndici, die jemals an der Spitze der Danziger Stadtverwaltung gestanden haben, war Gottfried Lengnich.

Zwei später hoch angesehene Rechtsgelehrte und Historiker wurden im Jahre 1689 in Danzig geboren: Gottfried Lengnich und Johann Jacob Mascov; letzterer wirkte im 18. Jahrhundert – einem für Danzig entscheidenden – als Jurist und Historiker an der Leipziger Universität. Als Ratsherr und Prokonsul der Stadt Leipzig sowie als Dekan des Stiftes Zeitz übte er einen großen Einfluß aus und machte sich durch seine historischen Werke einen weit über Leipzig hinaus reichenden Namen.

Was Mascov in Leipzig erreichte, erreichte Gottfried Lengnich in Danzig. Die Titel waren zwar verschieden, das Wirken beider aber umfaßte nahezu die gleichen Aufgabengebiete. Der Danziger Rat hätte, als er 1750 Lengnich zum Syndicus berief, auch die Möglichkeit gehabt, Mascov mit diesem Posten zu betrauen, zumal der König von Polen zu jener Zeit ein Sachse war. Doch die Entscheidung fiel zugunsten Lengnichs aus, und der Rat traf damit eine gute Wahl.

Lengnichs Vater gehörte zur Kramer-Gesellschaft und damit zur III. Ordnung, die neben dem Rat anfänglich eine kleine, später hingegen eine ausschlaggebende Rolle bei der Regierung der Stadt spielte. Geboren wurde Gottfried Lengnich in Danzig am 4. Dezember 1689 und wurde, wie er in seinem Lebenslauf selbst schreibt: »den 13. desselben Monats durch die heilige Taufe in den Bund mit Gott aufgenommen«. Lengnich war zeit seines Lebens ein tief gläubiger Mensch. In seinem Lebenslauf, den er als 75jähriger verfaßte, heißt es: »... nur dies will ich nicht verschweigen, dass ich den Wahrheiten der Evangelisch-lutherischen Religion mit einer innerlichen Überzeugung von Herzen beygepflichtet, den Gebrauch der Gnadenmittel nicht verabsäumet, Gott täglich um die Vergebung meiner Misshandlungen angeflehet und wider meinen Nebenmenschen im Herzen keine Feindschaft, Groll und Rache geheget habe ...«

Als Kind erhielt er im elterlichen Hause Unterricht, doch schickten ihn seine Eltern schon mit 13 Jahren nach Gniew (Mewe) zur Schule, wo er die polnische Sprache erlernen sollte, die er später neben seiner deutschen Muttersprache, Latein und Französisch fließend beherrschte. Er besuchte das Akademische Gymnasium in Danzig und studierte seit 1710 an der vom ersten preußischen König Friedrich I. (damals noch Kurfürst Friedrich III.) 1694 gegründeten Universität in Halle Rechts- und Staatswissenschaften. Der Stern der hallensischen Universität leuchtete hell, und Namen wie Christian Thomasius, August Hermann Francke, Christian Wolff, N.H. Gundling und andere haben das damalige geistige Leben im deutschen Sprachraum und darüber hinaus mit geprägt. Lengnich ging nicht fehl in der Annahme, als er nach dem Tode Friedrichs I. 1713 und dem Regierungsantritt des sparsamen und für die Geisteswissenschaften nicht sehr eingenommenen Friedrich Wilhelm I. Halle verließ, daß sich hier bald einiges ändern werde. So wurde denn auch Christian Wolff vom jungen preußischen König kurz nach dessen Regierungsantritt des Landes verwiesen.

Lengnich stand 1713 im Begriff, sich an der Universität Halle zu habilitieren, und er selbst schreibt hierüber: »... wobey mein Endzweck war, ein Lehrer auf derselben Universität zu werden, wozu gewisse Umstände mir förderlich zu seyn schienen. Das Ableben des Königs Friedrich des ersten machte hierin eine Änderung, und ich fand es für gerathener, Halle zu verlassen, mein Glück am Königlich Polnischen Hofe zu versuchen und mich nach Warschau zu begeben. Wie ich auf meiner Dahinreise allhie in Danzig angelanget war, brachten mich die Vorstellungen des damaligen Syndici Herrn Albrecht Rosenbergs, meines besonderen Gönners, mit dem ich seit einiger Zeit in einem Briefwechsel gestanden, dahin, dass ich mich entschloss, dasjenige, was mir Gott etwan bestimmt hätte, in meiner Vaterstadt abzuwarten.«

»Mein nunmehriges Augenmerk und der eigene Trieb veranlassten, die Geschichte und das Staatsrecht des Königreichs Polen, der Preussischen

Lande und dieser Stadt bey meiner müssigen Zeit mir etwas genauer bekannt zu machen, und das dabey empfundene Vergnügen bekam einen nicht geringen Zuwachs, da verschiedene in unserm Gymnasio Studierende mich ersuchten, ihnen über die zuvor angeführten und noch andere Theile der Gelahrtheit Vorlesungen zu halten, wodurch ich Gelegenheit bekam, dasjenige, was ich für mich studieret, noch gründlicher zu lernen, da ich es andern vortragen sollte.«
Lengnich machte sich in der Gelehrtenwelt bald einen Namen, und so wurde er vom Danziger Rat mit dem Lehrstuhl für »Wohlredenheit und Dichtkunst« betraut. Um diesen Lehrstuhl hatte sich auch Johann Christoph Gottsched beworben, und Lengnichs Schwiegersohn (und Neffe) berichtet, »wie Gottsched getröstet von dannen gegangen sei, als er Lengnichs Antrittsvorlesung mit angehört und sich von dessen Vortrefflichkeit überzeugt habe«. Die russische Zarin Anna, Nichte Peters des Großen, ließ Lengnich 1738 als Ehrenmitglied der Kaiserlichen Akademie zu St. Petersburg aufnehmen, und der polnische König August III. – gleichzeitig sächsischer Kurfürst und Sohn Augusts des Starken – stattete ihn 1739 mit einem Ehrensold aus und ernannte ihn ein Jahr später zum Königlichen Legationsrat.
Sozusagen als Sonderbeauftragter dieses Königs war Lengnich 1740 längere Zeit in Warschau am königlichen Hof und knüpfte viele persönliche Beziehungen zu den polnischen Großen, die er zeit seines Lebens pflegte. Seine Tätigkeit als Lehrer erreichte ihren Höhepunkt, als er 1740 zum Professor »der Rechtsgelahrtheit und der historischen Wissenschaften« berufen und mit dem »Inspectorat« des Gymnasiums betraut wurde. Als solcher war er rangmäßig der II. Ordnung, den Schöppen, gleichgestellt, stand aber über den beiden jüngsten Schöppenmitgliedern. Das »Akademische Gymnasium« in Danzig war 1558 zwar nicht als Universität gegründet worden, hatte aber universitären Charakter.
Dieses Amt sollte er jedoch nur kurze Zeit ausüben, denn schon am 5. Mai 1750 wurde er mit dem Amt des Syndicus der Stadt Danzig betraut. Gesellschaftlich lag sein Rang nun zwischen den vier Bürgermeistern und den Ratsherren (Senatoren). Seine Aufgabe bestand darin, die Verwaltung der Stadt zu überwachen, alle Verträge der Stadt rechtlich zu begutachten und gegebenenfalls selbst abzuschließen, die Interessen der Stadt bei den Verhandlungen in Danzig oder am königlichen Hof in Warschau zu vertreten. Gerade die letzte Aufgabe führte er mit größtem

Geschick durch, wobei ihm seine vielfältigen Beziehungen zur polnischen Krone, zum polnischen Adel und zum sächsischen Hof in Dresden äußerst dienlich waren. An den Danziger Privilegien wollte er nicht rütteln lassen, so daß er nicht nur in Danzig selbst, sondern auch in den Preußischen Landen Königlich polnischen Anteils die unumstrittene politische Persönlichkeit war, die sich auch am Warschauer Hof hohe Achtung erwarb. »Aus Lengnichs persönlichem politischen Einsatz in der großen Danziger Verfassungskrise um die Mitte des 18. Jahrhunderts ist sein bedeutsames Werk, die Beschreibung des ›Jus publicum Civitatis Gedanensis‹ herausgewachsen, die wohl wegen ihres streng autonomistischen Standpunktes vom Rat zurückgehalten und erst 1900 veröffentlicht wurde. In ihr hat Lengnich das Bild des alten Danzig ein Menschenalter vor seinem Untergang in allen Einzelzügen festgehalten« (Schieder). Mehr als 130 Jahre hat also sein »Jus Publicum Civitatis Gedanensis« als Manuskript im Danziger Archiv geschlummert, bevor es der Westpreußische Geschichtsverein 1900 als Sonderdruck veröffentlichte. Der Herausgeber, Dr. Otto Günther, begründet diese späte Drucklegung sehr sachlich und wohl auch richtig, wenn er schreibt: »Lengnich, der die persönliche Gunst der beiden letzten Könige Polens in reichem Maße besessen, ist Zeit seines Lebens gewiß ein treuer Unterthan der polnischen Krone gewesen ... Dass man zu Polen gehörte, daran hatte man sich lange gewöhnt, und das umso leichter, als man immer im Gedächtnis behielt, dass diese Zugehörigkeit keine erzwungene war. Traten also Gegensätze auf, so flossen dieselben gewiss nicht aus einem nationalen Empfinden, sondern nur aus dem Bestreben, die alten theils aus der Ordenszeit überkommenen, theils von Casimir und seinen Nachfolgern verliehenen oder garantirten Sonderrechte der Stadt gewahrt zu sehen.«
»Bei dieser Tendenz des vorliegenden Werks kann es nicht Wunder nehmen, wenn der Danziger Rath, dem der Author das Werk selbst unterbreitete, es zwar durchaus billigte, aber trotzdem von einer Veröffentlichung durch den Druck absehen zu müssen glaubte, vielmehr dem Verfasser aufgab, es in Verwahrung zu nehmen und niemandem mitzutheilen«.
Wie groß die Verbundenheit Lengnichs mit seiner »geliebten« Heimatstadt Danzig einerseits und mit der Krone Polens andrerseits war, geht auch daraus hervor, daß bereits sein Erstlingswerk »Polnische Bibliothek« die drei großen Themenkreise umfaßte, die Lengnichs Forschun-

gen beherrschten, und die er der Nachwelt so objektiv wie möglich hinterlassen wollte: Polen, die Preußischen Lande Königlich-polnischen Anteils und Danzig.
Gottfried Lengnich erlebte noch die erste Teilung Polens. Er selbst hat sich mit seinen 83 Jahren öffentlich nicht mehr dazu geäußert, aber wir dürfen getrost unterstellen, daß er blutenden Herzens dem politischen Geschehen, das die Freiheit Danzigs in ständig wachsendem Maße durch Preußen bedrohte, folgte und mit Bitterkeit erkennen mußte, daß er nichts daran ändern konnte, so sehr er sich auch am Warschauer Hof für Unterstützung in dem Kampfe Danzigs um seine Freiheit einsetzte. Sein Tod am 28. April 1774 hat ihn davor bewahrt, eben diesen Todeskampf Danzigs um seine Freiheit miterleben zu müssen.
Ein nahezu 85jähriges Menschenleben war beendet. Es umfaßte mehr als eine geschichtliche Epoche. Schon als junger Mensch war Lengnich den historischen Ereignissen mit wachen Augen gefolgt. Bei seiner Geburt regierte noch König Johann III. Sobieski, den eine enge Freundschaft mit dem Danziger Ratsherrn Johannes Hevelius verband, worüber noch zu sprechen sein wird. Johann-Sobieski war es auch, der das Abendland vor der Türkengefahr bewahrte und den Sieg am Kahlenberg bei Wien am 12. 9. 1683 erfocht. Dieser König war zwar nur einmal offiziell, aber mehrfach privat in Danzig und erfreute sich einer großen Beliebtheit. Für den Knaben Lengnich wurde er geradezu zur legendären Figur.
Der Nachfolger auf dem polnischen Thron war der Kurfürst Friedrich August I. von Sachsen, als polnischer König August II. In seine Regierungszeit fällt der große Nordische Krieg (1700–21), in dessen Verlauf Danzig in schwere Konflikte gezogen wurde, da es dem jungen Schwedenkönig Karl XII. gelang, die Russen bei Narwa zu schlagen. Er wandte sich dann gegen Polen, verjagte August II. und zwang den Adel, seinen Günstling Stanislaw I. Leszczynski zum König zu wählen, der nun von 1704–1709 regierte. Gegen Danzig rückte der schwedische Heerführer Steenbock vor und verlangte die Anerkennung Stanislaws I. Danzig mußte schließlich nachgeben und eine beträchtliche Summe an Schweden zahlen. Die Situation änderte sich für Danzig grundlegend, als Karl XII., bei Poltawa von den russischen Heeren vernichtend geschlagen, in die Türkei flüchtete. August II. übernahm 1709 wieder die Regierung in Warschau. – Im Jahre darauf nahm Lengnich sein Studium in Halle auf, plante später, im Jahre 1713, eine Reise an den königlichen Hof

nach Warschau, kehrte aber zuerst nach Danzig zurück, das ihm zum Schicksal werden sollte. Zu August II., der nun bis zu seinem Tode 1733 regierte, hatte Gottfried Lengnich vermutlich noch keine persönlichen Beziehungen, zumal die Anfänge seiner monumentalen neun Bände umfassenden »Geschichte der Preussischen Lande Königlich Polnischen Anteils« eben erst der Öffentlichkeit und damit vor allem der Gelehrtenwelt übergeben worden waren. Mit diesem Werk ging Lengnichs Ruhm wie ein strahlender Stern auf, und es nimmt daher nicht wunder, daß er bereits 1729 die Berufung zum »Lehrer der Wohlredenheit und Dichtkunst bey dem Gymnasio« erhielt, von der er offenbar völlig überrascht wurde, denn er sagt in seinem Lebenslauf: »... ob ich mich gleich auf meine Untüchtigkeit berief, ich mein neues Amt am 2. Junius 1729 nach Gewohnheit mit einer feyerlichen Rede antrat«.

Nach dem Tode Augusts II. unterstützten Rußland, Österreich und auf Grund des Berliner Vertrages von 1728 ganz gegen seine Interessen auch Preußen den Anspruch seines Sohnes auf die polnische Krone. Der polnische Sejm wählte jedoch diesmal mit großer Mehrheit und im Bewußtsein, die Unterstützung Frankreichs zu haben, am 12. 9. 1733 erneut Stanislaw I. Leszczynski zu seinem König. Die Tochter Stanislaws, Maria, hatte der französische König Ludwig XV. am 5. September 1725 geheiratet.

»Während ein russisches Heer bereits im Anmarsch war«, Stanislaw Leszczynski aber »kaum über Truppen verfügte«, begab sich dieser »in die einzige starke Festung seines Reichs nach Danzig« (Rhode, »Geschichte Polens« S. 301/302 Darmstadt 1980), das ihm als dem erstgewählten König die Treue hielt, wie es dies auch im Jahre 1575 getan hatte, als sich nach einer Doppelwahl Maximilian II. von Habsburg und Stefan Bathory gegenüberstanden. In beiden Fällen mußte Danzig seine Treue zum erstgewählten König von Polen teuer bezahlen. Diesmal waren es russische Truppen, die Danzig belagerten. Stanislaw Leszczynski flüchtete verkleidet Ende Juni 1734 nach Königsberg, und wenige Tage später kapitulierte Danzig.

Dieser kriegerische Konflikt hat auf Lengnich starken Einfluß gehabt, denn er arbeitete ja bereits als Lehrer am Akademischen Gymnasium und hatte darüber hinaus vom Rat der Stadt Danzig den Auftrag erhalten, die Geschichte Danzigs in aller Gründlichkeit zu studieren. Ihn verband also mit seiner Heimatstadt nicht nur die historische Vergangen-

heit, sondern er erlebte nun persönlich seit 1734 die ungewöhnlich turbulenten Jahrzehnte, die tief in das bürgerliche Leben der Stadt eingriffen.
Als August III. bestieg 1734 der Sohn Augusts des Starken den polnischen Königsthron und bestimmte als König maßgeblich die Geschicke der Stadt Danzig. Gottfried Lengnich gegenüber legte er ein generöses Verhalten an den Tag und zeichnete ihn mehrfach aus. Dies insbesondere auch, als in den Jahren zwischen 1740 und 1750 »zahlreiche Überlegungen über innere Reformen angestellt und gedruckt wurden, darunter ... die Untersuchung des Danziger Juristen Gottfried Lengnich ›Jus publicum Regni Poloniae‹ (1742–1746) ...« (Rhode, a.a.O. S 303).
Für die Regierung in Danzig, d.h. sowohl für den Rat als auch für die III. Ordnung, aus der Lengnichs Eltern stammten, wurde Lengnich die Schlüsselfigur in den schweren Verfassungskämpfen, die sich um die Mitte des 18. Jahrhunderts in Danzig abspielten. In höchster Bedrängnis berief der Rat ihn am 5. Mai 1750 zum Syndicus. Als solcher wurde er vor eine schier unlösbare Aufgabe gestellt, denn Rat und Bürgerschaft standen sich als feindliche Kontrahenten gegenüber, und Lengnich war der einzige, der in Warschau wie in Dresden vermittelnd eingreifen konnte und Gehör fand.
Es gab in der Geschichte Danzigs niemals einen Syndicus, der mit einer solchen Fülle innerstädtischer Probleme zu ringen hatte wie Gottfried Lengnich. Er stammte aus der III. Ordnung und kannte ihre Sorgen; er wurde zum höchsten Beamten der Stadt berufen und sollte die Macht des Rats bewahren, da er dessen Vertrauen besaß. Lengnich war Gelehrter, Jurist und Historiker. So war er mit den Geschehnissen der vergangenen Jahrhunderte in dieser Stadt bestens vertraut und konnte sein Urteil nicht nur aus historischer, sondern auch aus rechtsgeschichtlicher Sicht fällen. Er liebte die Freiheit, wollte aber auch die Ordnung. Er haßte die Zügellosigkeit, verachtete aber auch die sklavische Disziplin. So hat er an seiner Stelle das Menschenmögliche getan, um seiner »geliebtesten Vaterstadt« die Freiheit und die Ordnung zu bewahren. Als Historiker kannte er die Anfänge Danzigs und die große Gestalt Swantopolks. Als Jurist mußte er nun machtlos zuschauen, wie sich Preußen, Rußland und Österreich über jedes Völkerrecht hinwegsetzten und sich zu Lasten des Königreichs Polen bereicherten. In seinen Augen war dies eine gesetzwidrige Bereicherung.

Aus allen diesen Gründen scheint es angebracht, diese nahezu in Vergessenheit geratene Persönlichkeit erneut sprechen zu lassen und ihre Schriften bevorzugt einer Geschichte Danzigs zugrundezulegen. Lengnichs Verdienste um Danzig und Polen sind Geschichte geworden, die nicht übergangen werden kann. Sein Wirken und Schaffen beweisen wie das keines anderen, was Danzig für Polen und Polen für Danzig bedeutete.

Danzig unter den pomoranischen Fürsten

1 *Aus grauer Vorzeit*

Zweifellos haben am unteren Lauf der Weichsel und an ihrem Mündungsgebiet in den ersten Jahrhunderten unserer Zeitrechnung germanische Volksstämme gelebt, von denen an Bedeutung die Goten alle anderen überragen, aber sie waren nur kurze Zeit dort. Gepiden, Burgunder, Rugier und andere haben alle eine Zeitlang zwischen Weichsel und Oder gesiedelt, doch gegen Ende der Völkerwanderung waren sie aus der Geschichte des Ostens weitgehend ausgeschieden. Slawische Volksstämme waren langsam westwärts gewandert, und etwa um das Jahr 600 wohnten östlich der Oder an der Küste der Ostsee die Pomoranen – das waren die »Leute am Meere« – und südlich von ihnen die Poloni – das waren die »Leute der Ebene«. Auch weiter westlich bis zur Elbe lebten noch slawische Stämme; für die Geschichte Danzigs sind sie ohne Bedeutung, wenngleich Deutsche und Polen mehrfach gegen sie gekämpft haben.
Offenbar unberührt durch die Völkerwanderung siedelten östlich der unteren Weichsel die baltischen Pruszen, die sich wie die Germanen und Slawen in eine Anzahl von Stämmen gliederten, von denen die südlichen mit den angrenzenden slawischen zumeist in Fehde lagen. – Die Bewohner dieses Gebietes, die im Römischen Reich durch den Bernsteinhandel bekannt waren, werden von Tacitus unter dem Namen Aestii erwähnt. Unter dieser Bezeichnung kommen sie auch beim Geschichtsschreiber der Goten, Jordanes (um 550), dem römischen Staatsmann und Gelehrten Cassiodor, dessen verloren gegangene Schrift vermutlich die Quelle des Jordanes gewesen ist, und dem angelsächsischen Kaufmann Wulfstan vor, dessen sehr anschaulich geschriebener Reisebericht in der

Weltgeschichte des Orosius (887–901) steht. Wulfstan schildert seine Reise von Haethum (Hydaby bei Schleswig) durch das Baltische Meer, wobei es wörtlich heißt: »... und Wendenland war uns den ganzen Weg am Steuerbord bis Wisle-mudan (Weichselmünde). Die Wisle (Weichsel) ist ein sehr großer Strom, und sie fließt an Witland und Wendenland. Das Witland gehört zum Ästenlande; und die Wisla fließt vom Wendenlande aus und läuft ins Ästenmeer (Frisches Haff); und das Ästenmeer ist zum wenigsten fünfzehn Meilen breit. Dann kommt der Ifling (Elbing-Fluß) von Osten in das Ästenmeer aus dem See (Drausensee), an dessen Gestade Truso liegt.« Truso lag etwas südöstlich von Elbing am Fuße der Elbingerhöhe. Es war damals das Zentrum des östlichen Handels und vermutlich der Handelsplatz der Pruszen, der auf eine normannische Gründung zurückgeführt wird. Mit dem Namen »Brus« werden die Pruszen erstmals in dem Reisebericht des aus Spanien stammenden jüdischen Kaufmannes Ibrahim ibn-Ja'qub bezeichnet. Sie selbst nannten sich Prusai.

Das eigentliche Mündungsgebiet der Weichsel war vor 1000 Jahren noch eine völlig versumpfte Gegend, die nur an den beiden Ausläufern des Baltischen Höhenrückens, der Elbinger Höhe im Osten und der Danziger Höhe im Westen, besiedelt war. Dazwischen lagen verstreut etwas höher gelegene trockene Stellen, wo sich Menschen niederlassen konnten. Die Weichsel mündete etwa bei Schöneberg in das Frische Haff, das nur eine verlandete, von Brackwasser erfüllte Meeresbucht der Ostsee ist. Die Nehrung selbst hatte noch an mehreren Stellen Verbindung zum offenen Meer, die erst im Laufe der Jahrhunderte verlandeten, bis schließlich, durch Menschenhand begünstigt, das Mündungstief der Weichsel bei Weichselmünde und das Pillauer Tief verblieben. Im Westen reichte das Frische Haff bis Ohra, verlief im Süden über Käsemark, Ladekopp nach Gr. Mausdorf, wo es auf die Ufer des Drausensees traf, der wiederum auch nichts weiter als eine Ausbuchtung des Haffs darstellte. Der Hauptstrom der Weichsel wechselte, wie es bei Rhein, Elbe oder Oder nicht anders war, oftmals seinen Lauf. Schwente/Tiege, Lienau und Laake waren Mündungsarme der Weichsel. Die Hauptwassermengen der Weichsel aber nahmen ihren Abfluß in die Ostsee durch das größte Tief des Haffs bei Weichselmünde. Zeitweise jedoch haben Nogat und Elbinger Weichsel größere Wassermengen als der Hauptstrom in das Haff geführt. Der Durchstichkanal bei Schievenhorst wurde 1896 vollendet, so

daß erst seit dieser Zeit die Weichsel in genau nördlicher Richtung in das Meer abfließen kann und damit endlich den ständigen Dammbrüchen vorwiegend bei den Frühjahrshochwassern ein Ende gesetzt wurde.
War auch die Weichsel die eigentliche Trennungslinie zwischen Pomoranen und Pruszen, so gab es doch im dünn besiedelten Mündungsgebiet durchaus Vermischungen dieser Volksstämme, von denen der eine slawischer, der andere baltischer Herkunft war. Auch in Danzig haben nicht nur Pomoranen, sondern auch Pruszen gelebt. – Die Deutschen kamen erst später.
Es stellt sich nun die Frage, wo diese Stämme gelebt und was sie getrieben haben. Um sich ein ungefähres Bild davon zu machen, muß man sich vorzustellen versuchen, wie das Gelände zu jener Zeit – also vor rund eintausend Jahren – aussah. Am Fuße des Bischofs- und Hagelsberges ist eine Höhe über Meeresspiegel von 12 bis 13 m, wo heute Petershagen mit Schwarzem Meer und Sandgrube sowie Neugarten und die Nordpromenade (oberhalb des Hauptbahnhofs) liegen. Von hier fällt das Gelände in unregelmäßigen wellenförmigen und z.T. sehr gewundenen Linien bis zur Mottlau ab, wo noch unterschiedlich 3–4 m Höhe sind. In diesem Gebiet befinden sich zwei vermutlich in grauer Vorzeit vom Schidlitzbach aufgespülte Sandrücken, die sich deltaförmig von Neugarten hinab bis zur Mottlau ziehen. Der nördliche hat eine relativ breite Kämpe gebildet, und zwar dort, wo später zur Ordenszeit die Radaune in die Mottlau geleitet wurde. Der südlichere hingegen, der nicht so breit ist, verläuft über den Krebsmarkt, das Hohe Tor, die Langgasse und den Langer Markt zur Mottlau. Das Gelände zwischen diesen beiden Sandrücken war in der Nähe der Mottlau stark versumpft. Immerhin konnten sich auf diesen beiden Sandrücken und auch schon einige hundert Meter von der Mottlau entfernt mühelos Menschen ansiedeln und dort, sei es durch Fischfang, sei es durch Weidewirtschaft oder gar Ackerbau ihr Leben fristen.

2 *Adalbert von Prag*

Wulfstan hat in seinem Reisebericht gegen Ende des 9. Jahrhunderts wohl Weichselmünde, aber nicht Danzig erwähnt, woraus man jedoch

nicht ohne weiteres schließen darf, daß es dort noch keine Ansiedlung gab. Urkundlich begegnet uns Danzig zum ersten Male im Jahre 997, als um die Osterzeit dieses Jahres der Hl. Adalbert auf seiner Reise zu den Pruszen in der urbs Gyddanyzc Station machte. Dem zeitgenössischen Bericht des römischen Abtes Johannes Canaparius über die Reise Adalberts entnehmen wir folgende Schilderung: »Nachdem der Herzog Boleslaw den Wunsch Adalberts erfahren hatte, gab er ihm ein Boot und rüstete es mit 30 Bewaffneten zum Schutze auf der Reise aus. Adalbert suchte zuerst die ›urbem Gyddanyzc‹ auf, welche die Küste des Meeres berührte und von diesem die weiten Gebiete des Herzogs abtrennte. Da Gottes Barmherzigkeit seine Ankunft segnete, wurden dort große Scharen von Menschen getauft. Dort feierte er die Heilige Messe und opferte dem Vater Christus, dem er sich selbst nicht lange nach jenen Tagen zum Opfer darbringen sollte. Was aber übrig blieb von dem, das er selbst und die Neugetauften empfangen hatten, ließ er sammeln und bewahrte es, in ein sehr reines Tuch eingewickelt, sich auf, um es als Wegspeise mitzunehmen. Am nächsten Tage begab er sich, nachdem er allen den Abschiedssegen erteilt hatte, in ein Boot und auf das Meer, und wurde von ihren Augen fortgetragen, um niemals wiedergesehen zu werden.«
In dieser modernen Übersetzung ist eigentlich »urbem Gyddanyzc« mit »die Burg Danzig« wiedergegeben worden. Diese Übersetzung wurde jedoch deswegen nicht übernommen, weil die Sprachforscher durchaus unterschiedlicher Meinung sind. Burg heißt lateinisch »castrum« und Stadt heißt üblicherweise »urbs«. Angeblich hat man zu jener Zeit eine Burg mit ihrer Ansiedlung urbs genannt, auch wenn es sich nicht um eine Stadt handelte. Diese unterschiedliche Auffassung braucht uns jedoch nicht weiter zu interessieren, denn in jedem Falle ist durch diesen Bericht festgehalten, daß es dort eine Burg gab und eine größere Anzahl von Menschen in einer geschlossenen Siedlung lebte. Bedenkt man, daß zu jener Zeit im Rheinland oder in Süddeutschland ein Ort von 1000 Einwohnern oft auch eine Stadt war, so können wir getrost unterstellen, daß Gyddanyzc eine Stadt mit einer befestigten Burg war.
Archidiakon Ernst Blech, Pfarrer an St. Katharinen, schreibt in seiner Abhandlung »Altchristliche Glaubensboten in Westpreußen« zum Besuch des Hl. Adalbert in Danzig: »Er fand im Jahre 997 bereits Christen in Danzig vor. Ungehindert hat er gepredigt, viele getauft und mit ihnen das Heilige Abendmahl gefeiert. Offenbar Zeugnisse einer bereits ge-

tanen Vorarbeit, welche nur von polnischen Geistlichen ausgegangen sein kann, die dem Zuge in das nordische Land bis an das Meer folgten.« Wenn es in dem Bericht des Abtes dann weiter heißt, Adalbert habe sich in einem Boot auf das Meer begeben, so ist damit das Frische Haff gemeint, und die Stelle, an der sich Adalbert einschiffte, kann durchaus St. Albrecht gewesen sein, denn eine alte Legende verbindet diesen Ort eng mit dem Wirken des Hl. Adalbert.
Ihre Burg hatten die Fürsten von Danzig auf der Kämpe am Einfluß der Radaune in die Mottlau errichtet. Hier zwischen Burg und Hagelsberg bestand also bereits um das Jahr 1000 eine Ansiedlung, die »nicht nur der Sitz einer beachtenswerten politischen Herrschaft war, sondern auch im Mittelpunkt eines ausgedehnten Handelsverkehrs stand« (Keyser, Baugeschichte der Stadt Danzig, S. 24), denn andernfalls würde im Bericht des Abtes Canaparius nicht die Rede von der »urbem Gyddanyzc« sein. Bei der Burg handelte es sich allerdings noch nicht um eine solche aus Steinen, die gab es im Osten damals nirgendwo.

3 *Das Geschichtsbild wird klarer*

Etwa 150 Jahre lang wird Danzig urkundlich nun nicht mehr erwähnt. Der polnische Geschichtsschreiber der damaligen Zeit, Gallus Anonymus – sein wirklicher Name ist nicht bekannt, doch handelt es sich vermutlich um einen aus Frankreich stammenden Benediktiner –, der die Geschichte Polens bis 1113 dargestellt hat, schreibt nur von Kämpfen zwischen Pomoranen und Poloni, wobei er die Pomoranen »auf die gleiche Stufe stellt wie die Pruszen« (Rhode, a.a.O., S. 4). Zur Charakterisierung der Pomoranen und Poloni ist allenfalls interessant, daß es an einer Stelle heißt: »Poloni gloriam appetebant, Pomorani libertatem defendebant« (die Polen erstrebten den Ruhm, die Pomoranen verteidigten die Freiheit). Weder den Kampf um des Ruhmes willen (siehe Friedrich den Großen) noch den um die Freiheit wird man verurteilen wollen.
Aus einer Urkunde des Papstes Eugen III. aus dem Jahre 1148 wissen wir, daß der päpstliche Legat Aegidius von Tusculum mit dem Polenherzog Boleslaw III. 1123 eine Vereinbarung traf, in der die Grenzen des Bistums Kujawien festgelegt wurden, welches sich von Wloclawek links der

Weichsel entlang bis zur Küste erstreckte und somit ganz Pommerellen umfaßte. Gleichzeitig wurde bestimmt, welche Einkünfte dem Bischof zustanden, wobei es in bezug auf Danzig heißt, daß er die Zehnten von den jährlichen Erträgen des Ackerbaus, der Viehzucht, des Fischfangs und von den Abgaben, die von den Schiffen erhoben wurden, erhalten sollte. Da hier ausdrücklich die Abgaben der Schiffe erwähnt werden, ist darauf zu schließen, daß der Handel, der von Danzig aus betrieben wurde, durchaus seine Bedeutung hatte und ein mehr oder weniger reger Seeverkehr existierte. Mögen an diesem Handel vermutlich auch noch keine Danziger Segelschiffe beteiligt gewesen sein, so ist doch anzunehmen, daß die Zahl der dortigen Bewohner für die einlaufenden Schiffe ausreichend groß war, um das Anlaufen Danzigs für die Kaufleute lohnend erscheinen zu lassen. Holz, Fische, Felle, sicherlich auch Bernstein konnte Danzig in jedem Falle anbieten, vielleicht auch schon Getreide. Die Getreidearten Weizen, Roggen, Gerste und Hafer werden bereits in pommerellischen Urkunden des 12. Jahrhunderts erwähnt, wie H. Schuch in dem Artikel »Kulturgeschichtliches über Pommerellen vor der Besitzergreifung durch den Deutschen Ritterorden« berichtet. In dem gleichen Artikel heißt es u.a. auch: »Aus der Sorgfalt, die der Aufzucht der Falken gewidmet wurde, kann man entnehmen, daß die Jagd mit ihnen allgemein gebräuchlich war, und dazu gehören gute Pferde und tüchtige Reiter ... Ferner werden feststehende Straßen genannt, so beispielsweise auch die von Neuenburg über Stargard nach Danzig, die bereits 1198 urkundlich als via mercatorum bezeichnet wird ... Mühlen zum Mahlen des Getreides sind wohlbekannt, Wassermühlen kommen schon 1178 vor, eine Windmühle wird einmal genannt.« (»Die Provinz Westpreußen in Wort und Bild« S. 363/64).
Dennoch war die Bedeutung Danzigs nicht so groß, daß es selbst Bischofssitz wurde. Das mag aber auch damit zusammenhängen, daß Pommerellen und Polen noch keine politische Einheit bildeten, die Christianisierung aber von Polen ausging, und der Bischof seinen Sitz in einer polnischen Stadt, Wloclawek, welches in späteren Urkunden auch häufig Leslau genannt wird, behalten wollte. Vorwegzunehmen wäre jedoch, daß Danzigs Bedeutung rasch stieg, und es daher durch die Errichtung eines Archidiakonats im 13. Jahrhundert kirchlich eine besondere Stellung erhielt, aber stets dem Bischof von Kujawien unterstellt blieb.

Der erste Herzog von Pommerellen, der seinen Sitz in Danzig hatte und uns namentlich bekannt ist, hieß Subislaw. Ihm ist auch die Stiftung des Zisterzienserklosters Oliva zu verdanken, über dessen Gründungsjahr Lingenberg schreibt: »... doch ließe sich der Beginn der das Kloster konstituierenden Verhandlungen auch schon 1184 denken. Die Errichtung der nötigsten Baulichkeiten schuf ein bis zwei Jahre danach die Voraussetzungen, daß am 2.7.1186 der Konvent in Oliva einziehen und das erste pommerellische Zisterzienserkloster seine Arbeit aufnehmen konnte« (Lingenberg S. 174). Die ersten Mönche in Oliva kamen aus dem Zisterzienserkloster Kolbatz in Mittelpommern. Am Rande sei erwähnt, daß Kolbatz 1173 gegründet und hier die bedeutendste Klosterkirche Pommerns gebaut wurde. Mit der Gründung Olivas kamen die ersten deutschen Mönche und damit auch die ersten deutschen Siedler ins Land. Von dem Kloster in Oliva läßt sich wohl das gleiche sagen, was in der Gründungschronik des Zisterzienserklosters Heinrichau in Schlesien steht, das nur wenige Jahrzehnte später gestiftet wurde: »Im Jahre des Herrn ... kamen Männer, ehrwürdig durch die Heiligkeit ihrer Tugenden, reif an Sitten, friedlich im Umgang, hurtig zum Beschreiten des Weges der göttlichen Gebote ... an diesen damals noch recht rauhen und waldumdüsterten Ort. Hier mit Hacke und Pflugschar die Erde furchend, aßen sie ihr Brot nicht nur im Schweiße ihres Angesichts zur Erhaltung des Lebens sondern auch in Herzensfreude, weil sie würdig befunden worden waren, daß durch sie in diesem Orte die Blume des Zisterzienserordens eingepflanzt würde, die bis zum Tage des Jüngsten Gerichts vielen Tausenden Seelen ein Wohlgeruch zum ewigen Leben wäre. Mit Tränen netzten sie ihre Wangen, auf daß nach dem Propheten ihre Tränen ihnen Tag und Nacht Brot und geistliche Speisen wären.« (WDR, Schulfunk, S. 35)

Daß Subislaw an solchen Ordensbrüdern interessiert war, steht außer Zweifel, denn mit dieser Einwanderung zogen neuer Unternehmungsgeist, neues know-how und damit eine intensivere Bewirtschaftung des Bodens sowie Belebung der wirtschaftlichen Entwicklung im Danziger Gebiet ein. Für Subislaw bedeutete dies zusätzliche Einnahmen, auf die noch nie ein Fürst verzichtet hat.

Aber nicht nur die Stiftung des Klosters Oliva ist auf Subislaw zurückzuführen, sondern auch die der St. Katharinenkirche. Da es schon beim Besuch des Hl. Adalbert Christen in Danzig gab, ist anzunehmen, daß sich

der christliche Glaube in diesen fast zweihundert Jahren bis zur Herrschaft des Fürsten Subislaw in ganz Pommerellen verbreitete.
Der Gedanke, die christliche Gemeinde in Danzig könnte kein Gotteshaus gehabt haben, ist geradezu unvorstellbar. Es darf daher unterstellt werden, daß es sich bei der Stiftung von St. Katharinen, die man vermutlich für die Zeit 1185/86 ansetzen kann, um einen Neubau handelte, der wahrscheinlich in unmittelbarer Nähe des früheren Gotteshauses errichtet wurde. Hier um die St. Katharinenkirche herum kann man auch die dichteste Besiedlung des alten Danzig annehmen.
Für Subislaw, der zwar seine eigene Kapelle auf der Burg hatte, lag St. Katharinen direkt am Wege zu seinem Zisterzienserkloster in Oliva. Kloster Oliva wurde dann auch die Begräbnisstätte der pomoranischen Fürsten.
Nachfolger Subislaws wurde sein Sohn Sambor. Nach polnischen Chroniken soll er durch den polnischen Herzog Kasimir als »Markgraf« des Danziger Landes eingesetzt worden sein. Für die Danziger Geschichte ist von Bedeutung, daß auch er gleich seinem Vater das Seßhaftmachen deutscher Kaufleute in Danzig begünstigte. Von ihm heißt es in einer Danziger Chronik von 1713: »1190 ist die St. Nicolaicapelle vom Fürsten Sambor vor Danzig im Felde erbauet worden«. Die Verehrung des Hl. Nikolaus war den auf der Ostsee Handel treibenden Kaufleuten wichtig, und so finden sich bedeutende Nicolaikirchen in Lübeck, Wismar, Stralsund, Elbing, Reval und andernorts.
Wenn Sambor nun eine St. Nicolaicapelle »im Felde« erbaut hat, so heißt das in jedem Falle: außerhalb des Burggeländes und vermutlich auch außerhalb des besiedelten Danzig. Die Lage der Nicolaikirche ist bekannt, sie liegt nur wenige hundert Schritte von der Katharinenkirche entfernt. Hier also muß man die erste deutsche Ansiedlung suchen, in der sich Kaufleute und Handwerker niederließen, in unmittelbarer Nachbarschaft zur pomoranischen Bevölkerung. Selbstverständlich unterstand die Nicolaikapelle dem Hauptpfarrer von St. Katharinen, denn die Mutterkirche von Danzig – matrina loci – war und blieb noch für lange Zeit St. Katharinen.
Sambor verstarb wahrscheinlich 1207, und Nachfolger wurde sein Sohn Mestwin. Der herrschte nun schon über ein wirtschaftlich recht bedeutendes Gebiet, welches im Überseehandel eine durchaus beachtliche Rolle zu spielen begann, da eine Seßhaftmachung der ersten deutschen

Kaufleute wahrscheinlich seit 1170 erfolgte und somit schon mehr als 30 Jahre zurücklag. Ob und in welchem Umfange sich auch Pomoranen an diesem von den deutschen Kaufleuten betriebenen Handel beteiligten, ist unbekannt. In keinem Falle kann man es ausschließen, zumal auch Lingenberg schreibt: »... Für die Bedürfnisse des überseeischen Handelsverkehrs stand den deutschen Kaufleuten nur der gleiche Hafen wie dem slawischen Suburbium (das slawische Danzig) zur Verfügung, also jenes Hafenbecken, das die polnischen Ausgrabungen in einem Nebenarm des Schidlitzbaches mit seinen speziellen Kai- und Hafenanlagen aufgedeckt haben« (Lingenberg S. 326). Von Mestwin wissen wir, daß er in einer Versammlung der polnischen Großen und hohen Geistlichkeit in Mikolin in Masowien im Jahre 1212 als Herzog auftrat. Er regierte nur bis 1220. Nach seinem Tode wurde sein Herrschaftsbereich an seine drei Söhne aufgeteilt, von denen Swantopolk allein für Danzig von Bedeutung ist, da ihm Danzig mit dem nördlichen Pommerellen zufiel.

4 *Swantopolk*

Mit Swantopolk begegnet uns eine einmalige Gestalt in der Geschichte der pomoranischen Fürsten. Er muß eine geradezu faszinierende Erscheinung gewesen sein, ein Feldherr von hohem Können, ein Haudegen von echtem Schrot und Korn. Von den Pruszen wurde er zu Beginn seiner langen Regierungszeit als Feind betrachtet. Um einem möglichen Angriff durch ihn zuvorzukommen, überschritten sie 1224 die Stromweichsel und verbrannten die Klosteranlagen von Oliva.

Wenige Jahre danach erschien bei Swantopolk der polnische Graf Konski als Bruder Hyazinth aus dem gerade neu gegründeten Dominikanerorden und bat ihn, auch in Danzig ein Dominikanerkloster ins Leben rufen zu dürfen. Graf Konski war der Neffe des Bischofs von Krakau, und sein Wunsch wurde daher von Bischof Michael von Kujawien unterstützt. Da sich Bruder Hyazinth auch an der Bekehrung der Pruszen beteiligen wollte, erhielt er von Swantopolk die zur deutschen Kolonie gehörende St. Nicolaicapelle mitsamt dem ganzen darum liegenden Terrain. Hier wurde dann das Dominikanerkloster errichtet. Papst Alexander IV. gewährte 1260 den Dominikanern einen Ablaß für den Tag des Heiligen Dominicus am 4. August. Dieses Datum, verbunden mit einem – später Dominik genannten – Jahrmarkt, erfreute sich in Danzig stets großer Beliebtheit. Der Jahrmarkt wurde bis zum Ausbruch des Zweiten Weltkrieges beibehalten. – Hyazinth zu Ehren wurde an die spätere Nicolaikirche eine Kapelle angebaut, die Hyazinthkapelle.

Die Entscheidung Swantopolks darf nicht als ein Schlag gegen die deutsche Kolonie angesehen werden. Um die Zeit herum hatten sich nämlich schon deutsche Kaufleute in der Gegend des oberen Langen Markts »häuslich niedergelassen«, was ganz wörtlich zu verstehen ist. Sie hatten sich dort ein Haus gebaut. Dies kann nur im Einvernehmen mit Swantopolk geschehen sein. Bezeichnend ist, daß es sich bei diesem Gebiet um den vorerwähnten zweiten Sandrücken handelt, der sich von Neugarten bis zur Mottlau erstreckte. Am oberen Langen Markt haben wir eine Höhe von 5 m. Ein ideales Baugelände, das weitaus besser war als das, welches sich von der Nicolaikapelle weiter zur Mottlau hinzog, wo sich bereits in Höhe der späteren Dämme sumpfige Wiesen befanden. Hier aber vom oberen Langen Markt aus konnten die Kaufleute ihre Kolonie sowohl in Richtung Mottlauufer, woran ihnen am meisten lag, als auch in Richtung Bischofsberg hin ausdehnen. So bildete sich nun langsam eine geschlossene deutsche Gemeinde, der vom Herzog Swantopolk das Stadtrecht verliehen wurde. »Bei Danzig ist eben der große Nachteil«, schreibt Rhode, »daß es keine Gründungsurkunde gibt und daß man deshalb auf Spekulationen angewiesen ist«. Alle Behauptungen von der Stadt »zu eigenem Recht« sind historisch nicht belegbar und daher, wie Rhode richtig sagt, »Spekulationen«.

In jedem Falle ist Swantopolk für die deutsche Entwicklung in Danzig in den Jahren zwischen 1224 und 1236 von entscheidender Bedeutung gewesen, und in seinem Todesjahr 1266 gab es bereits eine »Kirche der Bürger«. Bevor die Beisetzung Swantopolks in Oliva erfolgte, wurden umfangreiche Totenfeiern durchgeführt, worüber die »Olivaer Schrifttafeln« ausführlich berichten. Der Text dieser Schrifttafeln ist überliefert, in der historischen Wissenschaft sind sie umstritten, werden aber überall erwähnt. Darin wird mitgeteilt, daß der Leichnam Swantopolks von der Burg »in die Kirche der Stadt Danzig« getragen und dort eine Totenmesse gehalten wurde. Bei der Kirche der Stadt Danzig handelt es sich unbestritten um St. Katharinen. Von dort wurde der Leichnam »zu den Brüdern« getragen. Auch hier gibt es keinen Zweifel, daß dies die Dominika-

nermönche mit der Nicolaikirche waren, die ebenfalls eine Totenmesse zelebrierten. Dann heißt es »... von dannen wird er geführt zu den Bürgern und in derselben Kirche der Priesterorden Messe singen«. Mit der Kirche der Bürger ist die der jungen deutschen Gemeinde gemeint. Es wird jedoch kein deutscher Geistlicher genannt, sondern der Priesterorden, also die Dominikaner. Daß es sich bei dieser deutschen Gemeinde um eine Stadt handelte, ergibt sich aus dem Wort »Bürger«. Von dort wurde der Leichnam Swantopolks nach Oliva geleitet. In der Übersetzung des lateinischen Originaltextes von C. Schütz, 1592, heißt es wörtlich: »... die Deutschen weinen, Sclawen weinen allenthalben siht man weinen und heulen. Die jungen weinen, zugleich weinen auch die alten, welche die Leiche ausser dem Tor beleitsagen, welche getragen haben die Sclaven oder Cassuben, die von den edelsten Geschlechtern sind gewesen und zugleich auch von den frömmsten«.
Das wichtigste an diesem Bericht ist nicht die Tatsache, daß die Deutschen 1266 bereits eine eigene Kirche besaßen, sondern daß der Leichnam zuerst »in die Kirche der Stadt Danzig« getragen wurde. St. Katharinen war also »die Kirche der Stadt Danzig«, und die Kirche der Deutschen war vorerst nur die »der Bürger«.
In jenen ersten Jahrzehnten der Gründung und des Entstehens der deutschen Gemeinde wurde nur von der »neuen Stadt« gesprochen; im Gegensatz zu jener Stadt, die seit langem um die St. Katharinenkirche herum bestand. Diese wurde zur Unterscheidung nach Gründung der neuen Stadt »Altstadt« genannt und hat seither diesen Namen bis zum heutigen Tage beibehalten. Die Bezeichnung der neuen Stadt mit »Rechtstadt« wird urkundlich erstmals im Jahre 1454, und zwar im ersten Privileg des polnischen Königs Kasimir IV. Jagiellonczyk erwähnt, wozu Lengnich schreibt: »Dieses war der Anwuchs Danzigs während der Regierung des deutschen Ordens, und unter den verschiedenen Theilen, welche dazu gehörten, wurde der vornehmste die neue Stadt, die auch ihren Namen geändert und die rechte Stadt vorzüglich genennet worden, gleich als wenn die anderen Städte von dieser rechten Stadt nur Nebenstädte gewesen wären: wie sie denn in den Privilegien Königs Casimiri die rechte Stadt Dantzigk, und in den Statutis Sigismund I. von 1526 Civitatis principalis heisset« (Cap. II. § 6).
Noch während der ganzen Zeit der Herrschaft des Deutschen Ordens wurde stets von der »neuen Stadt« gesprochen, und auch die Handfeste,

die der Orden der Stadt 1342 gab, trägt die Aufschrift: »Danczke dy Nuwestad«.
Als Heerführer hat Swantopolk ein bewegtes Leben geführt. Anfangs kämpfte er zusammen mit dem Deutschen Ritterorden gegen die Pruszen und hat maßgeblich zum Siege des Ordens in der Winterschlacht an der Sorge 1233/34 unweit Christburg beigetragen. Als ihm später die Macht des Deutschen Ordens zu stark wurde, hat er wiederholt gemeinsame Sache mit den Pruszen gemacht und den Orden oftmals arg bedrängt. Für die Geschichte Danzigs haben diese Begebenheiten nur insofern Bedeutung, als das Kloster Oliva mit seinen Scheunen und Stallungen mindestens zweimal von Truppen des Ordens zerstört wurde. Die Kämpfe beweisen aber auch, daß das Herrschaftsgebiet des Herzogs Swantopolk keineswegs mehr so dünn besiedelt war, wie allgemein angenommen, denn er verfügte zeitweise über ein Heer von 5000 Mann, das er immer wieder rekrutieren mußte, und von den Qualitäten der Reiter und Pferde in Pommerellen haben wir bereits gehört.
Zusammenfassend ist in jedem Falle festzuhalten, daß das Werden und Wachsen der jungen deutschen Gemeinde ohne die ihr von Swantopolk gewährten Freiheiten nicht in einem so starken Maße möglich gewesen wäre. Natürlich verfolgten diese Wohltaten Swantopolks durchaus den Zweck, ihm wachsende Abgaben und zusätzliche Einnahmen durch den Überseehandel einzubringen, zumal er ständig Geld für seine vielen Feldzüge benötigte. Wie auch immer aber, es war ein gegenseitiges Geben und Nehmen, das beide Seiten zufriedenstellte.

5 *Der Streit um Danzig beginnt*

Mit dem Tode Swantopolks 1266 beginnt die politische Situation in Danzig plötzlich gefährlich zu werden. Swantopolk hinterließ die zwei Söhne Mestwin und Wartislaw. Sein Bruder Sambor verwaltete noch relativ selbständig den Teil seines Herrschaftsgebietes, der um Dirschau, Stargard und Mewe gelegen war. Für Danzig sind jedoch nur die beiden Söhne Wartislaw und Mestwin wichtig, denn sie bekamen Streit miteinander. Von diesem Streit profitierten die Brandenburger, die damals noch unter der Herrschaft der Askanier standen. Wartislaw hatte als

Herzog das Fürstentum Danzig erhalten, währen Mestwin das Fürstentum Schwetz bekam. Mestwin versprach den Brandenburgern Danzig, wenn sie ihn im Kampf gegen Wartislaw unterstützen würden. Es gelang den Brandenburgern tatsächlich, Danzig einzunehmen. Kurze Zeit später verstarb Wartislaw ganz plötzlich. Mestwin betrachtete sich als seinen Nachfolger und wollte von Danzig Besitz ergreifen, zumal die Brandenburger nach kurzem Aufenthalt wieder abgezogen waren. Die deutschen Bürger aber und diejenigen, die die Burg besetzt hatten (vermutlich Anhänger des pommerellischen Adelsgeschlechts der Swenza), leisteten erfolgreichen Widerstand, so daß Mestwin sich zur Belagerung entschloß. Seine Kräfte reichten jedoch nicht, Stadt und Burg zur Übergabe zu zwingen. Daher rief er seinen Vetter Boleslaw von Großpolen zu Hilfe. Keyser schreibt bei der Schilderung dieser Ereignisse: »Es war die erste Belagerung, welche Danzig in seiner Geschichte zu erdulden hatte. Der Feind war Polen.« (Baug. S. 34)

Daß Herzog Boleslaw die Gelegenheit wahrnahm, die Weichsel entlang nach Norden vorzustoßen und sich in den Besitz ihres Mündungsgebiets zu setzen, ist völlig verständlich. Und worin liegt denn der Unterschied zwischen dem Vorstoß der Brandenburger nach Danzig, das von ihrer Hauptstadt über 400 km entfernt lag, und dem Boleslaws dorthin? Polnische Fürsten hatten dieses Gebiet schon mehrfach besetzt, etwa 990 bis 1034 und wieder 1120 bis 1138! Die Legitimität liegt doch wohl eher auf seiten des polnischen als auf der des brandenburgischen Fürsten.

Als Mestwin II. regierte der Herzog bis Ende 1294. Der kurze Krieg mit den Brandenburgern fügte Danzig keinen erheblichen Schaden zu, keinesfalls konnte er seine wirtschaftliche Entwicklung aufhalten. Mestwin verstarb ohne Erben, setzte aber den Herzgog von Großpolen, Przemyslaw, zu seinem Erben ein. Von ihm erhielt die neue Stadt die Genehmigung, eine Erweiterung zu beiden Seiten der Mottlau vorzunehmen, was für Danzigs wirtschaftliche Entwicklung von entscheidender Bedeutung werden sollte. Offenbar war den Danziger Bürgern außerdem daran gelegen, Magdeburger Stadtrecht zu erhalten, denn auch dieses gewährte ihnen der Herzog. Vielleicht hat bei dieser positiven Einstellung den deutschen Kaufleuten gegenüber auch eine Rolle gespielt, daß Konstanze, eine Schwester von Przemyslaw, mit Konrad I. von Brandenburg verheiratet und die dritte Frau Przemyslaws, Margarete, eine Tochter des brandenburgischen Markgrafen Albrecht war (Rhode, S. 61, Anm. 18).

Leider hat Przemyslaw, der sich noch 1295 vom Erzbischof in Gnesen zum König hatte krönen lassen, nur wenig länger als ein Jahr regiert. Er wurde Anfang 1296 ermordet. Während der nun folgenden 13 Jahre wechselte die Herrschaft über Danzig und Pommerellen mehrfach.

6 *Die Eroberung Danzigs durch den Deutschen Ritterorden*

Erst in neuerer Zeit ist die Geschichtsschreibung über die Eroberung Danzigs durch den Deutschen Ritterorden sowohl von deutscher als auch von polnischer Seite sachlicher geworden und weniger emotional bestimmt. Unter Berücksichtigung der neuesten Forschungen durch Heinz Lingenberg (Kieler Historische Studien, Bd. 30) dürfte sich dieser Vorgang etwa folgendermaßen abgespielt haben.
Die Förderung der Siedlung der deutschen Kaufleute in Danzig und die Erhebung dieser Gemeinde durch Herzog Swantopolk zur Stadt führten unausbleiblich dazu, daß das slawische Danzig an Bedeutung verlor. Die Bevorzugung der deutschen Kaufleute ist verständlich, denn diese brachten dem jeweiligen Fürsten höhere Abgaben ein.
Die im slawischen Danzig lebenden »handeltreibenden Ritter und Edelleute zogen sich immer mehr aufs Land zurück und überließen die fernhändlerischen Aktivitäten ganz den spezialisierten deutschen Berufskaufleuten« (Lingenberg S. 403). So wandelte sich langsam die Sozialstruktur dieser slawischen Siedlung, deren Einwohnerzahl abnahm, und es bildete sich ganz allmählich die Altstadt, die zwangsläufig zu einer Vorstadt der immer stärker heranwachsenden deutschen Siedlung degenerierte. Es war dies ein Prozeß, der sich knapp ein Jahrhundert hinzog, denn als der Deutsche Ritterorden dieses Gebiet übernahm, war die Altstadt durchaus noch eine lebenskräftige Gemeinde.
Nach dem Tode Przemyslaws gab es in Polen Erbauseinandersetzungen, aus denen König Wenzel II. von Böhmen als Sieger hervorging. Er entmachtete Polenherzog Wladislaw Lokietek (Ellenlang). Dieser war in Pommerellen anerkannt worden und hielt sich 1298 und 1299 mehrfach und zum Teil für längere Zeit in Danzig auf. Er räumte den Lübecker Kaufleuten und der Stadt Lübeck selbst »ungewöhnliche Vorrechte in Pommerellen und Danzig ein«. Wenzel II. verdrängte ihn aus der Herr-

schaft in Polen und Pommerellen und »übertrug dem Deutschen Orden den Schutz und eine Art Oberaufsicht Pommerellens«. Der Orden griff sofort zu. Landmeister (Vertreter des Hochmeisters in Preußen) Helwig von Goldach erschien mit einer Streitmacht in Danzig und begann Verhandlungen mit dem Oberhaupt des pommerellischen Adelsgeschlechts der Swenza und dem polnischen Landrichter Bogussa, die auch zu einem Abschluß gebracht wurden. Offenbar aber akzeptierte Wenzel II. diesen Vertrag nicht, denn die Ordensritter zogen wieder ab. Wenzel II. verstarb 1305, und sein 16jähriger Sohn, Wenzel III., wurde nach einjähriger Regierungszeit ermordet. Damit waren die eigentlichen Herren in Danzig und Pommerellen für einige Jahre das Adelsgeschlecht der Swenzonen, deren Herrschaft dann jedoch durch den wieder zur Macht gekommenen Herzog und späteren König Wladislaw Lokietek gebrochen wurde. »Deren Reaktion war ein Übergabevertrag mit Waldemar von Brandenburg (Juli 1307), dessen Truppen im Sommer 1308 die wichtigsten Punkte besetzten, wobei die überwiegend deutsche Stadt Danzig ihnen die Tore öffnete, während die Burg polnisch besetzt blieb« (Rhode S. 64), doch wurde die Lage der Burgbesatzung kritisch.
Auf Rat des Dominikanerpriors Wilhelm bat Landrichter Bogussa mit Zustimmung Wladislaw Lokieteks den Deutschen Orden um Hilfe. Dieser schickte im August 1308 den Landkomtur von Kulm, Gunther von Schwarzburg, mit einem Truppenaufgebot zur Entsetzung der Burg nach Danzig, was rasch gelang. Die Brandenburger zogen ab, doch die Ordensritter bekamen mit der polnisch-pomoranischen Burgbesatzung wegen der zu zahlenden Entschädigung Streit, so daß die Ordensritter die Burgbesatzung kurzerhand verdrängten.
Unter Landmeister Heinrich von Plotzke wurde dann im Laufe des Spätsommers 1308 eine starke Streitmacht aufgestellt, die nunmehr die Aufgabe hatte, die deutsche Stadt Danzig zu besetzen.
Offenbar hat sich Danzig keineswegs kampflos den Ordensrittern ergeben. Vieles spricht dafür, daß ein Teil der verdrängten Burgbesatzung, vorwiegend die pommerellischen Ritter, in der Stadt Danzig Zuflucht gefunden hatte. Diese Ritter verstärkten dann die Stadtbefestigung und kämpften nun für die Partei Herzog Wladislaw Lokieteks, was ohne Duldung oder gar Unterstützung durch die deutsche Bevölkerung Danzigs gar nicht möglich gewesen wäre. Der Angriff auf Danzig durch die Ordensritter erfolgte Anfang November 1308, bei der Einnahme der

Stadt wurden pommerellische Ritter und deutsche Bürger getötet. Lengnich schreibt 1765 zu diesen Vorgängen: »... Denn da die Markgrafen von Brandenburg, welche ein Recht darauf zu haben glaubten, ein Stück desselben (Pommerellen) nebst der Stadt Danzig eingenommen hatten und das Schloß belagerten, war der Pommerellische Landrichter und Commendante des Schlosses, Bogussa, Vladislao anräthig, weil er selbst den Entsatz (Danzigs) nicht bewerkstelligen konnte, den deutschen Ritterorden, der damals schon Preussen inne hatte, um Hülfe anzusprechen. Selbige zu bewürken, bekam Bogussa Vollmacht, der es mit den deutschen Rittern oder Kreuzherren, wie man sie gemeiniglich nannte, verabredete, dass sie das halbe Schloß besetzen, selbiges auf eigene Kosten vertheidigen, die verwandte Kosten nach Verlauf eines Jahres berechnen und nach derselben Erstattung das Schloß wieder räumen sollten. Durch ihren Beistand wurden nicht nur die Markgrafen von Brandenburg genöthiget, die Belagerung des Schlosses aufzuheben, sondern es ward ihnen auch die Stadt wieder abgenommen und ihre daselbst zurückgelassene Mannschaft erleget. Wie nun die Kreuzherren nach verlaufenem Jahr die Erstattung der Kosten, die sie auf hundert tausend Mark Böhmischer breiten Groschen rechneten, vergeblich forderten, bemächtigten sie sich des Schlosses gänzlich, nahmen den Bogussa nebst seinen Leuten gefangen und nöthigten ihn, das Schloss ihnen solange abzutreten, bis die gemeldete Summe würde sein entrichtet worden. Die Zahlung folgte nicht, und die Kreuzherren kauften dem Markgrafen von Brandenburg A. 1311 anfänglich ihren Anspruch auf die vom Könige von Polen annoch besetzten Oerter vor zehn tausend, hernach auf ganz Pommerellen vor hundert tausend Mark breiter Böhmischer Groschen ab. Worauf die Kreuzherren in dem angezogenen Jahr die Stadt Danzig durch Verrätherei einnahmen und sich nach und nach von ganz Pommerellen Meister machten« (Cap. I, § 3).

Die Anzahl der bei der Einnahme Danzigs durch den Deutschen Orden getöteten Menschen ist jahrhundertelang ein Streitpunkt zwischen deutschen und polnischen Historikern gewesen. Der Orden gibt die Tötung von 16 pommerellischen Rittern zu; eine Angabe, die auch Keyser übernimmt, doch räumt er ein, daß es mit Angehörigen auch wenig mehr als hundert gewesen sein können. Dem könnte entgegenstehen, daß es wegen dieser Tötung drei langwierige Prozesse vor dem Heiligen Stuhl gab, von denen der erste bereits 1310–1312 in Riga stattfand. In der Bulle

Papst Clemens' V. vom 19. VI. 1310 wird von zehntausend Ermordeten gesprochen, was auf eine falsche Berichterstattung zurückgeführt werden kann. Allgemein gibt man auch polnischerseits heute zu, daß die Anzahl der Toten nur wenig über einhundert lag.
Sicher scheint jedoch zu sein, daß die Danziger Bürger den Deutschen Orden keineswegs mit Freude aufnahmen, sondern ihm von Anfang an eine Art passiven Widerstandes entgegensetzten.
In einer Veröffentlichung des polnischen Historikers Kaz. Jasinski aus dem Jahre 1966 heißt es: »Das Blutbad erfolgte nach Einnahme der Stadt durch die Kreuzritter, als schon keine Notwendigkeit zur Fortsetzung der kriegerischen Handlungen mehr bestand. Es wurde an einem sich schon nicht mehr wehrenden Gegner durchgeführt. Die Tatsache des einseitigen Blutbades resultiert unzweifelhaft aus verschiedenen Quellenberichten, auch solchen der Kreuzritter, die es als eine Art Exekution darstellen, mit vorheriger Treibjagd auf die von den Kreuzrittern gesuchten polnischen Ritter. – Die Einnahme Danzigs wurde von der teilweisen Zerstörung der Stadt begleitet, wobei die deutsche Siedlung am meisten gelitten hat, die in der Nähe der Kirche der Hl. Jungfrau Maria lag.«
In einem Referat von Rhode zu den Problemen der deutsch-polnischen Schulbuchempfehlungen wird ausgeführt: »... Trotzdem bildet die Tatsache dieses Überganges (der Danziger Burg aus polnischen Händen in die des Deutschen Ritterordens) sozusagen eine Verwundung im Bewußtsein nicht nur von Wladislaw Lokietek, sondern auch der folgenden Generationen, auch der Geschichtsschreibung. Das Unrecht wurde auch von der damaligen Bevölkerung empfunden, die das zum Teil in Zeugenaussagen in den Prozessen bekundet hat.«
Polnischerseits ist das Verhalten des Ordens und einiger – weniger – Ordensanhänger in Danzig als Verrat angesehen worden, sozusagen als »Dolchstoß in den Rücken«.
Wenn sich in diesem Punkt die Darstellungen Keysers und Jasińskis stark widersprechen, so bringt einiges Licht in die Vorgänge jener Zeit Lingenberg, der nach seinen neuesten Forschungen auf folgendes hinweist: »... so ergibt sich nahezu unausweislich jene Erkenntnis, die vor Jasiński schon Hirsch, Perlbach und Simson gewonnen hatten, daß nämlich nach dem Abschluß der Feindseligkeiten der Deutsche Orden die Bürger zwang, die Häuser und damit die ganze Stadt abzureißen oder zu verbrennen und dann die Stadt zu verlassen« (S. 426).

Weiter heißt es dann noch bei Lingenberg: »Das Los, das die Stadt Danzig am 13. November 1308 traf, muß zunächst grausam und zudem widersinnig erscheinen, weil hier der Deutsche Orden gegen eine florierende deutsche Stadt vorging, deren Erhaltung doch auch in seinem Interesse gelegen haben sollte« (S. 427).

Die Bekehrung der heidnischen Pruszen zum Christentum im 13. Jahrhundert durch den Deutschen Orden ist eine Sache. Die Eroberung des christlichen deutschen Danzig eine andere; sie haben nichts miteinander gemein. Was den Orden dazu veranlaßt haben könnte, seine militärische Überlegenheit auszunutzen, um die Bürger des deutschen Danzig zu zwingen, ihre ganze Stadt einschließlich Rathaus und vermutlich Hospital zu vernichten und niederzubrennen, läßt sich nur vermuten. Urkunden sind zwar aus den Prozessen vorhanden, doch die Zeugenaussagen sind widersprüchlich. Es deutet jedoch alles darauf hin, daß es der Widerstand Danzigs gegen den Deutschen Orden war, der ihn zu dieser aus heutiger Sicht völlig unverständlichen Strafaktion veranlaßte. Danzigs Einvernehmen mit den Zwenzonen, die Aufnahme zumindest eines Teils der polnischen Burgbesatzung, können die Ursache zu diesem harten Vorgehen des Deutschen Ordens gewesen sein, in jedem Falle aber war es das Verlangen nach Rache. Die Tötung pommerellischer Ritter selbst in und am Altar der Marienkirche deuten klar darauf hin.

Da sich Danzig zur Zeit, als es an den Orden fiel, aus mehreren Teilen zusammensetzte, sollen diese kurz erwähnt werden:

1. Um das ganze Mottlauknie herum kurz vor ihrer Einmündung in die Weichsel lag die pomoranische Burg, die inzwischen durch Erbfall an Polen gekommen war und auch eine polnische Besatzung hatte. Das Gelände war beträchtlich groß, hatte aber noch nicht die Ausdehnung der späteren Ordensburg.

2. Unmittelbar vor dem befestigten Burggelände lag auf westlicher Seite das Hakelwerk, welches vorwiegend von Fischern und Bernsteinsuchern, aber wahrscheinlich auch von polnischen Angehörigen der Burgbesatzung bewohnt war. Das Hakelwerk dürfte eine Ausdehnung bis zum späteren Birgittenkloster oder gar noch darüber hinaus gehabt haben.

3. Hieran schloß sich die pomoranisch-kaschubische mit pruszischen Elementen durchsetzte Stadt Danzig an, in deren Mittelpunkt die Katha-

rinenkirche stand. Hier lebten Bauern, Handwerker, Schankwirte, aber auch Händler.

4. Direkt an die Stadt Danzig (Altstadt) angrenzend lag in südlicher Richtung das Dominikanerkloster, welches bei der Besetzung zwar stark beschädigt, aber nicht völlig zerstört wurde.

5. In etwa 300 m Entfernung südlich vom Kloster lag dann das deutsche Danzig, das bei der auf Befehl des Deutschen Ordens von den eigenen Bewohnern durchgeführten Zerstörung mindestens 1000 keinesfalls aber mehr als 2000 Einwohner zählte. Diese deutschen Einwohner durften erst nach ein bis zwei Jahren zurückkehren und ihre Stadt wieder aufbauen.

Es bestanden also außer der Burg noch vier weitere, vier verschiedene politische Einheiten, die sich völlig unabhängig voneinander verwalteten, wobei die engste Verbindung mit der Burg die Altstadt aufwies. Wieweit dieselbe im Zuge der Kampfhandlungen zerstört wurde, ist schwer zu sagen. Aus den bei Ausgrabungen gefundenen Brandresten läßt sich schließen, daß sie durch den Orden – ob sofort oder allmählich, bleibe dahingestellt – tatsächlich niedergelegt wurde. Es deutet viel darauf hin, daß die verbliebenen slawischen Bewohner auf dem Hakelwerk angesiedelt wurden.

Sicher ist, daß mit der Einnahme Danzigs durch den Deutschen Ritterorden das slawische Danzig unterging. Es schied aus der Geschichte ganz einfach aus.

Durch den Übergang Danzigs und Pommerellens an den Deutschen Orden in den Jahren 1308–1311, »verbunden mit der Enttäuschung über den Vertrauensbruch, den der Orden gegenüber dem polnischen König Lokietek begangen hatte, scheint dieses Problem eine zentrale Bedeutung für Polen gewonnen zu haben«, erklärte Rhode vor der XII. deutsch-polnischen Schulbuchkonferenz der Historiker (Braunschweig 1980).

Lingenberg beendet seine Ausführungen mit den Worten: »So schließt die erste Epoche der Geschichte der deutschen Stadt Danzig mit einem tragischen Ereignis, dessen Bitterkeit auch dadurch nur wenig gemildert wird, daß der Orden selbst schon sehr bald nach dem Gewinn von ganz Pommerellen den Wiederaufbau der Stadt an gleicher Stelle gestattete, der sie zu einer neuen Blüte führte« (a.a.O., S. 435).

Danzig unter den Kreuzherren
(1308–1454)

1 *Der Auftrag des Ordens*

Im Jahre 1070 hatten die Seldschuken Jerusalem erobert. Die heiligen Stätten der Christenheit waren bedroht. Die Päpste riefen zu den Kreuzzügen auf: »Gott will es!«

Hingabe und Begeisterung waren gewaltig, doch standen sie in keinem Verhältnis zum Erfolg. Jerusalem wurde von den Kreuzfahrern 1099 zwar zurückgewonnen, doch die erhoffte nachhaltige Wirkung blieb aus. Der menschlich große und glänzend begabte Feldherr und Sultan Saladin hatte 1187 Jerusalem erneut erobert. Da raffte sich die Christenheit zum dritten Kreuzzug auf, den Papst Gregor VIII. und sein Nachfolger Clemens III. ausriefen. An die Spitze der Heere setzte sich der greise Kaiser Friedrich Barbarossa, der – nach einem Siege bei Konia sich bereits Antiochien nähernd – beim Baden im Fluß Saleph an der Südküste Kleinasiens ertrank.

Lübecker und Bremer Bürger stifteten 1190 vor Akkon (Akka) ein deutsches Hospital zur Pflege der erkrankten deutschen Kreuzfahrer. Hermann von Salza, ein junger Ritter aus niederem thüringischen Adel, war dabei, als acht Jahre später dieses Hospital in den »Orden der Ritter des Hospitals St. Marien vom Deutschen Hause« (oder auch »der Deutschen in Jerusalem«) umgewandelt wurde. Es war dies die Gründungsstunde des »Deutschen Ritterordens«. Hermann von Salza wurde der vierte Hochmeister dieses Ordens, und er war es, an den die Bitte des Herzogs Konrad von Masowien herangetragen wurde, ihn im Kampfe gegen die heidnischen Pruszen zu unterstützen. Konrad versprach, ihm das Kulmer Land sowie alle Landstriche zu eigen zu geben, die der Orden noch erobern würde.

Der Orden hatte bittere Erfahrungen in Ungarn gemacht, wohin er vom Ungarnkönig Andreas II. zu Hilfe im Kampf gegen die heidnischen Kumanen im Burzenlande gerufen worden war. Hier, wo der Orden Kronstadt gründete, hatte er das von ihm missionierte Land wieder herausgeben müssen. Hermann von Salza war daher vorsichtig, als Konrad von Masowien ihm die Schenkung des Kulmer Landes, das offenbar ständig durch die Einfälle der Pruszen bedroht war, anbot. Die Verhandlungen zogen sich fünf Jahre hin.
Bereits 1226 hatte Kaiser Friedrich II. mit der berühmten Goldenen Bulle von Rimini die Schenkung Konrads an den Orden bestätigt und erklärt, daß der Orden dieses Gebiet »... frei von jedem Dienst und Schatzung haben und niemand Rechenschaft schuldig sein sollte ..., wie es besser kein Fürst in seinem Lande hat«. Im gleichen Jahre wurde von Kaiser Friedrich der Stadt Lübeck die Reichsfreiheit verliehen. Beide Maßnahmen gingen auf Bemühungen Hermanns von Salza zurück, denn er hatte klar erkannt, welche Verbindungen sich für seinen Orden über die Ostsee mit Lübeck ergeben würden. Hermann war ein enger Vertrauter und Berater des Kaisers, aber er stand auch bei Papst Gregor IX., mit dem sich der Kaiser oft genug rieb, in hohem Ansehen und vermittelte stets zwischen diesen beiden. Es ist bezeichnend, daß genau am Todestage Hermanns, dem 20. März 1239, Papst Gregor zum zweiten Male den Bannstrahl gegen den Kaiser schleuderte.
Hermann von Salza erhielt vom Kaiser den Auftrag, die Pruszen zu bekehren. »Nachdem der Kaiser durch die Urkunde von Rimini die rechtliche Sicherheit gewährt hatte, bemühte sich Hermann nun auch um die Unterstützung der Kurie. Im Jahre 1230 erging ein Aufruf zum Kreuzzug gegen die Pruszen, und im Jahre 1234 bestätigte der Papst dem Hochmeister das Ordensland als freien Besitz.« (WDR, Schulfunk, Kirchner, Köln 1965). Hermann von Salza selbst war nie im Osten, er sandte vielmehr seinen Landmeister Hermann Balk im Jahre 1230 an die Weichsel, als die Verhandlungen mit Konrad von Masowien für den Orden erfolgreich beendet waren, und Konrad sich bereit erklärte, die in seinem Schenkungsangebot genannten Gebiete abzutreten.
Die Pruszen hatten sich im Zuge der ständigen Grenzfehden mit den Masowiern das zwischen den beiden rechten Nebenflüssen der Weichsel, Ossa und Drewenz, gelegene Kulmer Land mehrmals vorübergehend angeeignet. Von diesem ergriff der Orden nun zuerst Besitz und

stieß dann nach Norden in das pruszische Stammesland Pomesanien vor. Von Thorn und Kulm aus wurden entlang der Weichsel und ihrem östlichen Mündungsarm Nogat Burgen errichtet; Thorn (1231), Kulm (1232), Marienwerder (1233), Graudenz (1235), Elbing (1237) und dann später Marienburg (1274), das an dem östlichen Ufer der Nogat liegt, die sich als rechter Mündungsarm der Weichsel unweit davon in das Frische Haff ergoß. Dies war die westliche Grenze des Kulmer Landes und des Pruszenstammes Pomesanien. Westlich der Weichsel-Nogat lag das polnische Bistum Kujawien.

Hier lebten die längst nicht mehr heidnischen Pomoranen. Bereits Herzog Swantopolk baute seine Burg Zantir etwas nördlich der Stelle, wo die Weichsel und Nogat sich trennen. Der den Rittern freundlich gesonnene Bruder Swantopolks, Sambor, ermöglichte dem Orden, südlich von Dirschau auf dem westlichen Ufer der Weichsel die Burg Gedin (1237) zu errichten, was für den Orden wegen der besseren Sicherung der Wasserstraße Weichsel von hoher Bedeutung war.

Im Jahre 1233 erließ der Hochmeister die »Kulmer Handfeste«. Die Städte Kulm und Thorn erhielten nach Magdeburger Vorbild städtische Rechte, die allerdings durch den Orden eingeschränkt wurden.

Die Besetzung Danzigs und Pommerellens von 1308 bis 1311 war mit dem Missionsauftrag des Ordens nicht zu vereinbaren. Dieses Gebiet unterstand seit den Verhandlungen zwischen Boleslaw III. und dem päpstlichen Legaten Aegidius von Tusculum kirchlich dem Bischof von Kujawien. Heiden, die zu bekehren gewesen wären, gab es im 14. Jahrhundert hier nicht mehr. Dem Orden ging es auch ausschließlich um die Erweiterung seines Herrschaftsbereichs nach dem Westen, wofür weder die kaiserlichen noch die päpstlichen Dokumente eine Rechtsgrundlage boten. Der Missionsauftrag des Ordens war nach Osten ausgerichtet.

Die Grenze zwischen dem Ordensland und dem Gebiet von Stolp wurde durch den Hochmeister Karl von Trier 1313 gezogen und so von Kaiser Heinrich VII. aus dem Hause Luxemburg anerkannt und bestätigt.

Kasimir III. »schloß in direkten Verhandlungen mit dem Orden im Juli 1343 den Frieden von Kalisch. In ihm verzichtete er auf Pommerellen und das Kulmer und Michelauer Land, wogegen der Orden Kujawien und das Dobriner Land herausgab« (Rhode, a.a.O., S. 71).

Aus der Sicht der deutschen Bewohner von Danzig wird man wohl sagen können, daß keiner von den anderen Mitbewerbern um Pommerellen, also weder Polen noch Brandenburg, die wirtschaftliche Entwicklung des Unterlaufs der Weichsel und besonders die der Stadt Danzig damals in dem Maße hätte fördern können, wie es der Orden vermochte. Diese Feststellung kann aber keine Rechtfertigung für das Vorgehen des Ordens sein. Der bekannte Schweizer Historiker Jacob Burckhardt sagte zu der Eroberung Schlesiens durch Friedrich den Großen: »So kommt man zu einer Sophistik, wie sie zum Beispiel Friedrich II. beim ersten schlesischen Kriege sich gestattete und zu der sauberen Lehre von den ›unberechtigten Existenzen‹. – Die später wirklich erreichte Amalgamierung des Geraubten ist keine sittliche Lossprechung des Räubers, wie überhaupt nichts gutes Folgendes ein böses Vergangenes entschuldigt« (Burckhardt, »Weltgeschichtliche Betrachtungen«). Diese gleiche Feststellung kann man für das Vorgehen des Ordens hinsichtlich der Gebiete westlich der Weichsel treffen. Es wird dem entgegengehalten, daß es ja der polnische Burgkommandant Bogusza selbst gewesen sei, der den Orden gegen die Brandenburger zu Hilfe gerufen habe, und nur weil Polen das Geld für die Freigabe der Burg nicht habe zahlen können, sei der Orden in Danzig geblieben. Bedenkt man jedoch, daß die Höhe des Lösegeldes nicht vereinbart war und der Orden allein für die Burg Danzig in etwa den gleichen Betrag von Polen forderte, den er später an Brandenburg zur Ablösung von dessen Rechte an ganz Pommerellen einschließlich Danzig zahlte, dann ist klar erkennbar, daß diese Forderung an Polen einer glatten Erpressung gleichkam.

2 *Entstehen und Wachsen Danzigs*

Wenn jetzt von Danzig gesprochen wird, so ist darunter nur noch das Gebiet zu verstehen, das sich von der Siedlung deutscher Einwanderer um den oberen Langen Markt nach Norden, Süden, Osten und Westen erweiterte. Das alte slawische Gyddanyzc mit seinem Kern um die Katharinenkirche existierte nicht mehr. Die restliche slawische Bevölkerung war auf dem Hakelwerk konzentriert.
Hier ist nun allerdings eine äußerst bemerkenswerte Feststellung zu treffen. Kaum im Besitz des slawischen Danzig, gab eben der Hochmeister, der es erobert hatte, Karl von Trier, dem Hakelwerk bereits am 10. Fe-

bruar 1312 eine Handfeste, »Der hachelwerker vor dem huse hantveste«. In dieser Handfeste bestätigte der Hochmeister alle Gerechtigkeiten im Fisch- und Bernsteinfang, die die Einwohner unter den alten Herzögen genossen hatten, zugleich wurden sie aber auch zu ihren früheren Dienstleistungen verpflichtet. In dieser Urkunde ist von polnischen und Danziger Fischern die Rede, die während der ganzen Ordenszeit eine für sich bestehende Commune bildeten, in der polnisches Recht herrschte (Hirsch 5,8f). Das »vor dem huse« bedeutet vor dem Hause, und das Haus war das Schloß des Ordens. Das einzige Gewerbe, welches die Hakelwerker ausübten, war das der Seuner oder Seefischer, und dieses Gewerbe blieb allein ihnen – von wenigen Ausnahmen abgesehen – vorbehalten. Erst nach 1454, als Danzig sich bereits dem polnischen König unterworfen hatte, gaben die Hakelwerker nach Verhandlungen mit dem Rat der Rechtstadt ihre Selbständigkeit auf und nahmen Kulmisches Recht an.

Der Dominikanerorden verblieb in seinem bereits bestehenden Kloster. Die Lage der Burg wurde gleichfalls nicht verändert. Da sie aber weder hinsichtlich ihrer Festigkeit noch in ihren Ausmaßen den Ansprüchen des Ordens genügte, wurden sehr bald Pläne für den Bau einer neuen und mächtigen Burganlage entworfen, die einen dreifachen Ring von Gräben vorsahen. Die Füllung dieser Gräben mit Wasser dürfte der eigentliche Grund dafür gewesen sein, daß die von der Danziger Höhe kommende Radaune mit einer guten Wasserführung bei Praust angezapft und ein Mühlengraben entlang der Höhe bis Danzig und dann vom Fuße des Bischofsberges hinunter in die Mottlau geführt wurde, wodurch die Burggräben gefüllt werden konnten. Vermutlich um 1335 begann der Orden mit dem Bau des Hauptgebäudes. Danzig als Sitz eines Komturs verfügte über einen Konvent von 12 Rittern und etwa 150 Mann Besatzung. Familienangehörige dieser Besatzung, Kriegsgerät, Pferde und sonstiges Material mußten untergebracht werden, was ein gewaltiges Burggelände erforderte, das eine Fläche von rund 400 mal 360 Meter umfaßte.

Die deutsche Ansiedlung von Kaufleuten, Handwerkern und auch Bauern entwickelte sich während der Ordensherrschaft rasch, und die Zahl der jährlichen Neueinwanderer steigerte sich beträchtlich. Der eigentliche Kern Danzigs war die – wie sie in der Handfeste von 1342 genannt wurde – »Danczke dy Nuwestad«. Sie bildete sich um die West-

Ostachse Langgasse/Langer Markt und reichte um 1340 von der Hundegasse bis zur Heiligengeistgasse und von der Mottlau bis etwa zur Gr. Gerber-/Gr. Wollwebergasse, wobei allerdings zu berücksichtigen ist, daß von einer geschlossenen Bebauung dieses Gebietes noch nicht die Rede sein konnte.
Hochmeister Ludolf König von Waitzau stattete erst 1342 die Stadt Danzig mit einer Handfeste nach Kulmischem Recht aus. Berücksichtigt man, daß der Orden die Rechtstadt bereits 1308 eingenommen hatte, 1312 dem Hakelwerk eine Handfeste verlieh und mit der Gründung der Jungen Stadt 1380, über die noch gesprochen werden wird, dieser gleichzeitig eine Handfeste ausstellte, dann bleibt die Frage unbeantwortet, wieso die Neue Stadt (die »Neue Stadt Danzig« ist mit der späteren »Rechtstadt« identisch) ihre Handfeste erst 34 Jahre nach ihrer Besetzung 1308 erhielt. Eine zufriedenstellende Antwort hierzu ist nirgendwo zu finden, es ist offenbar aber auch nirgendwo ernsthaft über diese Frage nachgedacht worden. Die Antwort, daß Danzig zur Zeit der Besetzung durch den Orden Magdeburger Rechte besaß und damit kein neues Recht benötigte, ist keine ausreichende Erklärung, denn der Orden hätte es ja auch später dabei belassen können. Die Bemerkung, daß der Orden in seinem Gebiet einheitliches Recht haben wollte, läßt sich hören, aber dann hätte der Orden dieses »Culmisch Recht« Danzig bereits nach dem Wiederaufbau geben müssen oder zumindest doch können, denn allen seinen Stadtgründungen gab er auch zur gleichen Zeit das »Culmisch Recht«. Oder hat der Wiederaufbau nach der erzwungenen Zerstörung Danzigs von 1308 bis 1342 gedauert? Das könnte nämlich bedeuten, daß die Einwohner nicht schon nach ein bis zwei Jahren, sondern erst sehr viel später zurückkehren durften.
Dieses Recht bedeutete selbständige eigene Verwaltung der Kommune, Markt- und Befestigungsrecht, eigene Gerichtsbarkeit, wobei der Appellationshof Kulm war. In der Handfeste wurden auch gewisse Auflagen insbesondere baulicher Art gemacht wie z.B. die Festlegung eines Bauplatzes für eine neue Marienkirche und der Bau eines Dammes durch das recht sumpfige Gelände parallel zur Mottlau einige hundert Meter von ihr entfernt bis zum Hause des Ordens. Dies geschah denn auch unverzüglich. Nach den Plänen des Meisters Hinrich Ungeradin wurde auf einem Baugelände von mehr als 7000 qm am Freitag, d. 28. März 1343 – Keyser gibt dieses Datum als gesichert an – mit dem Bau der Marienkir-

che begonnen. Vollendet wurde das Werk nach mehrfacher Abänderung der Pläne rund 160 Jahre später am Donnerstag, d. 28. Juli 1502 nachmittags um 4 Uhr, als der »letzte Stein in das Gewölbe eingefügt ward«. – Allein die Tatsache, daß sich die Danziger Bürgerschaft an den Bau solch eines gewaltigen Gotteshauses wagte, zeugt von der glänzenden Entwicklung der wirtschaftlichen und finanziellen Lage der Stadt. Auch mit dem Bau des vorerwähnten Dammes wurde sofort begonnen, wobei die Handfeste von »einer geräumigen Strasse« spricht. Dieser Damm verband genau in Nord-Süd-Richtung die Burg mit dem besonders prachtvoll auszustattenden Nordportal der Marienkirche. Es war dies der Kirchweg des Ordenskomturs, seiner Ritter und Gäste. – Damit ergab sich nun von selbst, daß die Stadt sich erweiterte und auch das sumpfige Ufergelände der Mottlau in die Bebauung mit einbezogen wurde. Dieser sich nach Norden hin ausdehnende Stadtteil wurde Neustadt genannt, und auch für die Bürger dieses von der Rechtstadt abhängigen Stadtteils wurde eine neue Kirche, die Johanniskirche, errichtet, deren Mutterkirche aber St. Katharinen blieb. Das Baugelände gehörte zum Teil dem Dominikanerorden, von dem es die Stadt käuflich erwerben mußte. Das Gotteshaus ist bereits 1349 urkundlich nachweisbar, wurde aber in der Mitte des 15. Jahrhunderts praktisch abgerissen und so aufgebaut, wie es sich heute noch darstellt. Die Hauptstraße der Neustadt war die Breitgasse, an deren Ende das machtvolle Krantor steht, dessen Hauptaufgabe darin bestand, die Masten für die Schiffe aufzurichten, aber auch Waren aus- und einzuladen. Es brannte mehrfach ab, wurde dann gegen den Willen des Ordens in Stein errichtet und 1444 fertig.
Die Rechtsstadt hatte inzwischen begonnen, neue Befestigungsanlagen zu erstellen, und bat 1379 den Orden, den äußersten Stadtgraben bis an das Hohe Tor legen zu dürfen. Der Hochmeister Winrich von Kniprode gab zwar die Erlaubnis, knüpfte daran jedoch die Bedingung, daß Danzig »... weiter zu graben und zu mauern künftig den Orden um die Freiheit nicht bitten solle«. Das war eine klare Anweisung. Danzig sollte sich nicht weiter ausdehnen, und es ist nicht schwer, die Ursache hierfür zu finden.

3 *Jungstadt und Altstadt*

Unmittelbar danach, nämlich im Frühjahr 1380, erhielten Claus Lange und Peter Sandomin die Erlaubnis, direkt am Weichselufer eine neue oder junge Stadt zu gründen. Die Handfeste wurde in Marienburg – ebenfalls noch von Winrich von Kniprode – am 4. Juli 1380 ausgefertigt; ganz im Gegensatz zur Rechtstadt also im Augenblick der Gründung. In dieser Handfeste wurde der Jungstadt auferlegt, »nebst anderen öffentlichen Gebäuden ein Rathaus und eine Kirche zur Ehre des hl. Bartolomäi zu erbauen«. »Die so schnell entfaltete Blüte der Rechtstadt Danzig mochte (beim Orden) die Hoffnung erwecken, daß auf jenem der Weichselmündung noch näher als die Rechtstadt gelegenen Gebiet eine neue Stadt unter noch günstigeren Aussichten des Gedeihens zu begründen sein werde.« (Th. Hirsch, S. 14)

Hier allerdings mußte der Orden zuerst tatkräftig Hilfe leisten, was er gern tat, denn er war an allen Einkünften dieser »jungen Stadt« in wesentlich höherem Maße als bei der Rechtstadt beteiligt. Der Jungstadt war ein Gebiet zur Verfügung gestellt worden, das ihr Baugrund für Jahrhunderte gewährte und etwa folgendermaßen begrenzt war: Von der Einmündung der Mottlau in die Weichsel ausgehend die Straßen Am Milchpeter, Jacobswall, Hansa-Platz bis zur Großen Allee. Es war also in der Hauptsache das spätere Danziger Eisenbahn- und Industriegelände mit der Danziger- und Schichauwerft.

Tatsächlich gedieh die Jungstadt; wenn auch vielleicht nicht in dem Maße, wie es sich der Orden erträumt hatte. Für die Rechtstadt aber war sie eine äußerst lästige Konkurrenz. Hirsch berechnet nach einem sehr sorgfältig erwählten Schlüssel die Einwohnerzahl um 1450 auf 7375. Dies dürfte durchaus nicht zu hoch gegriffen sein, denn die Einwanderung von Neubürgern mit zeitweise 80 im Jahr war etwa halb so groß wie die der Rechtstadt. Abschließend ist jedoch festzuhalten, daß nach dem Abfall Danzigs vom Orden der Rat der Stadt Danzig unverzüglich vom polnischen König Kasimir die Genehmigung erbat und erwirkte, die Jungstadt abreißen bzw. niederbrennen zu dürfen. Lengnich schreibt zur Zerstörung der Jungstadt: »Die junge Stadt hatte ihren eigenen Rath und ihr eigenes Gericht, und nahm an Gebäuden dermaßen zu, daß man zur Zeit ihrer Zerstörung, da sie nur etwas über 70 Jahre gestanden, nebst einem geräumigen Rathhause, drei Kirchen, ein Mönch- und verschie-

dene Nonnenklöster und vierzehnhundert Privathäuser zählte.« (Cap. II, § 3) Bei vierzehnhundert Privathäusern könnte die Einwohnerzahl sogar noch etwas höher, als Hirsch sie angibt, gelegen haben.
Der Aufbau des durch den Orden beseitigten slawischen Danzig war nicht dringlich. Das Gelände lag zuerst brach, da die verbliebenen slawischen Einwohner sich am Hakelwerk neue Häuser bauen mußten. Die Neubesiedlung durch deutsche Einwanderer erfolgte zuerst vermutlich auf bäuerlicher Grundlage. Der Orden als unumschränkter Grundherr vergab gegen jährlich zu entrichtenden Grundzins Land an einzelne Siedler. Von einer Systematik in der Bebauung oder einer städtischen Grundkonzeption ist nichts zu erkennen. Dies änderte sich, als der Orden das Radaunewasser benötigte, und durch dieses Gebiet zuerst der Mühlengraben und schon gegen die Mitte des 14. Jahrhunderts die Radaune umleitete. Allein die für die Durchführung der Grabungsarbeiten benötigten Kräfte machten die Besiedlung notwendig. Durch die Art der Bauarbeiten bedingt, ließen sich vorwiegend Handwerker nieder. Das Gefälle der Radaune, die bei Neugarten noch den Schidlitzbach aufnahm, war ausreichend, um eine beträchtliche Anzahl von Mühlen zu betreiben; Schleif-, Walk-, Lohmühlen, ein Kupferhammer, ein Kalkofen und viele andere handwerkliche Betriebe erstanden innerhalb weniger Jahrzehnte. Das Regal für diese Mühlen usw. lag ausschließlich beim Orden als Landesherrn. Die Große Kornmühle des Ordens, die nach einem Brande 1360 neu erbaut wurde, ist, wie Kunsthistoriker sagen: »Der monumentalste Industriebau, den uns das Mittelalter in Europa hinterlassen hat«. Immer wieder modernisiert, trug sie bis zum Zweiten Weltkriege zur Mehlversorgung der Danziger Bevölkerung bei. Zu einem der bedeutendsten Gewerke der Altstadt – aber auch der Rechtstadt – gehörten die Brauer in der Pfefferstraße (später: Pfefferstadt), die sich zur Hauptstraße der Altstadt entwickelte und vom Kaschubischen Markt, der die Altstadt begrenzte und eine herausragende Rolle spielte, über die Schmiedegasse zum Holzmarkt führte, wo dann die Rechtstadt begann. Mit »Gewerken« wurden im alten Danzig die Zünfte bezeichnet, die in die geschichtliche Entwicklung Danzigs mehrfach entscheidend eingriffen.
Von der Eigenständigkeit der Altstadt erfahren wir erstmals aus einer Urkunde vom 24. August 1377, wo von »de rat van der Oldenstat to Danczke« die Rede ist. Altstadt, spätestens seit 1377, und Jungstadt, seit

1380, waren also eigene, dem Orden aber weitaus stärker verpflichtete Städte als die neue Stadt, die spätere Rechtstadt. Allen drei gemeinsam war, daß sie den Namen »Danczke« trugen.

4 *Aufstieg der Rechtstadt*

Die sprunghafte wirtschaftliche Entwicklung der Rechtstadt machte Danzig zur führenden Stadt des preußischen Quartiers der Hanse, der die Rechtstadt 1361 beitrat. Diese führende Position in der Hanse bedingte zwischenzeitlich immer wieder Streitigkeiten mit dem Orden, der in allen entscheidenden Dingen gefragt sein wollte. Als englische Kaufleute selbst ihre Tuche in Danzig verkaufen wollten, gestattete der Rat dies nicht. Diese Gelegenheit nahm der Orden wahr, Danzig eins auszuwischen. Als Landesherr gab er den englischen Kaufleuten auf der Niederstadt, die rechts der Mottlau liegt, ein Terrain, wo sie ihre Geschäfte abwickeln durften. Später hieß diese Straße dann der Englische Damm, wodurch die Erinnerung an diese Kaufleute bis zur Gegenwart festgehalten ist.

Um die Bebauung des rechten Mottlauufers gab es mehrfach Streit, denn die Rechtstadt hatte hier bereits eine Anzahl von Speichern und Scheunen errichtet. Der Orden aber tat das gleiche dort und verbot den Danzigern die weitere Bebauung.

Diese jedoch verwiesen auf das Privileg des polnischen Herzogs Przemyslaw von 1295, worin ihnen die Bebauung beiderseits der Mottlau zugestanden worden war. Welcher Art nun die Einigung zwischen Orden und Rechtstadt war, ist nicht bekannt, aber überliefert ist, daß dort beide Parteien ihre Speicher errichteten, und es dürfte anzunehmen sein, daß Grundherr dieses Niederungsgebietes der Orden blieb, die Rechtstadt aber über einen breiten Streifen am rechten Mottlauufer verfügen durfte. Schon gegen Ende der Ordenszeit zählte man hier 120 bis 130 Speicher und Scheunen, zumeist noch in leichter Bauweise, so daß Brände oftmals größeres Ausmaß annahmen.

Bei aller Abneigung, die Danzig später dem Orden gegenüber entwickelte, darf nicht übersehen werden, daß es seine erste stürmische und auch

schon große Entwicklung dem Eingebundensein in den politisch festgefügten Ordenstaat zu danken hatte. Auch Lengnich bestätigt dies, indem er die Vorteile aufführt, die Danzig hierdurch erhielt, und dann zu der Schlußfolgerung kommt: »In Ansehung dieser Wohltaten verfährt man zu hart, wenn die Kreuzherren überhaupt Tyrannen gescholten werden« (IV. § 1, Anm. 2). Gerade im 14. Jahrhundert nahm Danzig einen Aufschwung, der es rasch an die Spitze aller Ordensstädte führte. Hochmeister jener Zeit wie Dietrich von Altenburg (1335–41) und Winrich von Kniprode (1351–82) kann man als bedeutende Staatsmänner ansehen. Zu Recht schreibt daher auch Hirsch: »Bei der rühmlichen Sorgfalt, welche die Hochmeister des 14. Jahrhunderts der Landeskultur in Preußen widmeten, glaubten sie nicht besser das Aufblühen der Handelsstädte befördern zu können, als indem sie so viel wie möglich die Entfaltung des gewerblichen Lebens der selbständigen Tätigkeit der Communen überließen.«
Doch die Zugehörigkeit zum Ordensstaat war es nicht allein, der Danzig seinen wirtschaftlichen und kulturellen Aufschwung verdankte. »Die maßgebende Persönlichkeit in allen einzelnen Transaktionen dieser lebhaften und wechselvollen merkantilen Vorgänge war der Danziger Kaufmann und ausschließlich er«. (Goldmann). In eben dieser Kaufmannschaft bildete sich rasch ein Patriziat heraus, welches – wenn auch nicht immer, so doch meistens zum Wohle des Gemeinwesens – die Geschicke der Stadt durch die Bildung einer vorbildlichen Verwaltung – des Rats – in die Hand nahm. Daß es einen »sitzenden« und einen »gemeinen« Rat gab, wird später behandelt.

5 *Die Hanse*

Die Mitgliedschaft Danzigs im deutschen Städtebund der Hanse hatte für die wirtschaftliche Entwicklung Danzigs beträchtliche Vorteile. Aber die Hanse stellte nicht nur eine wirtschaftliche, sondern auch eine politische Macht dar, die sie natürlich ausnutzte. Die Hafenstädte von Amsterdam bis Reval beherrschten den Handel im Norden Europas bis weit nach Rußland hinein. In den Städten Brügge – später Antwerpen –, London, Bergen und Nowgorod hatten sie ihre Kontore. Der von Kölner Kaufleuten gegründete Stalhof (abgeleitet von dem mittelniederdeutschen Wort Stal = Tuch) in London erhielt für die Söhne der Danziger Patrizier seine besondere Bedeutung, um Danzigs enge Handelsverbindungen zu England zu pflegen, fördern und auszubauen. Das gleiche kann man allerdings auch vom Petershof in Nowgorod sagen, an dem bis zu seiner Schließung die Lübecker Kaufleute führend waren. Der Einfluß der Hanse erstreckte sich bis weit in das Binnnland hinein. Ihren Höhepunkt erreichte die Hanse gegen Ende des 14. Jahrhunderts. Zuvor hatte sie eine schwere Niederlage durch den Dänenkönig Waldemar IV. einstecken müssen, der ihr Gotland abnahm. Daraufhin hatten sich fast alle Städte von Amsterdam bis Danzig und Elbing zur Kölner Konföderation zusammengeschlossen, eroberten Kopenhagen, Schonen und Hälsingborg und konnten im Stralsunder Frieden 1370 ihre Handelsvormacht im Norden sichern.

Danzig, welches als junges Mitglied an diesem Kriege beteiligt war, errang nach Beendigung desselben die Vormachtstellung im Preußischen Quartier der Hanse, während Lübeck in Anspruch nahm, die erste Stadt im Wendischen Quartier zu sein.

Abgesehen von den großen und gesicherten Verbindungen, die die Mitgliedschaft in der Hanse den Danzigern brachte, war der Heringshandel von Schonen für Danzig von allergrößter Bedeutung. Dort hatte es bei Falsterboo eine eigene Vitte, von der aus es diesen Handel beherrschte. Unter Vitten verstand man »große freie Plätze am Ufer, von hölzernen Planken oder Grenzpfählen, die das Wappen der Stadt trugen, eingeschlossen« (Hirsch, S. 143). Auf diesen Plätzen konnten ohne jede Abgabe die gefangenen Heringe eingesalzen werden, die Schiffe unmittelbar anlegen, laden und löschen. Mit diesem Recht hat sich Danzig dann später an die Spitze des Heringhandels auf Schonen gestellt.

Die Mitgliedschaft Danzigs in der Hanse hatte für Danzig eine nicht zu unterschätzende Bedeutung, doch darf diese auch nicht zu hoch veranschlagt werden, wie es gern geschieht. Danzigs Aufstieg zur größten Handelsmetropole an der Ostsee begann erst, als der Stern der Hanse bereits im Verglühen war, nämlich im 16. Jahrhundert.

In den Urkunden der damaligen Zeit begegnen wir immer wieder dem Wort »Baie«, sei es in der Verbindung Baiensalz, sei es Baienfahrt. Bei Baie handelte es sich um einen an der französischen Atlantikküste gelegenen Hafen in einer kleinen geschützten Bucht südlich der Loiremündung. Dort holten sich die Danziger Kaufleute das »im Osten sehr geschätzte grobkörnige, auf den Inseln und an den Ufern des Festlandes ringsumher reichlich gewonnene Meersalz« (Weinreichs Danziger Chronik, S. VIII), welches zum Unterschied von dem feineren in Lüneburg gewonnenen und über Lübeck ausgeführten »Travensalz« Baiensalz hieß. Dieser kleine Hafen Baie hatte über einen längeren Zeitraum hinweg für die Danziger Großkaufleute eine erhebliche Bedeutung, da das Baiensalz wegen seines niedrigen Preises zu den Hauptimportartikeln der Danziger gehörte.

Fahrten zur Baie verband der Danziger Kaufmann zumeist auch mit denen nach Holland und England, denn gerade diese beiden Länder waren Hauptabnehmer der von Danzig angebotenen Waren, die in erster Linie Holz und Getreide, aber auch Asche, Teer, Pelzwerk und Wachs umfaßten. Auf der Importseite war Danzig Abnehmer für Tuche und Leinenwaren, Metalle und Mineralien. – Ob es wirklich verläßliche Zahlen sind, wenn Hirsch den durchschnittlichen jährlichen Handel Danzigs mit England gegen Ende des 14. Jahrhunderts mit 400.000 Pfund, die einem Wert von rd. 8 Mill. Goldmark um 1850 entsprochen hätten, angibt, möge dahingestellt bleiben. In jedem Falle aber zeigen Zahlen dieser Größenordnung, wie stark der Handelsverkehr mit England in der damaligen Zeit gewesen ist.

Keyser gibt für das Jahr 1389 für den gesamten Außenhandel etwas niedrigere, aber doch nicht sehr stark abweichende Zahlen an, wenn er davon spricht, daß sich der Wert in diesem Jahre auf 225.500 preußische Mark belief, was in Goldmark für 1850 errechnet etwas mehr als 3 Mill. ausmachen würde. Diese Zahl habe sich jedoch innerhalb weniger Jahre verdreifacht. Nimmt man diese Zahlen als der Wahrheit entsprechend an, dann kann zu Recht die Feststellung getroffen werden, daß ein Außenhandelsumsatz mit einem Warenwert von etwa 10 Millionen Goldmark (immer umgerechnet auf die Kaufkraft von 1850) im Jahre 1400 eine stolze Ziffer ist, denn er berührt noch in keiner Weise den Land- und innerstädtischen Handel.

Es muß aber auch darauf hingewiesen werden, daß wegen der notwendig hohen Gewinnspanne, die die Kaufleute erwirtschaften mußten, um die beträchtlichen Verluste durch die Piraterie auszugleichen, die Warenpreise recht hoch waren. Die Freibeuter der Nord- und Ostsee, zumeist Vitalienbrüder genannt, betrieben insbesondere gegen Ende des 14. Jahrhunderts einen schonungslosen Kaperkrieg. Die Vitalienbrüder waren ursprünglich Helfer des Schwedenkönigs Albrecht, den sie mit Lebensmitteln (Vitalien) in dem von der Königin Margarethe – Tochter des Dänenkönigs Waldemar Atterdag – 1389 bis 1392 belagerten Stockholm versorgten. Danach entwickelten sie sich dann zu den berüchtigten Freibeutern und Seeräubern, die auf eigene Faust den Kaperkrieg fortsetzten. Hiergegen mußten sich die Hansestädte bewaffnet zur Wehr setzen, und in der entscheidenden Seeschlacht bei Helgoland konnten die Führer der Freibeuter, Klaus Störtebecker und Godeke Michels, gefangengenommen werden. 1402 wurden sie in Hamburg hingerichtet.

Die Rolle, welche Danzig in jener Zeit in der preußischen Hanse spielte, spiegelt sich gut in den Beitragszahlen des Jahres 1423 wider. Die Beiträge wurden nach der zu stellenden »Mannzahl« berechnet und ergeben diese Reihenfolge:

Danzig	zahlte für	124 Mann
Thorn	zahlte für	96 Mann
Elbing	zahlte für	80 Mann
Königsberg	zahlte für	30 Mann
Braunsberg	zahlte für	20 Mann

Danzig hatte sich also weit an die Spitze geschoben, und nur Thorn folgte in angemessener Entfernung. Das hatte seinen Grund darin, daß der innerpolnische Handel damals noch weitgehend über Thorn und Krakau abgewickelt wurde. Danzig hingegen war zu jener Zeit führend im Ost-Westgeschäft der Hanse.

6 *Erweiterung der Rechtstadt*

Mit diesem Anstieg der wirtschaftlichen Bedeutung Danzigs war naturgemäß auch ein entsprechendes Wachstum der Bevölkerung verbunden, das sich etwa zur Hälfte aus eigenen Geburtenüberschüssen und zur anderen Hälfte aus Neuzuwanderungen ergab, die vorwiegend aus dem westfälischen, niederrheinischen, holländischen und friesischen Raum kamen, aber auch zu einem beträchtlichen Umfang aus dem mitteldeutschen und schlesischen Gebiet. Keyser gibt Zahlen über diese Einwanderungen an; er spricht für die zweite Hälfte des 14. Jahrhunderts von einem Durchschnitt von jährlich 175. Mit diesen Zahlen sind natürlich nur die-

jenigen Menschen gemeint, die das Bürgerrecht erwerben konnten. Sie beziehen sich nicht auf die Familienangehörigen und Bediensteten.
Wegen dieses Bevölkerungswachstums wurde auch sehr bald mit der Bebauung der Vorstadt begonnen, bei der auffällt, daß ihre beiden Hauptstraßen, der Poggenpfuhl und die Fleischergasse, nicht wie alle übrigen Danziger Hauptstraßen zur Mottlau hinunterführen, sondern parallel zu ihr verlaufen. Das hat seinen Grund darin, daß sich am dortigen Mottlauufer, der sogenannten Lastadie, die Schiffswerften und Verladeplätze befanden. Die Kirche der Vorstadt, St. Peter und Paul, liegt am Poggenpfuhl. Ein geistlich wie auch städtebaulich besonderer Akzent wurde in der Vorstadt durch die Ansiedlung der Franziskanermönche in der Fleischergasse gesetzt, wozu Papst Martin V. am 9. Oktober 1419 seine Genehmigung gegeben hatte. Das Franziskanerkloster mit seinen Anlagen sollte sich zum geistigen Mittelpunkt Danzigs entwickeln.
Auf der östlichen Seite der Speicherinsel, die damals noch gar keine Insel war, lagen die »langen Gärten«, da die in der Rechtstadt gelegenen Gärten der Kaufleute für bauliche Zwecke genutzt werden mußten. So wich man eben in die Niederung aus. Hier standen aber auch die Mattenbuden, in denen die Matten geflochten wurden, die man für die Weichselflöße benötigte, um auf ihnen das Korn trocken transportieren zu können. Dieses Niederungsgelände gehörte schon seit langem zur Stadtfreiheit, konnte aber erst 1342 von dem damaligen Eigentümer käuflich erworben werden (Keyser S. 319). Jedoch auch auf diesem Gartengelände, das schon recht tief lag und von Gräben durchflossen war, wurden bald Häuser errichtet, ja sogar der Bedarf nach einer eigenen Kapelle, die der Hl. Barbara geweiht wurde, mußte gestillt werden.
Die künstlich geschaffene Neue Mottlau gab es damals noch nicht. Es befand sich dort lediglich ein sumpfiges Gelände, durch das der Bach Bersinse floß, der in die Mottlau mündete. Zwischen Mottlau und Mattenbuden/Langgarten lag also das Gebiet, wo das wirtschaftliche Herz Danzigs zu schlagen anfing, während der kaufmännische Geist in den Häusern und Kontoren am Langen Markt und in der Langgasse wehte. Jener Teil war mit Speichern und Scheunen bebaut, doch wurde dort auch der Schlachthof angelegt. An dieser Stelle fanden sich die großen Lagerplätze für das Holz, und abgesondert davon ein Platz für den Teer; alles Artikel, die den Außenhandel Danzigs bestimmten.
Zur Abrundung des Bildes über Danzig in der Ordenszeit bedarf es

noch der Darstellung der westlichen Teile, die genausowenig wie die Altstadt, Jungstadt, Vorstadt, Speicherinsel oder Langgarten/Mattenbuden zur Rechtstadt gehörten, aber mit ihr doch im engen wirtschaftlichen Zusammenhang standen. Einzig die Neustadt war restlos in die Rechtstadt integriert.

Da ist zuerst einmal der die Stadt beherrschende Berg: Der Bischofsberg. Wie es der Name schon sagt, gehörte er dem Bischof, und der hatte seinen Sitz in Wloclawek. Vermutlich schon zu Zeiten Swantopolks hatte der Bischof einzelne Grundstücke auf seinem Berge verkauft. Im Jahre 1356 wurden zwischen dem Bischof von Kujawien und Hochmeister Winrich von Kniprode Grenzfestlegungen vorgenommen, doch ergaben sich auch in der Folgezeit ständig Streitereien, und im Jahre 1414 wurde auf Anweisung des Ordens durch Danziger Soldaten das »Bischöfliche Haus« zerstört. Der Bischof verklagte auf dem Konstanzer Konzil den Orden, der sich jedoch darauf berief, daß es Danziger Soldaten gewesen seien, die das Haus – vermutlich ein bischöfliches Verwaltungsgebäude – abgerissen hätten. Es kam schließlich zu einer Einigung, und Danzig zahlte dem Bischof 1435 eine Entschädigung. Wenige Jahre später wurde dann ein Einvernehmen zwischen Bischof Wladyslaw und dem Danziger Rat erzielt, und die Grenze am Bischofsberg neu festgesetzt.

Am Fuße des Bischofsberges lag der Hof Petershagen, von dem aus um 1375 eine langsame Besiedlung dieses Gebietes oberhalb der Radaune einsetzte. Auch die »neuen Gärten« – im Gegensatz zu den »langen Gärten« – werden bereits 1377/78 erwähnt. Sie lagen zwischen Bischofsberg und Hagelsberg, und durch sie floß der Schidlitzbach. Im Gegensatz zum Bischofsberg war der Hagelsberg vermutlich reines Ordensgelände und wurde wahrscheinlich aus militärischen Gründen zur Bebauung nicht freigegeben. Von ihm aus konnte der Orden die ihm eng verbundene Altstadt wie auch die Jungstadt gut beherrschen.

Während es in all diesen Vororten noch reichlich Gartenland zur Bebauung gab, war die Rechtstadt bis zum Ende der Ordenszeit fast lückenlos bebaut. Infolge der ständigen Zuwanderung ging man bereits um 1380 dazu über, statt der Holz- und Fachwerkhäuser mehrgeschossige Steinhäuser zu errichten. »Doch erst kurz vor 1450 war die Entwicklung soweit fortgeschritten, daß der Rat die künftige Herstellung von Holzhäusern und Strohdächern verbieten konnte« (Keyser, S. 328).

Diese starke Bebauung der Rechtstadt mit ihrer hohen Einwohnerzahl, die von Keyser für das Jahr 1416 auf 15.000 geschätzt wird, und den beträchtlichen materiellen Werten, die hier lagerten, erforderte zwangsläufig eine starke Befestigung. Es verwundert daher nicht, daß gegen Ende der Danziger Ordenszeit die Rechtstadt mit Neustadt und Dominikanerkloster von einer den Baukünsten des Ordens abgesehenen festen Mauer mit einem doppelten Grabensystem umgeben war. Nicht befestigt zu werden brauchte das Mottlauufer, weil sich die Häuser inzwischen bis an die Mottlau hin erstreckten und die Straßenabschlüsse mit Toren versehen waren.

Der Eckturm im Süden an der Mottlau war der Ankerschmiedeturm, von dem aus sich die Mauer entlang der Diener- und Hintergasse bis zum Stadthof (Reitbahn) erstreckte. Außerhalb der Mauer befanden sich zwei Gräben, die jeweils eine Breite von 22 bis 28 m hatten, zwischen denen ein Landstreifen von 10 bis 12 m Breite lag. Die Mauer war 20 Fuß hoch, 5 bis 6 Fuß dick, mit 3 Fuß hohen Zinnen versehen. Zwischen den Haupttürmen gab es noch jeweils mehrere Wehrtürme. Der Verlauf ging dann weiter bis zum Dominikanerkloster mit Toren am Ende der Hundegasse, Langgasse, Heiligegeistgasse und Breitgasse. Die Langgasse wurde noch durch ein zweites Tor, den Stockturm, geschützt. Den Nordwestturm am Dominikanerkloster nannte man bereits damals »Kick in de Köck«, weil der Wächter von dort aus angeblich in die Küche der Dominikanermönche schauen konnte. Von hier setzte sich die Mauer nun bis zum Fischmarkt fort, wo sie dann auf die Befestigunganlagen des Ordens stieß. In diesem Teil stand am Ende des Dammes das Haustor, von wo aus das Burggelände betreten wurde.

Weniger stark waren die Befestigungen der Altstadt, und mit dem Bau einer Mauer um die Jungstadt hatte man bis zu ihrer Zerstörung noch gar nicht begonnen.

An weltlichen Bauten werden während der Ordenszeit das Rathaus und auch bereits der Artushof erwähnt. Beide wurden durch Brände zerstört und in völlig neuer Gestalt wieder aufgebaut.

MÖRBISCH 7072

Familie
Manfred Teschner
De-la-Fosse-Weg 26
D Darmstadt-Kranichstein
Deutschland

A-7072 **Mörbisch** am Neusiedlersee, 118 m
Burgenland - Austria

Bedeutender Weinort, berühmt durch die >> Seefestspiele Mörbisch << im Juli-August auf der Naturbühne am Ufer des Sees. Modernes Seehotel, große Badeanlage, Segel- und Surfparadies. Überfahrt nach Illmitz und ins Naturschutzgebiet. Pusztafahrt und Zigeunermusik.

VERLAG KURT FASCH, 2640 GLOGGNITZ, ZEILE 3, TELEFON 0 26 62 / 23 01

9.8.95

Herzliche Urlaubsgrüße
aus diesem wunderschönen
Urlaubsgebiet senden Euch
Heidi und Manfred.
Wir haben hier eine wunder-
schöne Zeit verbracht und uns
viel angesehen. Größere Ausflüge
haben wir nach Wien, in die
Wachau und nach Ungarn gemacht.
Leider sind die 2 Wochen am
Samstag schon herum.

7072/27

Mörbisch am See
EIS-STADL
SOUVENIRS BADEARTIKEL
Eskimo
Souvenir

7 *Verwaltung*

Aufgrund der verliehenen Handfeste, die Danzig das Kulmische Recht gewährte, erfreute es sich der Eigenverwaltung. Hatte sich die kleine deutsche Gemeinde zu Zeiten Swantopolks schon einen Schulzen gewählt, so bedurfte es mit dem Anwachsen der Stadt auch einer Aufgabenteilung in der Verwaltung. Die Verfassung der Stadt war in der Handfeste geregelt worden. Die oberste Verwaltung lag in den Händen eines Rats, dem ein erster und zweiter Bürgermeister vorstanden. Dazu kamen zehn Ratsmänner. Nun unterschied man bereits um das Jahr 1380 zwischen einem »sitzenden« und einem »gemeinen« Rat. Der »sitzende« war der gerade amtierende, der »gemeine« Rat hingegen setzte sich aus den Mitgliedern des sitzenden Rats und allen früheren Ratsmitgliedern zusammen, also dem Patriziat. An der Spitze des gemeinen Rats standen vier Bürgermeister und eine durch Todesfälle bestimmte wechselnde Zahl von Ratsmitgliedern.

Die Geschäftsführung lag natürlich in den Händen des amtierenden Rats, aber der gemeine Rat übte einen bedeutenden Einfluß aus. Als im Jahre 1378 die Gewerke den Aufstand probten, denn die Angehörigen des Handwerkerstandes machten einen Großteil der Bevölkerung aus und wollten sich auch an der Verwaltung der Stadt beteiligen, hatte der amtierende Rat einige Mühe, damit fertig zu werden. So waren denn die folgenden Jahrzehnte geprägt durch den Einfluß des gemeinen Rats, der Danzigs Handel bis 1410 in eine Periode glänzenden Aufschwungs führte. Erst als nach der verlorenen Schlacht von Tannenberg Heinrich von Plauen als Hochmeister an die Spitze des Ordens trat, setzte eine gegenläufige Bewegung ein.

Wurde der Rat die erste Ordnung genannt, so war die zweite Ordnung die Schöppenbank, an deren Spitze ein Richter stand. Richter und Schöffen wurden durch den Rat berufen, und dieser setzte sich ausschließlich aus Männern zusammen, die einmal Mitglieder der Schöppenbank waren, wobei Ausnahmen die Regel bestätigten. Jeder, der vom Rat in die Schöppenbank berufen wurde, konnte damit rechnen, bei Bewährung eines Tages Ratsherr oder gar Bürgermeister zu werden. Diese beiden Ordnungen bestimmten das Bild der Danziger Verwaltung in den ersten Jahrhunderten.

Haupteinnahmen der Stadt waren der Grundzins und das Pfahlgeld.

Hinzu kamen Gebühren und zeitweilig aufgelegte Steuern oder Zölle, von denen der Pfundzoll (auch Pfundgeld genannt) eine besondere Rolle spielte, da er ganz oder auch nur teilweise vom Orden verlangt wurde, obwohl der Grund seiner Einführung nichts mit dem Orden zu tun hatte. In Wahrheit war der Pfundzoll eine nur in Kriegszeiten für die Hanse bestimmte Abgabe. Die Erhebung des Pfundzolls wurde grundsätzlich in Lübeck als dem Hauptort der Hanse beschlossen, doch haben sich Danzig und die anderen preußischen Hansestädte durchaus nicht immer hieran gehalten und ihrerseits Pfundzoll erhoben, auch wenn er in Lübeck nicht beschlossen worden war oder auch umgekehrt. Taten sie es nicht, so beriefen sie sich darauf, daß sie die Genehmigung des Hochmeisters haben müßten. Dieser aber wollte die Erhebung oftmals nur dann genehmigen, wenn der Pfundzoll wenigstens zu einem Teil dem Orden zugute käme, und die Einnahmen von Ordensbeamten überwacht würden. Hierüber gab es unendlich lange Verhandlungen, die sich häufig wiederholten, bis sich schließlich die preußischen Hansestädte dem Druck des Hochmeisters beugen mußten und der Pfundzoll 1409 als Landesabgabe eingeführt wurde. Im August dieses Jahres hatte der Orden Polen den Krieg erklärt. Nun ging das Feilschen darüber los, welchen Teil der Orden behalten durfte und welchen die preußischen Städte bekommen sollten. Dies war dann je nach der starken oder schwachen Persönlichkeit des Hochmeisters unterschiedlich. Um aber die Bedeutung des Pfundzolls darzulegen, kann auf nachstehende Aufstellung hingewiesen werden, die die Einnahmen der fünf preußischen Hansestädte aus diesem Zoll im Jahre 1390 zeigt:

Braunsberg	2 Mark + 2 Scot
Elbing	42,5 Mark
Königsberg	50 Mark
Thorn	165 Mark
Danzig	550 Mark

Von den Gesamteinnahmen in Höhe von 809,50 Mark und 2 Scot erbrachte demnach allein Danzig 68%. Es ist dies durchaus kein Ausnahmejahr, sondern stellt die wirtschaftlichen und finanziellen Kräfteverhältnisse überhaupt dar. Der Pfundzoll wurde nach dem Abfall Danzigs und der preußischen Lande vom Orden von König Kasimir IV. im Jahre 1457 gestrichen und völlig abgeschafft.

Eine preußische Mark der damaligen Zeit – also 1390 –, als der Orden auf der Höhe seiner wirtschaftlichen Macht stand, entsprach etwa 15 Goldmark im Jahre 1850. Ein Vergleich zur heutigen Zeit ist schwer möglich, da beispielsweise bebaute Grundstücke oder Bauland in überhaupt keiner Relation mehr zu den Preisen jener Zeit gebracht werden können.

Im Gegensatz zum Pfundzoll war das Pfahlgeld eine echte Steuer, deren Höhe sich auf 0,67 pro Mille des Warenwerts der ein- oder auslaufenden Schiffe belief. Der Name leitet sich von den Pfählen ab, mit denen die Fahrrinne der Weichsel markiert war, und das Pfahlgeld wurde auch in erster Linie für die Erweiterung und Instandhaltung des Hafens und seiner Anlagen verwendet. Das Pfahlgeld war ungefähr doppelt so hoch wie der Pfundzoll.

Bevor nun das letzte Thema aus der Ordenszeit, nämlich der Abfall Danzigs und der Preußischen Lande, erörtert wird, ist nochmals zu betonen, daß es drei Städte mit dem Namen Danzig gab: Erstens die neue Stadt (durchweg in der späteren Literatur als Rechtstadt bezeichnet), zweitens die Altstadt und drittens die Jungstadt. Hinzu kam das Hakelwerk, welches mit seiner polnisch-pommerellischen Bevölkerung als selbständige Kommune mit ebenfalls eigener Verwaltung ein Eigenleben führte.

8 *Danzigs erster Abfall vom Orden und der Meuchelmord*

Mit dem Tode des Hochmeisters Winrich von Kniprode im Jahre 1382 hatte der Orden seine Blütezeit erreicht, sie auch noch kurze Zeit erhalten, doch der Scheitelpunkt war überschritten. Die völlige Niederlage in der Schlacht bei Tannenberg am 15. Juli 1410 läutete den Beginn seines Endes ein. »Das Unglück stürmte so unerwartet herein, und die Ordensritter selbst gaben nach der Schlacht, wenige ausgenommen, in Furcht und Kleinmuth ein so schlimmes Beispiel, daß es den Städten nicht zu verargen war, wenn sie, an der Zukunft des Ordens verzweifelnd, in dem allgemeinen Schiffbruche zunächst sich selbst zu retten suchten« (Hirsch S. 41). Auf einem Städtetag im Lager des polnischen Königs vor der Marienburg unterwarfen sich Thorn, Elbing, Danzig und Braunsberg und erhielten als Gegengabe von König Wladislaw Jagiello beträchtliche Privilegien.

Das Aufatmen der Städte, von der drückenden Last des Ordens befreit zu sein, war von kurzer Dauer. Dem Komtur von Schwetz, Heinrich Reuß von Plauen, war es gelungen, die Marienburg, den Sitz des Hochmeisters Ulrich von Jungingen, der auf dem Schlachtfelde gefallen war, zu halten. Er konnte im ersten Thorner Frieden vom 1. Februar 1411 den Besitzstand des Ordens im wesentlichen wahren, mußte jedoch eine hohe Geldsumme zur Auslösung der Gefangenen zahlen. Diese bürdete er natürlich dem Lande und insbesondere den Städten auf. Danzig weigerte sich, den von ihm geforderten Betrag zu entrichten, stellte vielmehr Gegenforderungen. Es hatte sowieso gezögert, erneut in die Abhängigkeit vom Orden zurückzukehren, so daß ein Ärger zum anderen kam. Wenn auch der Danziger Bürgermeister Konrad Letzkau, der sich vom Hochmeister anerkannte Verdienste um den Orden erworben hatte, die Verhandlungen mit großem Geschick führte, wollte der Orden dennoch die Stadt mit Gewalt niederzwingen. Er sperrte den Seeverkehr und verlegte den Stapel nach Elbing, so daß auch Danzig schließlich seinen Widerstand aufgab. Dies genügte dem Orden nicht. Der Komtur von Danzig, jüngerer Bruder des Hochmeisters und ebenfalls ein Heinrich von Plauen, verlangte nach Genugtuung, besser gesagt: nach Rache. »Am 5. April 1411, so berichtet die Danziger Ordenschronik, sei es zu einem Vergleich zwischen Stadt und Komtur gekommen. Doch schon am Tage darauf, am 6. April, habe der Danziger Komtur die beiden Bürgermeister Konrad Letzkau und Arnold Hecht sowie den Ratsmann Bartel Grossen, den Schwiegersohn Letzkaus, zu sich auf das Ordensschloß gebeten und sie dort noch in der folgenden Nacht ohne Recht und Urteil ermorden lassen« (Josef Leinz, Die Ursachen des Abfalls Danzigs…, Jhrb. f. d. Gesch. Mittel- und Ostdeutschlands, Berlin 1965). Eine ungeheure Erregung bemächtigte sich der Danziger Bürgerschaft, zumal die Leichen erst nach Intervention beim Hochmeister acht Tage später ausgeliefert wurden. Die Beisetzung erfolgte dann in der Marienkirche.
Hierdurch war dem Orden zwar die Niederwerfung und Einschüchterung der Stadt gelungen, so daß Danzig um Gnade bitten und nicht nur die Ermordung hinnehmen, sondern auch noch eine hohe Strafe bezahlen mußte. Aber das sowieso schon belastete Vertrauensverhältnis zum Orden war vollends gestört. Den Tod der beiden Bürgermeister Letzkau und Hecht sowie des Ratsherrn Grossen hat Danzig niemals verwunden, zumal bekannt wurde, daß die drei auf grausame Weise umge-

bracht wurden. Hinzu kam, daß der Orden jetzt massiv in die Danziger Verfassung eingriff, die ihm unbequemen Ratsherren und Schöffen ab- und ihm ergebene Männer einsetzte, darunter auch Angehörige des einfachen Kaufmannstandes und der Gewerke.
Überhaupt sind diese Jahre zwischen 1411 und 1416 wohl die unerträglichsten unter der Ordensherrschaft gewesen. Mißernten im Lande, Überschwemmungen durch die Hochwasser der Weichsel, Mäusefraß und andere Unbilden führten außerdem zu ernsthaften Versorgungsschwierigkeiten. Es war nur ein schwacher Trost, daß der Hochmeister Heinrich von Plauen infolge von Zwistigkeiten in den Reihen der Ritter 1413 abgesetzt wurde und – Ironie des Schicksals – die ersten 7 Jahre seiner Haft im Ordensschloß in Danzig zubringen mußte.
Der Orden war durch den Krieg gegen Polen in höchste finanzielle Not geraten, die durch die von den Städten und Ständen geforderten Abgaben kaum gemildert wurde. Je mehr sich die Ziele des Ordens vom religiösen Gebiet auf das politische verschoben hatten, desto mehr schwanden das Verständnis und die Anteilnahme der Massen. – Schon seit einiger Zeit wurden vom Orden Söldner angeworben, die nicht mehr bezahlt werden konnten. So griff der Hochmeister zum untauglichsten aller Mittel, der Not zu begegnen, zur Münzverschlechterung. Anfang des Jahres 1416 war die preußische Mark auf ein Viertel ihres einstigen Wertes gefallen.

9 Erste Verfassungskämpfe

Danzig konnte von dieser katastrophalen Lage des Ordens nicht verschont bleiben. Wenn es sich langsam auch wieder zu erholen begann, litt der Danziger Handel doch immer noch beträchtlich, und die Gewerke begannen, unruhig zu werden. Die Lasten waren nach ihrer Meinung zu drückend. Besonders aber erbitterte sie, daß bald nach der Absetzung Heinrichs von Plauen das Patriziat wieder die alleinige Macht im Rat übernahm und die vom Orden eingesetzten Vertreter ihres Standes aus demselben entfernte. Im Juni 1416 kam es zu einem blutigen Aufstand der Gewerke, die das Rathaus und den Münzhof des Ordens stürmten.

Der Rat wurde vertrieben, und die Gewerke versuchten, die Verwaltung der Stadt in eigener Regie zu führen. Dieses Experiment konnte nicht gut gehen, denn die weltweiten Erfahrungen des Patriziats, die zur Führung einer so expansiven Handelsstadt notwendig waren, fehlten den Männern in den Gewerken. So nimmt es nicht wunder, daß bereits nach zwei Monaten der alte Rat wieder in Amt und Würden nach eigenem Gutdünken schaltete und waltete. Die Vorrechte, die den Gewerken vom Orden eingeräumt worden waren, gingen endgültig verloren, zumal der gemeine Rat ständig an Macht und Ansehen gewann. Es war dies nicht das letzte Auflehnen der Gewerke gegen das eigenmächtige Handeln des Rats.

Übrigens war es in Lübeck ähnlich, wo der Rat von der Bürgerschaft verjagt wurde, so daß die Leitung der Geschäfte der Hanse zeitweise in die Hände Hamburgs überging. Doch auch in anderen Städten wie Frankfurt, Worms, Straßburg und vielen anderen haben die Bürger in jener Zeit versucht, die Macht des Rats zu brechen und genossenschaftliche Rechte zu erwerben. Dies geschah allerdings zumeist schon einige Jahrzehnte früher als in Danzig, was seinen Grund allein darin hatte, daß Danzig eine wesentlich jüngere Stadt war. Ursache all solcher Aufstände waren stets finanzielle Belastungen, die den Bürgern auferlegt wurden. Diese vertraten die Auffassung, daß das Patriziat in stärkerem Maße zu finanziellen Leistungen herangezogen werden müsse.

10 Der »Bund vor Gewalt«

Am 14. März 1440 schlossen sich die Stände des westlichen Preußen – also die Ritterschaft, der Adel und die Städte – in Marienwerder zu einem »Bund vor Gewalt« zusammen, dessen Ziel zunächst keineswegs darin bestand, sich vom Orden zu lösen. Man wollte sich jedoch gemeinsam gegen die Unterdrückung durch den Orden wehren, man wollte beim Hochmeister auf der Marienburg mit einer Stimme sprechen. Man »hatte Ursache, Gewaltschritte des Ordens zu fürchten« (Leinz, S. 4/5), denn die Morde an Letzkau, Hecht und Grossen waren nicht die einzigen gewesen. Auch in anderen Städten waren ähnliche, wenn auch nicht so schlimme Dinge passiert.

Danzig spielte mit seinen überragenden finanziellen Mitteln eine bedeutende Rolle im Bund, zählte sich aber nicht zu jenen radikalen Kräften, die schon im Herbst 1452 ständige Verbindung mit Polen hielten. Diese waren die Kulmer Ritterschaft und die Stadt Thorn. Später gesellten sich ihnen dann noch Kulm und Elbing bei. Um alle Beschwerden und Forderungen zentral und rasch bearbeiten zu können, war ein aus zwanzig Mitgliedern bestehender »Enger Rat« mit Sitz in Thorn gebildet worden, dem auch Danzig angehörte. In der Zeit der entscheidenden Verhandlungen vor dem Kaiser in Wien stand an der Spitze des »Engen Rats« der Adlige Hans von Baysen. Er war die unumstrittene führende Persönlichkeit, und der »Enge Rat« in Thorn war das Gremium, welches alle Entscheidungen für das gesamte aufständische Preußen traf. Daß der »Enge Rat« seinen Sitz in Thorn hatte, ergab sich aus der geographischen Lage dieser Stadt unmittelbar an der Grenze Preußens zu Polen.

Gegründet worden aber war der Bund, wie gesagt, um der Selbstherrlichkeit des Ordens geschlossen entgegentreten zu können und die Forderungen der Städte durchzusetzen. Hierzu gehörte beispielsweise ein jährlich abzuhaltender Richttag, auf dem man Beschwerden vorbringen und offen darüber diskutieren wollte, damit sie abgestellt würden. Ferner wollte man auf alle Fälle sicherstellen, daß sich der Orden künftig jeder Einmischung in die inneren Angelegenheiten der Städte enthielt, keinerlei Einfluß auf die Wahl des Rats zu nehmen versuchte und sich keine ihm nicht zugesagten Rechte anmaßte, wozu u.a. auch der Pfundzoll gehörte; das Kulmische Recht schloß derartige Übergriffe des Ordens ohnehin aus.

Ein Dorn im Auge blieb den Städten und Danzig im besonderen der Handel der Ordensbeamten, die für einen Großteil der aus der Umgebung oder auch dem weiteren Lande angelieferten Waren das Vorkaufsrecht hatten. Dies wurde zeitweise von den Ordensbeamten derart ausgenutzt, daß man von einer schamlosen persönlichen Bereicherung sprach. Wenn der Gewinn noch in die Kasse des Ordens geflossen wäre, hätte man vermutlich in den Städten auch gemurrt, aber bei der Notlage des Ordens doch ein gewisses Verständnis gezeigt. Die einzelnen Ritter und Beamten hingegen bereicherten sich persönlich. Ein weiterer strittiger Punkt war das Strandgut, das damals eine ungewöhnlich große Rolle spielte, denn die Strandung der oftmals recht leichten Segler war keineswegs eine Seltenheit. »Die Ordensbeamten suchten, solches Strandgut sich selbst anzueignen und weigerten sich, es den rechtmäßigen Besitzern gegen ein angemessenes Bergegeld auszuhändigen« (Leinz, S. 11). Zwei Dinge trafen die Danziger Kaufmannschaft und Bürgerschaft äußerst hart: Es war dies der zum Ärger der Kaufleute vom Orden im Jahre 1400 eingesetzte Mündemeister, dem die Überwachung der Weichselmündung übertragen worden war. Er kontrollierte wegen der für den Orden bestimmten Abgaben alle ein- und auslaufenden Schiffe. Diese Machtstellung mißbrauchte der Mündemeister, indem er Schiffe an der Weiterfahrt hinderte und längere Zeit aufhielt, auch wenn beim Schloß in Danzig alles ordnungsgemäß beglichen worden war. Um solchen Schikanen zu entgehen, wurden mehr oder weniger offen Schmiergelder an ihn gezahlt. – Der zweite Punkt, der vor allem die Bürgerschaft betraf, war die erhöhte Mahlabgabe bei der Ordensmühle. Unter Winrich von Kniprode brannte die Ordensmühle ab, und der Hochmeister bat, für ein Jahr die Abgabe verdoppeln zu dürfen, um den Neuaufbau zu finanzieren. Damit waren Rat und Bürgerschaft einverstanden, doch wurde diese Verdoppelung der Abgabe auch nach Ablauf des Jahres beibehalten und nicht mehr aufgehoben. Hiervon war jeder Bürger betroffen, besonders aber die Brauer, die es in großer Zahl gab, weil sie ihr Malz nur in der Großen Ordensmühle mahlen lassen konnten. Erklärlicherweise litt darunter erneut die gesamte Bevölkerung, denn Bier (es war ein Dünnbier) wurde damals fast zu jeder Mahlzeit getrunken, und die erhöhte Abgabe schlug sich im Verkaufspreis nieder.

Es sind dies nur einzelne Punkte, die Danzig veranlaßten, sich mit den anderen Städten und Ständen solidarisch zu erklären. Daher der Zusammenschluß von 1440 in Marienwerder, der dem Hochmeister von Anfang an ein Dorn im Auge war. Der Hochmeister Konrad von Erlichshausen (1441–1449) hatte durch Einzelverhandlungen versucht, die Auflösung des Bundes zu erreichen, was ihm nicht gelang. Sein Neffe Ludwig von Erlichshausen (1450–1467) – einer der unfähigsten in der langen Reihe der Hochmeister – verlangte nun kategorisch die Auflösung des Bundes. Der Bund weigerte sich, der Kampf verschärfte sich, »bis schließlich – zuerst vom Orden, dann von den Ständen – Kaiser Friedrich III. die richterliche Entscheidung über die Rechtmäßigkeit des Bundes anvertraut wurde« (Leinz, S. 23). Der Kaiser setzte den Richttag auf den 24. Juni 1453 in Wien fest.

11 Der Prozeß vor dem Kaiser

Im Gegensatz zur häufig vertretenen Meinung, daß Danzig die Spitze des Widerstandes gegen den Orden gewesen sei, muß nach dem derzeitigen Stand der Forschung festgestellt werden, daß dies nicht der Wahrheit entspricht. Für die Zeit um die Wende vom 14. zum 15. Jahrhundert mag die genannte Ansicht noch richtig sein, nach den Leidens- und Notjahren von 1411/16 gilt sie jedoch nicht mehr. Danzig hat sich vielmehr bis zum Schluß bemüht, einen mäßigenden Einfluß auf die radikalen Kräfte in Thorn, Kulm und Elbing auszuüben, weil es sich von zweiseitigen Verhandlungen mit dem Hochmeister mehr versprach als von einer Entscheidung durch den Kaiser, die nach Danzigs Überzeugung nur gegen den Bund ausfallen konnte. Auch waren die blutigen und harten Maßnahmen des Ordens von 1411 noch in frischer Erinnerung, und Danzig wollte nicht ein zweites Mal solche Opfer bringen.
Dennoch verschloß Danzig sich keineswegs dem Vorgehen des Bundes, um die Einheitlichkeit zu wahren. Der Danziger Vertreter war Bürgermeister Wilhelm Jordan, der vom Rat besondere nur für Danzig bestimmte Instruktionen mit auf den Weg bekam. Aber auch die Forderungen des Bundes machte sich Danzig völlig zu eigen. Sie betrafen im wesentlichen die Abstellung der aufgeführten Mißstände und bezogen sich an erster Stelle nochmals auf die Ermordung von Letzkau, Hecht und Grossen. Der Sonderauftrag, den Jordan bekam, bestand in folgendem: Er sollte bei Kaiser Friedrich bzw. dessen Räten erwirken, daß die Jungstadt mit Danzig vereinigt würde, zusätzlich einige Dörfer an Danzig kämen und im Umkreis von 2 Meilen (15 km) keine Städte, Schlösser oder sonstige Niederlassungen des Ordens gegründet oder errichtet werden dürften.
Es war ein schwerer Auftrag, den Jordan in Wien vertreten sollte. Der Prozeß konnte erst Ende Oktober beginnen, da unterwegs ein Überfall auf die Delegation von Thorn verübt worden war, mit der sich Bürgermeister Jordan mit seinen Leuten noch nicht vereinigt hatte. Sie waren zu spät in Thorn eingetroffen, so daß die Delegation des Bundes bereits seit einigen Tagen unterwegs war. Die Danziger Delegation war von diesem Überfall demnach nicht betroffen. Natürlich vermuteten die Delegierten sofort, daß es sich um einen von dem Orden inszenierten Überfall gehandelt habe. Es bestand durchaus Grund zu dieser Auffassung, »denn der

Komtur von Thorn hatte schon 1452, als die erste Bundesgesandtschaft zum Kaiser reiste, dem Hochmeister geraten, die Gesandten zu überfallen« (Leinz, S. 23). So stand denn bereits in dem ersten Bericht nach Thorn vom 12. Nov. 1453, daß der Bund in höchster Gefahr sei. Die Ordensvertreter behaupteten, sie – die Bündner – »seien alle Heiden gewesen und vom Orden mit dem Schwerte gewonnen worden«. Daraus folge, daß der Orden völlig freie Verfügungsgewalt über sie haben müsse und alle ihre Rechte erloschen seien, dem Orden also alles, was ihnen gehöre, zustehe: »leib, ere und gut«. In einem zweiten Brief, ebenfalls vom 12. November, den der Bundesgesandte Ramschel von Krixen an den Führer des Bundes, Hans von Baysen, richtete, wird berichtet, die Ritter hätten sich dahingehend geäußert, daß nicht eher Ruhe im Lande Preußen einkehren würde, als bis dreihundert von den Bündnern über die Klinge gesprungen seien (das sie sulden gesprochen haben, is wirt nymmer gut im lande zcu Prewssen, ir dreyhundert springen denne ubir die klinge).

Am 28. November wurden diese beiden Briefe vom »Engen Rat« in Thorn, in dessen Händen die Federführung lag, bekannt gegeben. Sie verletzten und empörten die Verbündeten zutiefst.

Bestätigt wurden diese Briefe dann durch das Schreiben vom 29. November 1453 des Danziger Abgesandten, des Bürgermeisters Wilhelm Jordan aus Wien, der noch ausführte, daß die Sache für den Bund völlig hoffnungslos stehe. Den Abgesandten des Bundes würde alles abgesprochen, da das Gericht nur mit Räten der Kurfürsten und Fürsten besetzt sei, die alle auf der Seite des Ordens stünden. Die Abgesandten des Bundes würden verspottet, verhöhnt und verlacht, und der Bund solle mit Gewalt aufgelöst werden. Jordan schreibt, daß Ordensvertreter gesagt hätten, es würde alles gut werden, wenn nur erst dreihundert aus dem Wege geschafft seien. Jordan ist derart mißtrauisch, daß er den Rat am Schluß um Mitteilung nach Prag bittet, ob er Söldner anwerben solle, und ermahnt schließlich den Rat, dafür zu sorgen, »das wir manne seyn unser ere, leib, gut, privilegia und freiheit scu beschirmen.«

Leinz schreibt über diese Verhandlungen in Wien dann wörtlich: »Jordan jedenfalls hatte das Gefühl, daß hier nicht Recht gesprochen wurde, sondern daß man von Anfang an einer Verurteilung des Bundes zustrebte. Die unbesonnenen Drohungen der Ordensvertreter in Wien taten ein übriges. Von Leuten, die sich so unbeherrscht und gewaltstrotzend gaben, dabei aber hohe Ämter im Ordensstaat bekleideten, mußte man das

Schlimmste erwarten. Und so blieb Jordan, dem vielleicht gemäßigtesten Vertreter des ohnehin gemäßigten Danziger Rats, nichts anderes übrig, als einer bewaffneten Auseinandersetzung mit dem Orden – nolens volens – ins Auge zu sehen«. (S. 25). Wenige Tage nach Jordans Brief, am 1. Dezember 1453, wurde der Bund für rechtswidrig erklärt und seine Auflösung befohlen.

12 *Der Bund löst sich vom Orden*

Der Enge Rat in Thorn, in dessen Händen ja Verantwortung und Verhandlungsführung lagen, erklärte am 21. Dezember 1453: »nimmer sich in eigentum zu geben ..., sondern in christlicher freyheit mit sammt euch ... sich zu behalten«. Das aber bedeutete für alle Bundesmitglieder, sofort zu rüsten, Freiheit und Eigentum und Ehre zu verteidigen. Der Orden hatte offenbar Entschlossenheit und Macht des Bundes unterschätzt, oder er wollte Zeit gewinnen, indem er sofort beruhigende Erklärungen im Lande verbreiten und seine Bereitschaft erkennen ließ, Verhandlungen zu führen und die geforderten Bedingungen zu erfüllen. Der Bund konnte hierauf nicht mehr eingehen, denn das Kaiserliche Gericht hatte ihn als rechtswidrig verboten. Hinzu kam um die Jahreswende ein Gerücht, daß ein Mordanschlag des Hochmeisters auf Hans von Baysen verübt werden sollte und nur durch den Tod des gedungenen Meuchelmörders, des masowischen Adligen Jon von Sernow, nicht zur Ausführung gelangt war. Die Schatten der Danziger Bürgermeister Konrad Letzkau, Arnold Hecht und des Ratmannes Bartel Grossen fielen tiefschwarz auf die grell erleuchtete Szene. Der Orden hatte genügend Beispiele brutaler Unterdrückung gegeben, so daß dem Bund nur noch die kriegerische Auseinandersetzung blieb.

Danzig hatte noch Ende Dezember seinem Ordenskomtur durch zwei Bürgermeister versichern lassen, daß es zu Verhandlungen bereit sei, aber bereits am 3. Januar 1454 teilte der Rat dem Hochmeister mit, daß er nur im Einvernehmen mit den übrigen Bundesmitgliedern handeln werde. Wie die anderen Städte setzte auch Danzig seine Rüstungen fort, um für den äußersten Fall gewappnet zu sein. Dies alles konnte dem Hochmeister nicht verborgen bleiben, und nachdem er die Antwort

Danzigs in Händen hielt, erkannte er, daß nur noch durch sofortige Verhandlungen mit dem Bund das Unheil abzuwenden sei. Vielleicht hat er noch versucht, diese Verhandlungen auf seinem Sitz in der Marienburg zu führen, doch der Bund ließ sich offenbar auf nichts mehr ein. »Da sandte der Hochmeister am 7. Februar 1454 den Obersten Marschall und zwei Komture zwecks Vorverhandlungen zum Engen Rat nach Thorn.«

Hier aber war die Entscheidung bereits gefallen. Am 4. Februar fertigte der »Enge Rat« den Aufsagebrief aus, den der Hochmeister am 6. Februar erhielt. Die Abgesandten des Hochmeisters wurden auf ihrer Reise in Kulmsee festgenommen. Vergeblich setzte sich Danzig noch für ihre Freilassung ein. Der Bruch mit dem Orden war vollkommen.

Der Bund handelte rasch, jetzt allen voran Danzig. Am 11. Februar mußte der Hauskomtur in Danzig, Konrad Pfersfelden, die Ordensburg dem Rat übergeben. Den Rittern wurde freier Abzug mit ihrer Habe zugestanden, die Kranken sogar in städtischen Hospitälern aufgenommen. Die Danziger Bürgerschaft begann auf der Stelle mit dem Abbruch des Schlosses. Der Haß der Danziger dem Orden gegenüber muß ungewöhnlich gewesen sein, denn es hat sich kein Plan, keine Ansicht, nichts erhalten, aus dem ein genaues Bild der Burg ersichtlich wäre. Einzig auf dem Gemälde im Artushof »Das Schiff der Kirche«, welches etwa 1470 gemalt worden ist, findet sich ganz klein unterhalb der linken oberen Ecke eine typische Ordensburg, von der angenommen wird, daß es sich um die Danziger Burg des Ordens handelt. Sicher aber ist man nicht, denn 1470 existierte sie bereits seit 16 Jahren nicht mehr.

Ganz anders stellt Keyser den schnellen Abriß der Burg dar. Bei ihm heißt es: »... wurde die Burg abgebrochen, damit sie nicht dem polnischen König als Zwingfeste in die Hände fiel. Die Beweggründe, die den Danziger Rat zur Zerstörung der Burg veranlaßten, sind von der späteren ordensfeindlichen Überlieferung vielfach unrichtig wiedergegeben. Es wird so dahingestellt, als ob ausschließlich Feindschaft gegen den Orden das Werk veranlaßt habe. Doch besteht nach den ausführlichen, gleichzeitigen Nachrichten, die noch erhalten sind, kein Zweifel über den Sachverhalt« (Baug, S. 218). – Leider sind diese von Keyser erwähnten »ausführlichen Nachrichten« keineswegs so ausführlich. Es gibt zwar einige Dokumente, die Keysers Darstellung untermauern. Sie stammen jedoch aus späterer Zeit, und das Quellenmaterial jener Zeit spricht von der

Erbitterung der Bürger – ja vom Haß – gegenüber dem Orden und davon, daß der Rat die Anweisung zum sofortigen Abriß gegeben habe. Lengnich berichtet, daß die »Kreuzherren« in Danzig nur noch als »Tyrannen« beschimpft wurden, hält dies aber im Hinblick auf die Vorteile, die Danzig zumindest doch zeitweise durch den Orden erfahren hatte, für ungerecht. Im übrigen mißt er dem Abriß des Schlosses wenig Bedeutung bei und schreibt: »Der ehemalige Haus-Comtur des deutschen Ordens hatte auf dem Schlosse seinen Sitz gehabt, welches, sobald Land und Städte dem Hochmeister den Gehorsam aufgekündiget, der Stadt unter gewissen Bedingungen übergeben und von ihr bis auf den Grund zerstöret wurde ...« Der Passus »unter gewissen Bedingungen« dürfte wohl so zu verstehen sein, daß die Ordensritter den freien Abzug zur Bedingung gemacht hatten, den Danzig ihnen gern gewährte. Im Widerspruch zur Darstellung Keysers steht auch die Tatsache, daß der polnische König die Vorburg und die übrigen nicht zerstörten Wirtschaftsgebäude nicht für sich beanspruchte, sondern sie mitsamt dem ganzen Gelände der Stadt schenkte.

13 Der Weg zum König von Polen

Doch schauen wir noch einmal zurück auf die Ereignisse nach dem 4. Februar, dem Tage der Aufkündigung der Gefolgschaft dem Orden gegenüber. Der Bruch war vollzogen, ohne daß bisher eine feste Vereinbarung mit dem König von Polen getroffen war. Die Vorgänge im Osten waren im Reich nicht unbemerkt geblieben. Die Verurteilung und Aufforderung zur Auflösung des Bundes durch den Kaiser in Wien hatten dem Orden im Reich manche Sympathien eingebracht. Ob der Orden mit einer kriegerischen Unterstützung aus dem Reich würde rechnen können, war zwar zu bezweifeln, jedoch niemand konnte es wissen. Es mußte daher rasch gehandelt werden, und das tat der Bund, indem er innerhalb kurzer Zeit alle im westlichen Preußen gelegenen Burgen besetzte, vorerst mit Ausnahme der Marienburg und von Marienwerder. Seit Herbst 1452 gab es zwischen der Kulmer Ritterschaft sowie den Städten Kulm und Thorn lose Verhandlungen mit dem König von Polen. Nicht allein die feindliche Einstellung des Ordens, sondern auch die Haltung und Entscheidung des Kaisers gemeinsam mit den deutschen Fürsten »trieb die Stände Preußens zum Bunde mit Polen«. Schon Anfang 1454 wurde vereinbart: »Weil Land und Städte in Preußen von alten langen Jahren her durch mannigfaltige Gewalt und Unrecht bedrückt worden, so sind sie alle einträchtig zu Rate gekommen, solche Gewalt und Unbill von den Kreuzträgern ferner nicht zu dulden. Weil aber das Land Preußen von alters her und die Herrschaft der Kreuzträger daselbst aus der Krone Polens ausgegangen ist und die Kreuzträger selbst noch den König für einen Patron erkennen, so hat keiner billigeres Recht zu dem Lande als seine königliche Gnade. Deshalb haben alle Lande und Städte Preußens den König zu ihrem rechten Herrn erkoren und bitten ihn, daß er sie wieder in seine Herrschaft und Beschirmung aufnehmen und ihr Herr sein wolle, wie ihm solches mit Recht zusteht« (Werminghoff, »Die Folgen der Schlacht bei Tannenberg«.

Aufgrund dieses Begehrens hatte der »Enge Rat« in Thorn eine Einladung des polnischen Königs in Händen, »nach dem 2. Februar Bevollmächtigte zum Reichstag nach Krakau zu schicken«, mehr aber auch nicht. So ganz gelegen kam dem König dieser Zeitpunkt wohl nicht, denn er feierte gerade seine Hochzeit mit Elisabeth von Habsburg, »als eine Bundesgesandtschaft unter Hans von Baysen dem König Ende Februar 1454 die Oberherrschaft über Preußen antrug« (Rhode a.a.O. S. 153).

Danzigs Interessen wurden wiederum durch den Bürgermeister Wilhelm Jordan und diesmal zusätzlich von dem Ratsherrn Johann Meydeburg wahrgenommen. Beide Delegationen verließen Thorn am 10. Februar, doch trafen die Danziger erst am 18. Februar in Krakau ein, während die anderen schon am 15. dort erschienen. Deshalb auf politische Gründe zu schließen und in der unterschiedlichen Reisedauer ein Zögern Danzigs zu vermuten, ist durch nichts zu belegen und scheint völlig abwegig.

Die Danziger Abgesandten hatten einen klaren Auftrag vom Rat. Er bestand darin, zusätzlich zu den Privilegien, die der Orden mit der Kulmer Handfeste allen seinen Städten gewährt hatte, weitere für Danzig zu erwirken. Die Bereitschaft Danzigs, sich dem polnischen König zu unterwerfen, ist nicht zu bezweifeln. Daß diese Unterwerfung nicht ohne jede Bedingung für den König sein konnte, war diesem durchaus klar, denn ihm war nicht unbekannt, daß sowohl der dänische als auch der böhmische König – letzterer konnte sogar auf gewisse Rechte, die er in der Zeit während der Erbauseinandersetzungen zu Ende des 13. und Beginn des 14. Jahrhunderts gehabt hatte, verweisen – beträchtliches Interesse an einer Lehensherrschaft über das aufständische Preußen und Danzig bekundeten. So war der König von Polen durchaus zu Zugeständnissen bereit, aber vorerst sollte die Unterwerfung vollzogen sein. – Die Unterwerfung aber war noch nicht die Huldigung. Das waren für Danzig zwei völlig getrennte Akte. Die Unterwerfung bedeutete die Anerkennung des Königs als Herrscher und Souverän. Dafür würde der König die den Städten und Ständen vom Orden verliehenen Freiheiten und Privilegien anerkennen, wie sie in der Kulmer Handfeste gewährt worden waren. Die Huldigung hingegen war das Gelöbnis, dem König »treu, hold und gewärtig« zu sein. Es handelte sich geradezu um ein persönliches Treuebekenntnis, das der Rat für die Stadt und Bürgerschaft abgeben und durch den Schwur bekräftigen sollte. Dafür aber forderte Danzig eine ganze Reihe von Privilegien, die ihm der König zu gewähren hatte. Zwar hatte Danzig im Zuge der Verhandlungen immer wieder versucht, diese Privilegien für sich zu erreichen, doch konnte der König schon der Kulmer Ritterschaft und der anderen Städte wegen Danzig nicht bevorzugen, so gern er es vermutlich getan hätte, denn Andeutungen hoher königlicher Würdenträger weisen hierauf hin. Über Danzigs Wünsche sollte also nach der Unterwerfung, jedoch vor der Huldigung gesondert beraten werden.

Hätte der Danziger Rat seinen Delegierten mit auf den Weg gegeben: Keine Unterwerfung ohne Bestätigung der von Danzig zusätzlich gewünschten Privilegien, dann hätten seine Gesandten die Incorporationsurkunde vom 6. März 1454 nicht unterschrieben, sondern wären abgereist. Dieses Junktim aber existierte nicht. Hätte es existiert, dann hätte nämlich der Rat von Danzig einen Eilboten nach Krakau entsandt, als der Bruder des Hochmeisters kurz nach Abreise der Danziger Delegation nach Thorn mit sehr weitgehenden Zugeständnissen in Danzig vorsprach. Hierin bot der Hochmeister sogar seinen Rücktritt und die Neuwahl eines Hochmeisters in Verbindung mit den Ständen an. Der Danziger Rat aber zeigte durchaus keine Eile, seine Gesandten in Krakau von diesen Zugeständnissen zu unterrichten. Er nahm es bewußt in Kauf, daß seine Gesandten in Krakau unterschrieben, auch wenn sich der König nicht schriftlich zu den vom Rat gewünschten zusätzlichen Privilegien verpflichtete.

Als Jordan und Meydeburg unterschrieben hatten, bzw. als die Verhandlungen verbindlich abgeschlossen waren, traf der Bericht aus Danzig ein. Nun allerdings schrieben die beiden nach Danzig, daß sie sich ihre Unterschrift noch einmal überlegt hätten, wenn der Bericht früher eingetroffen wäre. Das »Versäumnis« lag beim Rat, ganz offenkundig. Aber, so muß man sich fragen, steckte hier nicht die Absicht dahinter, sich in jedem Falle mit dem König zu arrangieren? Die Antwort kann nur »Ja« lauten. Allerdings wollte Danzig durch seine zögernde Verhandlungsführung möglichst die Unterschrift des Königs für seine zusätzlichen Wünsche erreichen. Daß dies vor der Unterwerfung nicht möglich war, sahen Jordan und Meydeburg schließlich ein. Danzigs Handlungsweise war ein Akt politischer Weisheit, denn was der Danziger Rat später an Privilegien von König Kasimir zugestanden bekam, war weit mehr, als ihm der Orden jemals hätte geben können.
Bevor Danzig König Kasimir IV. Jagiellonczyk Ende Mai 1457 in Danzig selbst, wohin der König gekommen war, huldigte, hatte es dreimal eine Verbesserung seiner Stellung erreicht. Die Bestätigung der Privilegien, die es unter dem Orden hatte, war die Voraussetzung zur Unterwerfung, d.h. zur Unterzeichnung der Incorporationsakte vom 6. März 1454 in Krakau gewesen. Was Danzig zusätzlich erreichte, ist in den Urkunden vom 16. Juni 1454 in Elbing, vom 9. Juli 1455 in Petrikau Wojewodschaft Lodz und vom 15. und 25. Mai 1457 in Danzig festgehalten, wobei die beiden zuletzt genannten Dokumente das sogenannte Hauptprivileg sind. Das Verhandlungsergebnis war für beide Seiten ein Vorteil, für Danzig nicht weniger als für den König von Polen, und es hatte schon seine Berechtigung, wenn Lengnich mehr als 300 Jahre später davon sprach, daß Danzig »mit Recht den Beinamen der getreuesten Stadt, der ihr von ihren Königen oft gegeben worden, verdienet«.
Diese einmalige Stellung, die Danzig nun einnahm, hat den Rat auch veranlaßt, König Kasimir anläßlich seines Aufenthalts in Danzig zu bitten, seine Zustimmung zur Änderung der Danziger Flagge und des Wappens zu geben. Von der Gründung der Stadt an hatte Danzig eine Flagge aus rotem Tuch mit zwei weißen bzw. silbernen Kreuzen geführt. Über diese beiden Kreuze wollte der Rat nun eine Krone gesetzt sehen. In der Urkunde vom 24. Mai 1457 verlieh König Kasimir Danzig »die Gnade

und Gunst, ihr Wappen zu erneuern und zu verbessern«, indem es »eine goldene Krone im Oberteile ihres Schildes haben, halten und zu allen ewigen Zeiten führen mag« (A. Warschauer »Das Wappen und das Banner von Danzig«, Danzig 1916). »Sie mag die königliche Gewalt des polnischen Königs darstellen oder die königlichen Rechte der in Wahrheit ›Freien Stadt‹, – das bleibe dahingestellt« (Warschauer, ebd.). Das Danziger Wappen hat sich seitdem bis auf den heutigen Tag nicht mehr verändert, denn das polnische Gdańsk führt es mit dem gleichen Stolz wie ehemals die deutschen Danziger im polnischen Staatsverband.
Noch eines sollte nach außen hin sichtbar in Erscheinung treten, daß nämlich »Danczke dy Nuwestad«, wie es in der Handfeste des Ordens hieß, nunmehr die einzige und rechte Stadt Danzig sei. Auch das wurde ihr von König Kasimir ausdrücklich zugestanden, und erst von diesem Zeitpunkt an kann man von der »Rechtstadt« sprechen. Nicht der Pomeranenherzog Swantopolk, schon gar nicht der Deutsche Orden haben ihr diese Zusatzbezeichnung verliehen. Der deutsche Danziger Rat hat König Kasimir IV. um diese Namensergänzung gebeten, und der König hat dieser Bitte stattgegeben.

Danzig unter dem polnischen Adler
(1454–1793)

1 *Der Dreizehnjährige Krieg*

König Kasimir IV. von Polen verlieh am 16. Juni 1454 während seines Aufenthalts in Elbing Danzig das erste Privileg. Es ist in deutscher Sprache abgefaßt. Hier steht bereits im ersten Satz nach den üblichen Floskeln das Wort, auf welches der Rat den größten Wert legte, daß nämlich allein die vom Rat vertretene Stadt Danzig die »rechte« sei (Hirumb ist is, das wir fleysig angesehen haben der namhaftigen Manner, burgermeyster, rothmanne, scheppen und ganczer gemeyne unser rechten statt Danczke ...). Lengnich schreibt dazu: »... gleich als wenn die anderen Städte von dieser rechten Stadt nur Nebenstädte gewesen wären« (Cap. II, § 6). Diese Bezeichnung »rechte Stadt« im Gegensatz zu früher »neue Stadt« war allerdings nun nicht der materielle Inhalt des Privilegs. Es war sozusagen das Ehrenprivileg, welches am Rande mit anfiel.

Die Einnahmen der Rechtstadt Danzig wurden dadurch verbessert, daß sie alle bisher an den Orden gezahlten Abgaben (Gefälle) der Alt- und Jungstadt bekam, die allein wegen der Großen Ordensmühle überaus ertragreich waren. Wenn auch Altstadt und Jungstadt Danzig noch nicht Bestandteile der Rechtstadt wurden, so konnte sie doch das Hakelwerk angliedern, welches, wie bereits erwähnt, sein eigenes polnisches Recht auf Drängen des Rats aufgab und das in Danzig gültige kulmische Recht annahm. Wichtig waren für Danzig auch die Landgebiete, die es jetzt erhielt. Hierzu gehörten die links der Weichsel gelegene Niederung bis zur Höhe von Gütland-Stüblau, die ganze Binnennehrung und Frische Nehrung bis Narmeln, sowie das Gebiet nördlich der Elbinger Weichsel. Später kam noch die Scharpau hinzu, die als Zipfel südlich über die Elbinger Weichsel hinausreichte und wegen ihres Fischreichtums (Mündungsgebiet der Elbinger Weichsel in das Frische Haff) 1530 vom ermländischen Bischof Moritz Ferber, einem Bruder des Danziger Bürgermeisters, käuflich erworben wurde. Eine Zeitlang ging auch das Gebiet von Putzig in das Eigentum der Stadt über, doch war dies nicht von Dauer. Hingegen konnte Hela mit der Halbinsel bis Heisternest nach einiger Zeit für immer von Danzig erworben werden.

Viel war mit diesem ersten Privileg erreicht worden, denn der König hatte sich selbst nur relativ geringe Vergünstigungen vorbehalten, die materiell lediglich besagten, daß ihm jährlich 2000 ungarische Gulden gezahlt, ihm und seinem Gefolge drei Tage kostenloser Aufenthalt in der Stadt gewährt und ein »Haus aus Steinen«, Stall und Speicher gebaut und unterhalten werden sollten.

Nun möge man sich über diese Bescheidenheit nicht wundern. Es handelt sich hier nur um das, was materiell festgeschrieben worden ist, wobei schon an dieser Stelle darauf hingewiesen werden kann, daß Danzig sich der Verpflichtung, dem König ein Haus aus Steinen zu bauen, entzogen hat. Das darf jedoch nicht darüber hinwegtäuschen, daß, wenn der König in Danzig war, er stets mit den höchsten Ehren und ohne jede Rücksicht auf die Kosten empfangen und aufgenommen worden ist. Lengnich schreibt hierüber: »Die Stadt sparet alsdann keiner Kosten und Veranstaltungen, dadurch sie den Empfang ihres Allergnädigsten Ober-Herrn verherrlichen kann, worin die vorigen Zeiten den folgenden zur Richtschnur dienen« (Cap. VIII, § 2). Über den besonders ehrenhaften Empfang der polnischen Königin Louise Marie aus dem Fürstengeschlecht der Gonzaga wird noch zu berichten sein. Die Machtfülle des Königs, die er auch in Danzig hatte, lag in seiner Souveränität, die Danzig respektierte und ertrug, auch wenn es Differenzen und Meinungsverschiedenheiten in den Jahrhunderten bis 1793 gegeben hat. – Der Rat war die Regierung der Stadt, der Souverän Danzigs aber war der König von Polen.

In wie hohem Maße Danzig diese Souveränität des Königs respektierte und anerkannte, zeigte sich noch im gleichen Jahr, als es Verhandlungen mit dem König wegen der Jungstadt aufnahm, die es als lästige Konkurrenz empfand. Danzig wollte die Jungstadt beseitigt haben und allein die »rechte« Stadt bleiben. Es wurde ja bereits berichtet, daß die Jungstadt in den gut 70 Jahren seit ihrer Gründung einen beachtlichen Aufschwung genommen hatte. Nur schweren Herzens hat sich König Kasimir dazu entschließen können, Danzig die Genehmigung zu geben, die Jungstadt

zu zerstören. Allein die nationalistische Geschichtsschreibung unterstellt Danzig die Furcht, »daß die Jungstadt vielleicht ein Stützpunkt für den polnischen Herrscher werden könnte« und dies der Grund für die Rechtstadt gewesen sei, auf der Zerstörung zu bestehen. Hätten derartige Gedankengänge den polnischen König oder seine Berater bewegt, hätte es völlig in ihrer Macht gestanden, die Genehmigung zur Zerstörung zu versagen, denn es war keineswegs so, daß sich König Kasimir zu derartigen »Zugeständnissen sogleich bequemen mußte« (Keyser).
Am 9. Juli 1455 erhielt Danzig in Petrikau ein weiteres Privileg, das die finanzielle Selbständigkeit der Stadt begründete. Danzig durfte Gesetze erlassen und Steuern einführen oder aufheben. Die berühmten Danziger Gesetzbücher hießen Willküren. Der Rat sollte jedoch nicht allein über die finanziellen Belastungen entscheiden, sondern für seine Beschlüsse das Einverständnis der »witzigsten und vornehmsten Bürger« einholen. Dieses Privileg war nahezu eine Selbstverständlichkeit, denn Danzig trug zur Bestreitung der Kosten für den Krieg gegen den Orden, in dem es sich zusammen mit den übrigen preußischen Ständen und dem König von Polen seit Sommer 1454 befand, einen überragend großen Teil bei. Schon lange hatte der Rat von Danzig auf einen Besuch des Königs gedrängt, der endlich am 1. Mai 1457 erfolgte und bis zum 7. Juni währte. Während dieser mehrwöchigen Anwesenheit des Königs in Danzig verlieh er der Stadt am 15. Mai das »Große« oder »Hauptprivileg«, das am 25. Mai noch durch eines ergänzt wurde, welches Danzig einige Ehrenrechte einräumte, wie die bereits erwähnte Änderung des Danziger Wappens durch Hinzufügung einer Krone; so auch die Erlaubnis, mit rotem Wachs siegeln zu dürfen. Außerdem durften die Bürgermeister und der Stadthauptmann als Vertreter des Königs nun auch Goldschmuck an ihren Gewändern tragen. Wichtig war für Danzig besonders die Bestimmung, daß in einem Umkreise von 5 Meilen kein befestiger Ort oder eine Burg angelegt werden durften. Den Burggrafen oder Stadthauptmann wollte sich der König aus acht ihm präsentierten Ratsmitgliedern aussuchen. Rangmäßig war er den Bürgermeistern gleichgestellt, wurde jedoch später durch König Sigismund I. an die erste Stelle gesetzt.
Eine starke Begünstigung der Stellung des Rats bedeutete die im Hauptprivileg aufgenommene Bestimmung, die den Danziger Bürgern bei Androhung der Beschlagnahme ihres Vermögens verbot, sich in weltlichen oder geistlichen Dingen an den deutschen Kaiser oder den Papst zu

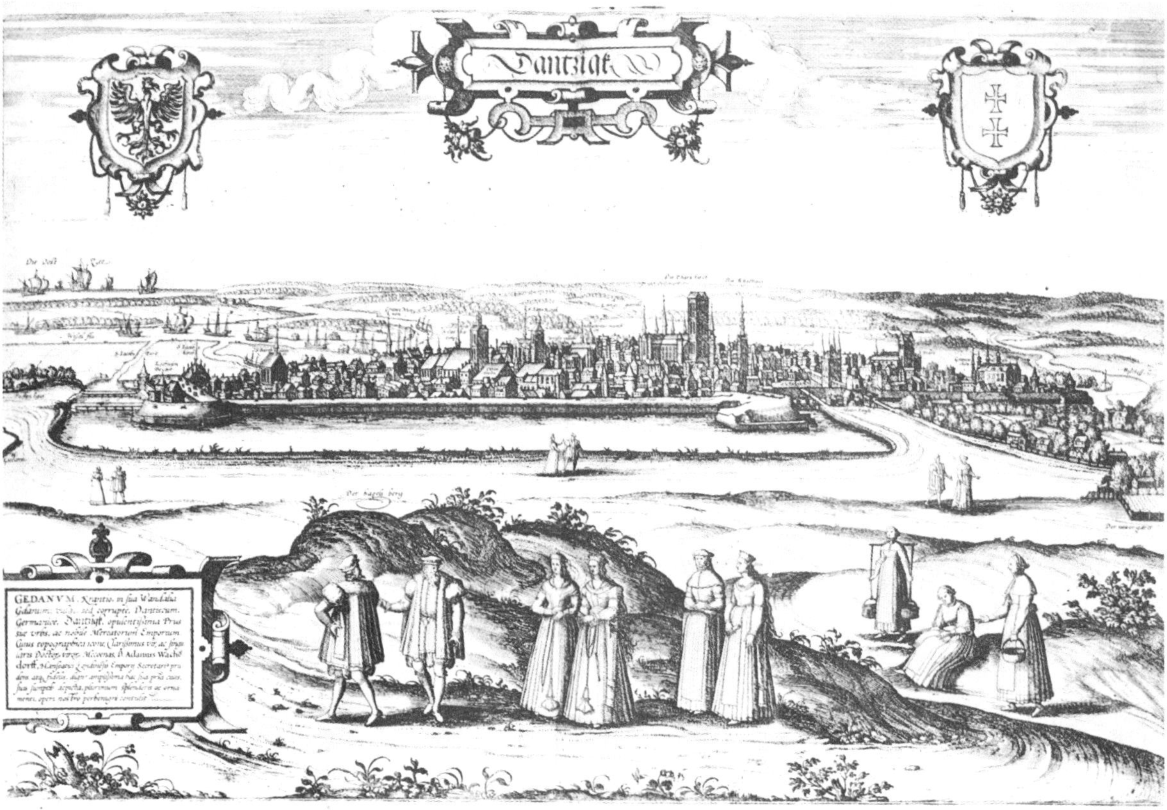

1 *Danzig, Ansicht von NW., vom Hagelsberg aus. Kupferstich, 1573.*

2 *Danzig, Ansicht von SW., vom Bischofsberg aus. Kupferstich von Matthäus Merian, 1652.*

3 *Die Rechtstadt Danzig. Unten das Rathaus an der Langgasse und dem Langen Markt.*

5 *Marienkirche von Süden, gesehen vom Turm des Rechtstädtischen Rathauses.*

4 *Der Glockenturm der Marienkirche von der Beutlergasse.*

6 *Das Langgasser Tor.*

wenden. Dies war gleichzeitig »eine vorbeugende Maßregel gegen jede etwaige reichsdeutsche Einmischung« (Goldmann, Verfassungskämpfe ... Teubner Leipzig 1901).

Materiell brachte dieses Hauptprivileg Danzig nun zusammen mit den anderen Privilegien die Stellung einer Freien Reichsstadt; mehr konnte und wollte Danzig nicht erreichen, mehr konnte ihr der König auch gar nicht geben. Unabhängig von den Ehrenrechten, die sehr ernst genommen wurden, war für die wirtschaftliche Entwicklung Danzigs doch entscheidend, daß es

1. die Steuerhoheit gepaart mit dem Münzrecht ausüben
2. diplomatische Beziehungen zu fremden Staaten unterhalten und
3. seine jederzeitige Verteidigungsbereitschaft durch Unterhaltung eigener Truppen festigen durfte.

Vergleicht man die Stellung Danzigs, die es nun im Jahre 1457 hatte, mit der vor 40 Jahren, als Danzig vom Orden im tiefsten Maße gedemütigt worden war, ist zu begreifen, daß der im Sommer 1454 begonnene Krieg gegen den Orden gerade und in erster Linie von Danzig trotz mancher Rückschläge bis zum Letzten konsequent zu Ende geführt wurde. Vereint mit den Truppen des preußischen Bundes – gemeinhin die Bündner genannt –, führten die Danziger den Krieg in Pommerellen nahezu allein. Stuhm und Marienburg waren das Hauptziel. Die Ordensburg mit Sitz des Hochmeisters war den Söldnern verpfändet worden, da der Orden kaum mehr über finanzielle Mittel verfügte, desgleichen der Großteil der anderen westpreußischen Burgen. Schließlich bezahlten Danzig und der Bund die Söldner in Marienburg, Dirschau und Deutsch-Eylau, die 304.000 Mark erhielten und die Burgen auslieferten. Danzig allein übernahm mit 144.400 Mark nahezu die Hälfte dieser Summe. In der Stadt Marienburg aber verblieben ordenstreue Söldner und verteidigten sie gemeinsam mit den Bürgern zäh, wobei der Bürgermeister Bartolomäus Blume die Bürger immer wieder zum Widerstand aufrief. Danziger Truppen schlossen die Stadt ein und unterbanden damit die Lebensmittelzufuhr, so daß die sich am 6. August 1460 ergeben mußte. Blume wurde auf Anweisung des Danziger Rats hingerichtet, denn man warf ihm vor, daß er die Stadt wieder in die Hände des Ordens habe zurückführen wollen.

König Kasimir kam dieser Krieg keineswegs gelegen, zumal der polnische Adel seine Teilnahme von der Erteilung weiterer Privilegien abhän-

gig machte. Es nimmt daher nicht wunder, daß die polnischen Truppen in der »einzigen großen Feldschlacht dieses Krieges eine vernichtende Niederlage gegen die aus dem Reichsgebiet heranziehenden Ordenstruppen unter Herzog Rudolf von Sagan erlitten« (Rhode S. 154).
Zur See war es Danzig durch einen rücksichtslosen Kaperkrieg gelungen, den Lübecker Handel mit Riga und den übrigen Ordensstädten schwer zu stören. Zeitweise war nahezu der gesamte livländische Handel der Hanse blockiert. Die Blockade der beiden Ordenshäfen Memel und Königsberg war vollkommen. Lübeck als Haupt der Hanse erhob Einsprüche und legte Beschwerden ein, konnte den Danziger Rat jedoch nicht umstimmen. Er vertrat, und das sicherlich zu Recht, den Standpunkt, daß der Handel Lübecks und der anderen wendischen Städte mit Riga weitgehend dem Orden zugute käme, dessen Widerstandskraft dadurch nur gestärkt werde und dies wiederum dazu führe, den Krieg unnötig zu verlängern. Dies mag mit dazu beigetragen haben, daß Lübeck die ersten Friedensvermittlungen aufnahm, die dann aber 1464 scheiterten. Nun schaltete sich der Papst ein, und unter Vermittlung des päpstlichen Legaten Rudolf von Rüdesheim, Bischof von Lavant, konnte nach zähen Verhandlungen am 19. Oktober 1466 in Thorn der Frieden (Zweiter Thorner Friede) geschlossen werden.
Die Friedensverhandlungen standen zeitweise auf des Messers Schneide. Die Marienburger Vertretung stellte sich jetzt voll und ganz gegen den Orden und führte aus: »So Marienburg wieder in des Ordens Gewalt käme, würden die Ritter bald wieder im Besitz des ganzen Landes sein« (E. Weise, Der zweite Thorner Vertrag, Jahrb. d. Alb. Univ. zu Kbg. 1972, Bd. XXII, S. 41). Da außerdem noch in diesem Stadium der Verhandlungen ein Brief der Kneiphöfer (Kneiphof war ein selbständiger Stadtteil von Königsberg) an den Danziger Rat aufgefangen wurde, in welchem stand, daß »die von Königsberg« unter den gleichen bevorzugten Bedingungen wie Danzig die Landesherrschaft des Königs von Polen annehmen wollten, gab der päpstliche Legat hinsichtlich Marienburgs nach, um überhaupt noch den Orden vor dem völligen Untergang zu bewahren.
Für Danzig war mit diesem Frieden vom 19. Oktober 1466 in Thorn die schwere Zeit beendet. Er legalisierte den bestehenden Zustand, an dem Danzig keine Änderung vorzunehmen gedachte. Dieser sogenannte »Dreizehnjährige Krieg« war für »Danzig eine Quelle schwerer Opfer

und Leiden geworden ... Man zählte gegen 2000 Bürger, die ihr Leben auf den Schlachtfeldern verloren hatten« (Hirsch/Vossberg, Einleitung zu Weinreichs Danziger Chronik, Berlin 1855, Neudr. 1973). Ungeheuer waren die finanziellen Einbußen, die Danzig erlitt, das sich bei den eigenen Bürgern und befreundeten Städten hoch verschulden mußte und die Zeit bis nach der Jahrhundertwende benötigte, um alle Schulden zu begleichen. Doch ungeachtet drückender Sorgen herrschte unter den Bürgern ein stolzes Selbstvertrauen, das durch größere gewerbliche und wirtschaftliche Leistung nur noch wuchs. Das Maß an innerer Selbständigkeit, welches Danzig durch »die vom Könige von Polen erteilten Freiheitsbriefe erworben« (ebd.) hatte, und die zur See bewiesene Überlegenheit zählten schließlich mehr als alle erlittenen Verluste.

So stark der Haß des Danziger Rats und der Bürgerschaft auch auf den Orden war, und so sehr die Huldigung dem König von Polen gegenüber allgemein begrüßt wurde, so verständlich ist auch, daß es einzelne Bürger gab, die lieber ein Verbleiben beim Orden gesehen hätten. Zu diesen gehörte der keineswegs unbemittelte Kaufmann Merten Kogge, dem auch vorgeworfen wird, er sei vom Orden bestochen gewesen, doch läßt sich dies nicht beweisen.

Kogge versuchte sehr bald nach dem Abfall vom Orden Stimmung gegen den Rat zu machen, wobei er sich wohlweislich keinerlei Argumente bediente, die seine Verbindung zum Orden erkennen ließen, sondern ausschließlich auf die starken finanziellen Lasten und wirtschaftlichen Bedrückungen hinwies. Es gelang ihm auch, bei einigen Gewerken Gehör zu finden und sogar eine Neuwahl des Rats zu erzwingen, der auf 4 Bürgermeister und 20 Ratsherren erweitert wurde, worunter sich 7 Handwerker befanden. Bezeichnend jedoch ist, daß er selbst nicht in den Rat gewählt wurde. Ob aus Enttäuschung hierüber oder welchen Gründen auch immer, jedenfalls setzte Kogge trotz Erreichung des Ziels der Neuwahl des Rats seine aufrührerische und umstürzlerische Tätigkeit fort. Es wurde dann unverkennbar, daß seine Absicht darin bestand, die Stadt wieder in die Hände des Ordens zu spielen. Hiermit aber hatte er sich sein eigenes Grab gegraben, da weder Rat noch Bürgerschaft auch nur im entferntesten daran dachten, die soeben gewonnene Freiheit aufs Spiel zu setzen. Merten Kogge wurde mit 7 anderen Männern im Februar 1457 auf dem Langen Markt durch das Schwert hingerichtet.

Wegen der Länge des Krieges und der immer schwerer werdenden Lasten wurde noch zweimal, und zwar im Herbst 1461 und Frühjahr 1463, ein ähnlicher Verrat versucht, doch beide Male erhielt der Rat rechtzeitig hiervon Kenntnis und ging mit rücksichtsloser Strenge vor. Stets wurden die Verräter nach kurzem Prozeß hingerichtet.

2 *Danzigs Seeheld Paul Beneke*

Die Zeit nach der Beendigung des Dreizehnjährigen Krieges bis zur Jahrhundertwende wird allgemein als eine sehr glückliche dargestellt. Das hat insofern seine Richtigkeit, als der Danziger Handel während dieser Jahre einen starken Aufschwung nahm. Überschattet aber war die Zeit durch einen Krieg mit England und die Notwendigkeit, die schwere Schuldenlast aus dem Krieg zu tilgen. Zuerst jedoch ging es auch darum, das gestörte Verhältnis zu den holländischen Städten und Lübeck wieder in Ordnung zu bringen. Da es sich um keine gravierenden Differenzen handelte, gelang dies dem Rat sehr schnell. Hierzu trug die neue Stellung Danzigs als Handelsmetropole Polens erheblich bei. Der unternehmerische Geist des Patriziats wie überhaupt der gesamten Danziger Bürgerschaft verstand es, »die großen kommerziellen Aufgaben, die ein so ausgedehntes politisch mächtiges Land wie das damalige Polen sie zu bieten hatte, wahrzunehmen und ihnen gerecht zu werden« (Goldmann, S. 14).

Für die Danziger Geschichte nur eine Marginalie ist der sogenannte Pfaffenkrieg (1478/79), der auch nur deshalb erwähnt wird, weil ihn die neuere Danziger Geschichtsschreibung ohne jeden ersichtlichen Grund als Beweis dafür hinstellt, wie sehr Danzig sich um die angeblich deutschen Belange der preußischen Stände oder ermländischen Bischöfe kümmerte oder sich für sie einsetzte. In Wahrheit kann hiervon keine Rede sein, denn beim Pfaffenkrieg handelte es sich um eine Angelegenheit, die Danzig überhaupt nicht berührte. Danzig gehörte zum Bistum Kujawien, unterstand also dem Bischof von Leslau, das Ermland hatte seinen eigenen Bischof in Braunsberg. Der ermländische Bischofsstuhl mußte neu besetzt werden, und das Domkapitel hatte bereits 1467 sein Mitglied Nicolaus von Thüngen zum Bischof gewählt, den auch Papst Paul II. bestä-

tigte. König Kasimir aber wünschte den ihm nahestehenden Kulmer Bischof Kielbassa dorthin. Hieraus entspann sich ein Streit, der schließlich zu dem oben erwähnten Kriege führte und mit dem Treueid des Bischofs von Thüngen endete. – Danzig hat sich aus diesem Streit herausgehalten und nicht Partei ergriffen, sondern eher zu König Kasimir gehalten, als es erkennbar wurde, daß der Orden Thüngen unterstützte. »Unter der Danziger Bürgerschaft herrschte ein gewisses persönliches Vertrauen zu König Kasimir, mit dem man schon so viele Jahre hindurch Freud und Leid geteilt hatte« (Hirsch-Vossberg in Weinreichs Danziger Chronik, S. V).
Unbeeinflußt durch solche Vorgänge entwickelte sich in den letzten Jahrzehnten des 15. Jahrhunderts Danzigs Handel derart lebhaft, daß es zur bedeutendsten Hansestadt des preußischen Quartiers aufstieg. Thorn, Elbing und Königsberg, die ihre Interessen auf den Hansetagen anfangs noch selbst wahrnahmen, ließen sich wenige Jahrzehnte später allein durch Danzig dort vertreten. Gegen Ende des Jahrhunderts hatte es zwar noch nicht die Bedeutung Lübecks erreicht, konnte aber in einem Atemzuge mit Hamburg, Bremen und Köln genannt werden, wobei hervorgehoben zu werden verdient, daß gerade die Beziehungen zwischen Danzig und Köln besonders enge waren. Bald aber sollte Danzig auch diese Stadt überflügeln, und als in der Mitte des folgenden Jahrhunderts die Kölner Bürger den Bau ihres Doms einstellen mußten, hatte Danzig seine Marienkirche längst vollendet und war zur führenden Handelsstadt im gesamten nordosteuropäischen Raum aufgestiegen. Danzig verfügte durch seine Verbindung mit Polen über ein weiträumiges Hinterland, für dessen Produkte auf dem sich herausbildenden westeuropäischen Markt eine immer stärker werdende Nachfrage entstand. Dem polnischen Adel waren auf dem zweiten Reichstag zu Petrikau im Frühjahr 1496 Zollfreiheit für seine Erzeugnisse und freie Schiffahrt auf der Weichsel zugebilligt worden, wovon Danzig in hohem Maße profitierte. Allein dieses von Zöllen weitgehend freie geschlossene Wirtschaftsgebiet Polen, vereinigt mit Litauen, war es, das für die Danziger Kaufleute die Grundlage darstellte, auf der sich »Danzig dann zu einer Welthandelsstadt ersten Ranges erheben konnte« (Stark, S. 182).
Bei den durch Piraterie beeinträchtigten Handelsbeziehungen konnte sich eine Stadt nur behaupten, wenn sie wie Danzig über eine eigene Seemacht verfügte und imstande war, »seiner Flagge Achtung zu verschaf-

fen«. In welchem Umfange dies der Fall war, zeigt Danzigs Eintreten in den Krieg der Hanse gegen England.

Schwierigkeiten im englischen Handel hatte es bereits gegeben, »als englische Schiffe Ende Mai 1449 die Baienflotte aufbrachten und die zur Hanse gehörenden Schiffe beschlagnahmten. Hierbei wurden Lübeck und Danzig, die 16 bzw. 14 große Schiffe verloren, am stärksten betroffen. Danzig aber konnte durch eine sofortige Beschlagnahme englischen Gutes in Preußen seine Bürger annähernd in voller Höhe für ihre Verluste entschädigen, während dies für Lübeck nicht möglich war« (Walter Stark, Lübeck und Danzig in der zweiten Hälfte des 15. Jahrhunderts, Weimar 1973). Zwar rechtfertigten die Engländer ihr Vorgehen damit, daß ihr König bereits im Jahre zuvor die Privilegien der Hanse aufgehoben hatte, zumal den englischen Kaufleuten in Preußen die gleichen Rechte bis dahin nicht zugestanden worden waren, aber in Danzig, wo die Engländer zwar auch Schwierigkeiten hatten, konnten sie doch frei ihre Tuche auf dem großen Markt zu St. Dominik verkaufen.

Danzig war daher nicht sonderlich daran interessiert, Boykottmaßnahmen gegen England zu beschließen, für die Lübeck bei den Verhandlungen in Brügge eintrat (Köln übrigens auch nicht). Die Situation veränderte sich dann völlig, als es 1468 zu dänisch-englischen Auseinandersetzungen kam, in die Danzig hineingezogen wurde. Dänemark beschlagnahmte im Sund englische Schiffe, was für die Engländer an sich kein Grund gewesen wäre, gegen die Hanse vorzugehen. Die englischen Schiffe waren jedoch zu einem beträchtlichen Teil mit Danziger Kaperführern und Söldnern besetzt, die nach dem Dreizehnjährigen Kriege von englischen Kapitänen angeheuert worden waren. Wie konnte sich England für diesen Verlust schadlos halten? Danzig gehörte zur Hanse, schon lange empfand man in England über die Hanse großen Ärger. So hielt man sich jetzt an die Hanse, indem man die hansischen Kaufleute festsetzte und deren Güter beschlagnahmte, um den im Sund erlittenen Schaden wettzumachen. »Als am 21. November 1468 das Urteil des königlichen Rats, das die Hanse zum Schadenersatz verurteilte, erging, wurde der Stalhof gestürmt und geplündert« (Stark, S. 193).

Dies war der Anlaß zum erneuten Kriege der Hanse gegen England, an dem sich Danzig nun sehr aktiv beteiligte. Es handelte sich um einen reinen Kaperkrieg, in den Danzig mit seinem »Großen Kraweel«, dem »Peter von Danzig«, eingriff. Dieses große Schiff, das schon durch sein

Äußeres Angst und Schrecken erregte und eine Besatzung von etwa 350 Mann trug, war ursprünglich ein französisches Schiff aus La Rochelle, das im Danziger Hafen durch Blitzschlag so stark beschädigt worden war, daß es die Heimfahrt nicht mehr antreten konnte und die Mannschaft nach Frankreich zurückkehren mußte. Das havarierte Schiff wurde im Auftrage des Rats repariert und im Kaperkrieg gegen England eingesetzt. Anfangs stand es unter der Leitung des Ratsherrn Pawest, doch übernahm später Paul Beneke das Kommando. Dieser hatte bereits zusammen mit Merten Bardewig englische Schiffe gekapert, wobei ihnen der Bürgermeister von London in die Hände fiel. Mit Beneke gelang den Danzigern nun der größte kriegsentscheidende Schlag. Er brachte am 27. April 1473 eine unter burgundischer Flagge segelnde Galeide (flämischer Schiffstyp des 15. Jahrhunderts) auf, die kostbare für England und Florenz bestimmte Güter an Bord hatte. Dies trug dem Rat zwar noch ein jahrelanges Nachspiel ein, aber die Kaperung zeigte den Enländern vermutlich, daß es besser sei, Handel zu treiben, als Krieg zu führen.
So kam es denn im Juli 1473 zu Verhandlungen in Brügge, die mit dem Frieden von Utrecht im Februar 1474 endeten. »Das Urteil von 1468 gegen die Hansen wurde aufgehoben. Für den erlittenen Schaden erhielten die Hansestädte eine Entschädigung von 10.484 Pfd. Sterling zuerkannt; außerdem wurde ihnen das Eigentum am Londoner Stalhof und je einem Handelshaus in Boston und Lynn zugesprochen. Die Privilegien der Hanse wurden in England in vollem Umfange wiederhergestellt« (Stark S. 204). Danzig als die am stärksten betroffene Stadt erhielt von der Entschädigungssumme 21,3%.
Danzig ging gestärkt aus diesem Kriege hervor, gestärkt an internationalem Ansehen und gestärkt an Selbstbewußtsein und Selbstvertrauen. Die Hanse als die ursprünglich große Gemeinschaft der Seehandel treibenden Städte hatte ihre erste Schwäche während des Krieges offenbart. Wenn Danzig auch treues Mitglied der Hanse blieb, so ging es künftig doch ausschließlich eigenen Interessen nach. Es hatte seine Kraft gezeigt, und es war ein stolzes Machtbewußtsein, welches das Danziger Patriziat erfüllte, da es merkte, in wie starkem Maße das volkreiche Westeuropa von den Getreide- und Holzlieferungen des recht schwach besiedelten Osteuropa abhängig war und in wachsendem Maße abhängig wurde. Allein im Jahre 1481 liefen 1.100 Schiffe »groß und klein« mit Korn bela-

den nach Holland aus, von wo es zum Teil weiter nach England geliefert wurde. Natürlich schwankte die Getreideausfuhr von Jahr zu Jahr, denn sie war letztlich von den Ernteerträgen im Osten abhängig, wenngleich die Danziger Kaufleute oft auf Vorrat große Mengen Korn aufkauften und in den neu erbauten Speichern lagerten.

Keine europäische Hafenstadt der damaligen Zeit konnte seinen Ausfuhrhandel auch als politische Waffe einsetzen, wie es Danzig gegenüber Holland tat, wenn es zeitweise zu Reibereien mit den holländischen Handelsstädten kam.

Zu der von Paul Beneke gekaperten Galeide ist noch nachzutragen, daß sie einem Florentiner Kaufmann gehörte und nicht nur für England, sondern eben auch für das Haus Medici in Florenz bestimmte Waren enthielt, zu denen das von Memling gemalte »Jüngste Gericht« gehörte. Die Eigentümer im Verein mit dem Herzog von Burgund machten der Hanse gegenüber Ansprüche auf Schadenersatz geltend, doch distanzierten sich die Hansestädte von dem Danziger Vorgehen. Danzig selbst aber betonte, es sei nicht seine, sondern hansische Angelegenheit, und verstand es im übrigen, die Ansprüche immer wieder abzuwenden und eine Entscheidung hinauszuzögern, wobei es vermutlich von der Hoffnung ausging, daß allen Beteiligten der Handel mit ihm und seinem polnischen Hinterland wichtiger sein würde, als unbedingt auf Schadenersatz zu bestehen. Darauf lief es letztlich auch hinaus, aber immerhin hat auf Drängen der Medici in Florenz selbst der Papst beim »Haupt der Hanse« in Lübeck interveniert. Doch auch das war vergeblich. – Den Warenwert der gekaperten Galeide veranschlagten die Florentiner Kaufherren auf 30.000 bis 40.000 Dukaten, was etwa 5 Mill. Goldmark 1910 entsprach.

Zur Größe der Schiffe jener Zeit ist zu erwähnen, daß dieselben zwischen einer Tragfähigkeit von 60 bis 300 Last Getreide schwankten. Eine Last Korn entsprach rund 2,5 Tonnen. An Salz, welches weniger Raum beanspruchte, konnten sogar bis zu 1.400 Last geladen werden. Die Gebindetransporte beliefen sich zumeist auf zwischen 40 und 1.200 Fässern. Das vorstehend erwähnte größte Danziger Schiff, der »Peter von Danzig«, beförderte im Jahre 1474 einmal 2.250 Last Salz, und seine Besatzung konnte bis zu 400 Mann betragen.

3 *Danzig zur Zeit der Familie Ferber*

Zum Danziger Patriziat in dieser Zeit gehörten nur wenige Familien: Niederhof, von Suchtem, Giese, Schewecke, Bischof, Angermünde, Feldstete, Zimmermann und Ferber. Letztere haben in Danzig die hervorragendste Rolle gespielt.

Der Vater Ferber war Bürgermeister in Kalkar am Niederrhein, als sein Sohn Ewert die Heimatstadt verließ und sich zur Zeit des Ordens in Danzig seßhaft machte. Er kaufte bereits 1448 eine Grabstätte in der Marienkirche, die sich damals noch im Bau befand. An dieser Stelle wurde durch seinen Sohn Johann die Ferberkapelle errichtet, der bereits ab 1463 als Schöffe, ab 1475 als Ratsmann und von 1479 bis 1501 als Bürgermeister die Geschicke der Stadt mitgestaltete. Er stattete diese Kapelle besonders reich mit vergoldeter Schnitzerei und prächtig ausgemaltem Altar aus. Johann Ferber trat in enge Beziehungen zum polnischen Königshaus und wurde von König Johann Albrecht, dem Nachfolger Kasimirs IV., als persönlicher Berater häufig herangezogen.

Seine beiden Söhne Eberhard und Moritz führten die Familie nun auf den Gipfel ihrer Macht. Moritz als Geistlicher, der lange Jahre Pfarrer von St. Marien war, bestieg den ermländischen Bischofsstuhl. Er hat sich um das wirtschaftliche Gedeihen seines Bistums große Verdienste erworben und auch als fähiger Verwaltungsmann bewährt. Er war ein entschiedener Gegner der Reformation, so daß in diesem Zusammenhang noch von ihm berichtet werden wird.

Eberhard Ferber war sieben Jahre älter als sein Bruder und ist in die Geschichte Danzigs als ihr ebenso geliebter wie gehaßter, in jedem Falle aber bedeutendster Bürgermeister eingegangen. Man kann ihn zu den großen Gestalten des deutschen Bürgertums im ausgehenden Mittelalter zählen. – Sein Sohn Constantin, ebenfalls Bürgermeister, war zwar nicht mehr die beherrschende, aber doch noch sehr einflußreiche Persönlichkeit im Rat und trat erst nach dem Tode Kleefelds, der uns bald begegnen wird, stärker hervor.

In diese Epoche der Familie Ferber fällt die Reformation, die in Danzig einen merkwürdigen Verlauf nahm, und auf die daher gesondert eingegangen werden wird. Zuvor nur einige kurze Streiflichter aus der Zeit um die Wende vom 15. zum 16. Jahrhundert.

Kasimir IV. war am 7. Juni 1492 verstorben. Mit ihm hatte Danzig nicht nur einen großen Förderer, sondern einen Freund verloren. Es dürfte der wahren Stimmung in der Danziger Bürgerschaft entsprochen haben, wenn ein Danziger Chronist der damaligen Zeit schreibt: »Mit ihm starb fast das beste Glück und Heil seiner Lande. Er war ungelahrt der Schrift und war klug und weise in der Vernunft. Rein Wasser war sein Getränk. So jemand vor ihn kam, der da wollte aufbringen neue Beschwerungen auf seine Untertanen oder andere neue Funde, so war seine Antwort: Lasset es bleiben auf das Alte. Er hielt Friede, wo er konnte und mochte, er tat niemandem Gewalt« (Sims. Bd. I, S. 329).

Sohn Johann Albrecht wurde sein Nachfolger, von dem bereits gesagt wurde, daß er den Danziger Bürgermeister Johann Ferber als persönlichen Berater oft hörte. In seine kurze Regierungszeit (bis zum 17. Juni 1501) fallen für Danzig keine besonderen Ereignisse. Doch unter seinem Bruder und Nachfolger Alexander gab es die ersten Differenzen mit den preußischen Ständen. Der König wünschte die Anerkennung fester Einkünfte aus seinen preußischen Landen, die ihm der preußische Landtag auch zu gewähren durchaus bereit war. Der Streitpunkt aber war der, daß Danzig diese Abgaben zahlen sollte. Die preußischen Stände behaupteten, das Pfahlgeld, Danzigs größte Einnahmequelle, sei eine Abgabe an den Orden gewesen. Folglich habe Danzig diese jetzt an den König abzuliefern. Wider besseres Wissen setzten die Stände an die Stelle des Pfundzolls das Pfahlgeld.

Die Erregung in Danzig war gewaltig, und es kam nahezu zum Bruch mit den Ständen. Darüber hinaus hatte Danzig einen Streit mit Elbing, der auf dem Reichstag zu Radom 1505 entschieden werden sollte, da eine Verständigung innerhalb Preußens nicht zustande gekommen war. Danzig wurde vom König hiervon unterrichtet, und auch der preußische Landtag erhielt eine Einladung, die er jedoch ablehnte. Danzig aber sandte (in aller Heimlichkeit?) zwei Vertreter dorthin und bekam natürlich recht. Dieses Vorgehen Danzigs rief nun wiederum bei den preußischen Ständen hellste Empörung hervor, da Danzig einen internen preußischen Streit vom König habe entscheiden lassen. Auch sonst hatte Danzig in Radom noch einige kleinere Privilegien bekommen, auf die es auf Verlangen der preußischen Stände verzichten sollte, was es natürlich nicht tat. – Jedenfalls kann zusammenfassend von jener Zeit gesagt werden, daß es zwischen Danzig und den preußischen Ständen zu einer immer stärker werdenden Entfremdung kam. Mit dem Verhältnis

Danzigs zu den preußischen Ständen hat sich sehr ausführlich Bruno Nimmert beschäftigt, der in seiner Folgerung noch viel weiter geht und schreibt: »So wird also das Verhältnis Danzigs zu den preußischen Ständen von großer Wichtigkeit sein, um zu verstehen, wie Danzig gezwungen ist, in ein nahes Verhältnis zum polnischen König zu treten, um an ihm Schutz gegen die Angriffe der eigenen Landsleute zu finden«. (Bruno Nimmert: Danzigs Verhältnis zu Polen in den Jahren 1466/1492« Zeitschr. d. Westpr. Gesch.Ver., Heft 53, 1911).
Erwähnenswert aus jenen Jahren ist das Bestreben des Danziger Patriziats und der aufstrebenden Bürgerschaft, ihren Söhnen eine Universitätsausbildung zu geben. Von großer Bedeutung war dafür die Krakauer Universität. Sie war für die Danziger Studenten anfangs die Heimatuniversität. So finden wir von den 144 Studenten Danzigs in der Zeit von 1467 bis 1492 in Krakau 67, in Leipzig 41, in Rostock 17, in Greifswald 8, in Köln 4, in Wien und Erfurt je 3 und in Bologna einen. Fast 47% der Danziger Studenten bevorzugten demnach das Studium in Krakau. In den folgenden 25 Jahren von 1493 bis 1517 stieg die Zahl der Danziger Studenten auf 264, die sich wie folgt verteilten: Krakau 88, Leipzig 34, Rostock 18, Greifswald 17, Köln 9, Wien 5, Erfurt, Tübingen und Bologna je 3. Der Anteil der Danziger in Krakau hat sich in dieser Zeit zwar auf ein Drittel vermindert, blieb aber mit Abstand der höchste.
Es gibt durchaus noch einige Ereignisse der damaligen Zeit, die erwähnenswert wären, doch bestimmend für die Danziger Geschichte sind sie nicht. – Lediglich eines sei kurz geschildert.
Die aus guter Familie stammenden Brüder Gregor und Simon Matern bekamen Streit mit dem Danziger Rat. Die Ursache war die unterschiedliche Auffassung über die Zahlung bestimmter Abgaben. Als der Rat diese Zahlung erzwang, ließ Simon Matern am Abend des 13. September 1499 Feuer auf Langgarten legen, wobei fast sämtliche Häuser niederbrannten. Die Brüder Matern flüchteten und organisierten in Preußen räuberische Banden, an denen sich auch einzelne Adlige beteiligten. Es wurden Danziger Kaufleute mit ihren Warentransporten ins Innere Polens oder auch nur in Preußen überfallen und häufig auch ermordet und natürlich beraubt. Um sich von dieser Bedrückung freizukaufen, leistete Danzig den Banden sogar eine erhebliche Zahlung. Als der ältere, Gregor Matern, schließlich gefaßt und in Posen öffentlich gehenkt wor-

den war, trieb es der jüngere Bruder nur noch schlimmer, wobei ihm einzelne Adlige behilflich waren und Unterschlupf gewährten. Bürgermeister Eberhard Ferber erreichte durch sein energisches Vorgehen, daß mit königlicher Erlaubnis in ganz Preußen und Polen Jagd auf Simon Matern und seine Banden gemacht wurde. Der mit Simon unter einer Decke steckende Hans Graf von Krockow wurde auf seinem Schloß in Pommerellen gefangengenommen und nach Danzig gebracht. Hier wurde er öffentlich enthauptet und sein Kopf auf der Stadtmauer aufgespießt. Nun fand auch Simon Matern keinen Rückhalt mehr im verschreckten Adel und konnte gefaßt werden. Er erhängte sich vor seiner Hinrichtung in Danzig in seiner Gefängniszelle.

4 *Reformationsjahre*

Im Juli 1511 wurde als neuer Hochmeister des Ordens der kaum zwanzigjährige Albrecht von Brandenburg-Ansbach gewählt, der erst kürzlich in den Orden aufgenommen worden war. Dieser junge Hochmeister, der über gute Verbindungen und Beziehungen im Reich verfügte, entwickelte sich rasch zu einem sehr aktiven Herrn, der, wie sein Vorgänger auch, seinem Onkel Sigismund I. von Polen (Bruder seiner Mutter Sophie) den Treueid nicht leisten wollte, wobei er von Kaiser Maximilian unterstützt wurde. Der polnische Reichstag aber bestand darauf, und so begann der Hochmeister Vorbereitungen zu einer kriegerischen Auseinandersetzung zu treffen.
Danzig konnte hiervon nicht unberührt bleiben, da es unter gar keinen Umständen zum Orden zurückkehren wollte. Seine Stadtmauer aber war in einem desolaten Zustand, so daß jahrelang sehr viel Geld in die Neubefestigung gesteckt werden mußte. Und dann geschah das für die gesamte Bürgerschaft geradezu Unfaßbare. Mit dem Weiterbau der Mauer konnte nicht fortgefahren werden, denn der Stadtsäckel war leer. Der Rat berief am 17. April 1517 aus der Gemeinde 60 der »obersten Bürger«, die nun aus dem Munde ihres hochangesehenen Bürgermeisters Eberhard Ferber vernehmen mußten, daß Ebbe in den Kassen sei. – Die Männer konnten es nicht fassen, daß ihre stolze Stadt mit derart reichen

Patriziergeschlechtern kein Geld mehr haben sollte. Das Gegenteil glaubte jeder Bürger, und man wähnte, daß der Rat geradezu in Geld schwimme. – Leider war das Gegenteil der Fall, und Ferber beschwor die Wahrheit seiner Ausführungen.

Ein tiefes Mißtrauen dem Rat gegenüber breitete sich aus. Am 24. April berieten nochmals 60 bis 80 Bürger gemeinsam mit dem Rat und beschlossen eine Brausteuer auf ein Jahr. Diese Brausteuer, die keineswegs ausreichte, belastete die gesamte Bevölkerung, denn Bier gehörte zu jeder Mahlzeit bei arm und reich. Aus dem Mißtrauen wurde Unruhe, die sich zuerst in den unteren Schichten bemerkbar machte, dann aber auch die Meister und Kaufleute ergriff, denn zusätzlich war eine Vermögensabgabe verordnet worden, die besonders die Gewerke traf, da bereits auf ein Vermögen von 10 Mark zwei Groschen abgeführt werden mußten, was 1 % ausmachte. Die größeren Vermögen aber wurden nur mit einem halben Prozent belastet. Die Unruhe steigerte sich, man gab alle Schuld dem Rat. Vor allem war es der reiche und größten Prunk entfaltende Bürgermeister Eberhard Ferber, gegen den sich die Erregung richtete. Es kam jedoch vorerst zu keinen Tätlichkeiten, denn die äußere Bedrohung Danzigs durch den Orden trat in den Vordergrund der Ereignisse. Kurz danach kam es auch noch zu Spannungen mit König Christian von Dänemark, der den Handel mit Schweden unterbinden wollte, so daß sich die Jahre zwischen 1520 und 1522 für Danzig zu einer kriegerischen und sehr kostspieligen Zeitspanne entwickelten.

Nach dem frühen Tod des Königs Alexander im Jahre 1506 war der dritte und zweitjüngste Sohn Kasimirs IV., Sigismund, zum König gewählt worden. Er war wesentlich aktiver als seine beiden Vorgänger und gewann wie sein Bruder Johann Albrecht den Danziger Bürgermeister Ferber als engen Berater. Doch diesmal war es Eberhard Ferber, der als Sohn seines Vaters Johann die Interessen der Stadt Danzig wohl zu wahren verstand, denn sie waren auch seine Interessen. Eberhard Ferber nahm am Fürstenkongreß in Preßburg und Wien 1515 teil, auf dem es zwischen den Habsburgern und Jagiellonen zu einer Einigung in vielen strittigen Punkten kam; insbesondere bekundete der Kaiser sein Desinteresse an Preußen. Sigismund brauchte also nicht zu befürchten, in einer möglichen Auseinandersetzung mit dem Orden den Kaiser gegen sich zu haben, wenngleich er sich »verpflichtet hatte, in den nächsten fünf Jahren nichts gegen den Orden zu unternehmen« (Rhode S. 191). Diese

Zeit genügte jedoch dem Hochmeister Albrecht, sich auf eine kriegerische Auseinandersetzung vorzubereiten.
Inzwischen war es dem Hochmeister dank seiner guten Beziehungen gelungen, ein Söldnerheer zur Unterstützung aus dem Reich gesandt zu bekommen, welches Danzig einnehmen sollte. Nun machte es sich bezahlt, daß der Rat nach der Erhebung der Sondersteuern die Befestigungen hatte ausbauen lassen, denn im November 1520 gab das Söldnerheer die Belagerung Danzigs auf und lief kampflos auseinander. Hochmeister Albrecht unternahm einen zuerst erfolgreichen Vorstoß gegen das Ermland, doch König Sigismund führte den Krieg mit dem Orden, den man den Reuterkrieg nennt, tatkräftig weiter und erzwang die völlige Unterwerfung des Ordens, so daß es nach Beendigung zu einem echten Lehnsverhältnis kam, das bis dahin nicht bestanden hatte. Danzig war hieran weder beteiligt noch interessiert.
Die zweite Auseinandersetzung aber stand Danzig mit König Christian von Dänemark bevor, gegen den es gemeinsam mit Lübeck vorging. Die Danziger Flotte wurde von Eberhard Ferber angeführt, dem diesmal jedoch der Erfolg versagt blieb. Ohne Siegeslorbeeren kehrte Ferber mit den Danziger Schiffen am 3. Oktober 1522 nach Danzig zurück, was ihm bei der Bevölkerung Hohn und Spott einbrachte. Der Krieg gegen Dänemark wurde dann von Lübeck mit einigen anderen Hansestädten beendet. Danzig war daran nicht mehr beteiligt.
Die finanzielle Belastung der letzten Jahre hatte zu einer ständig stärker werdenden Unruhe in der ganzen Bevölkerung geführt, der sich auch die Kaufleute und Meister der Gewerke nicht zu entziehen vermochten. Einerseits sah man das immer reicher werdende Patriziat, andererseits mußte man wegen der leeren Kassen neue Steuern zahlen. Hinzu kam, daß sich die Pfarrer der Kirchen, die finanziell gut gestellt waren, sehr häufig außerhalb Danzigs aufhielten, und Gottesdienst wie Seelsorge in den Händen ihrer Stellvertreter, meist Prediger oder Mönche, lagen. Kurz, der Boden war bereit, daß das in Wittenberg von Martin Luther entflammte Feuer auch auf Danzig übergreifen konnte.
Der vom Bischof seines Amts entsetzte Priester Jacob Hegge, der von seinen Anhängern Finkenblock genannt wurde, versammelte am 13. Juli 1522 eine große Menge junger Gesellen und Handwerker um sich und zog mit ihnen auf den Hagelsberg, wo er in maßloser Weise die Einrichtungen und Geistlichen der römischen Kirche angriff und jubelnden

Beifall erhielt. Glücklicherweise kam es nur ganz vereinzelt zu Ausschreitungen in Gotteshäusern, da der Rat trotz Ferbers gegenteiligem Verlangen große Ruhe bewahrte. Die Wut der Masse richtete sich nun gegen Ferber, denn er war die herrschende Persönlichkeit im Rat und verfocht die Absicht, die reformatorischen Gedanken mit Gewalt zu unterdrücken. Hinzu kam, daß Ferber sich bereits im Mai 1522 von König Sigismund einen Schutzbrief hatte ausstellen lassen, den er im November unter Bewachung ihm ergebener Kriegs- und Schiffsknechte an den Türen der Marienkirche und des Artushofes in deutscher und lateinischer Sprache anschlug. Darüber kam es zu wüsten Tumultszenen, in deren Verlauf die aufgebrachte Menge in die Marienkirche drang und das Grabmal von Eberhards Vater Johann Ferber schändete. Der Rat mußte sich nun endgültig von Ferber trennen und versprechen, daß nie wieder ein Mitglied der Familie Ferber in den Rat kommen solle. Eine Generation später war dieses Versprechen jedoch vergessen.
Unter dem Druck der finanziellen Nöte war bereits 1517 der Einfluß der Bürgerschaft erheblich verstärkt worden, da 40 »Gute Männer« und je zwei Älterleute der Gewerke dem Rat zur Seite gegeben waren, die man kurz die Achtundvierziger nannte. Sie trugen mit dazu bei, daß die turbulenten Wintermonate 1522/23 nicht zu Blutvergießen führten. Im Februar 1523 wurde jedoch Moritz Ferber zum Bischof von Ermland gewählt und unterstützte die Ansprüche seines Bruders Eberhard gegen Danzig, wo sein Vermögen beschlagnahmt worden war, beim König. Dieser war über die Vorgänge in Danzig durch die beiden Brüder Ferber bestens unterrichtet und hatte den Rat mehrfach ermahnt, ohne jedoch vorerst strenger gegen die Stadt vorzugehen. Einerseits hoffte der König, daß sich die mäßigenden Kräfte durchsetzen würden, zum anderen war er aus wirtschaftlichen Gründen auf Danzig angewiesen.
Als großes Verdienst des Rats kann die Berufung des Dr. Alexander Svenichen, der eine hohe Stelle im Franziskanerorden bekleidete, angesehen werden, Svenichen wurde zum Prediger in der Marienkirche bestimmt. Zum Pfarrer hätte Svenichen nur vom König ernannt werden können. Svenichen fand große Scharen von Zuhörern und erfreute sich bald allgemeiner Beliebtheit. Er war gebürtiger Danziger, treuer Gefolgsmann seines Ordens und der Kirche, aber er verschloß die Augen nicht vor den Mißständen, die offenkundig waren. Ihm ist es weitgehend zu verdanken, daß die Jahre 1523/24 verhältnismäßig ruhig blieben, wobei

ihm zu Hilfe kam, daß Jacob Hegge die Stadt hatte verlassen müssen. Dennoch kam es, leider auch bedingt durch die Ungeschicklichkeit des Bischofs von Leslau (Kujawien), zum neuerlichen Ausbruch von Feindseligkeiten gegen Mönche und einzelne Geistliche. Der Bischof, der einer königlichen Kommission angehörte, die die Vorgänge in Danzig untersuchen sollte, hatte seine Anwesenheit in Danzig dazu benutzt, die Geistlichkeit auf ihre Rechtgläubigkeit hin zu prüfen. Ein solcher Auftrag war ihm nicht erteilt worden, vielmehr hatte der König zu äußerster Vorsicht gemahnt. Diese Prüfung lief nun so aus, daß der Bischof einen Geistlichen im Keller des Pfarrhauses von St. Marien einsperren ließ, woraufhin sich die Masse vor seinem Haus zusammenrottete, brüllte und johlte und ihm nachts tote Katzen und Hunde vor die Haustüre hängte. Zusammen mit dem Offizial, seinem ständigen Vertreter in der Stadt, mußte er Danzig raschest verlassen. – Dieser nichtige Anlaß war mit ein Grund, daß die Dinge in Danzig in den nächsten zwei Jahren einen völlig ungeordneten Verlauf nahmen, der dann letztlich zum Einschreiten des Königs führte.

Inzwischen war auch Jacob Hegge aus Wittenberg, wohin er sich begeben hatte, zurückgekehrt und hielt wieder seine aufrührerischen Predigten. Der Rat wollte es immer noch nicht wahrhaben, daß er der revoltierenden Masse nicht mehr Herr werden konnte, doch diese wählte sich im Sommer 1524 aus ihren Reihen 12 Rentmeister und bestellte den angesehenen Lizentiaten Johann Wendland zu ihrem Hauptmann. Der Rat wurde gezwungen, den Aufgabenbereich der Mönche, denen sich jetzt die ganze Wut zugewandt hatte, zu beschneiden. Sie durften künftig nicht mehr predigen. Jetzt mußte sich auch Dr. Svenichen entscheiden, ob er Prediger an der Marienkirche bleiben oder in seinen Orden zurückkehren wollte. Svenichen entschied sich für den Orden und verließ Danzig, was für den Rat einen schweren Verlust bedeutete. Aus den Klöstern wurden die Meßgewänder und das Silber bis auf wenige Stücke entfernt und auf das Rathaus gebracht. Dennoch kam es auch weiterhin zu Unruhen und Angriffen auf den Rat, der einen von den Rentmeistern ausgestellten »Artikelbrief« mit überhöhten Forderungen der Menge bewilligen mußte. Sie war aber letztlich auch damit nicht zufrieden und erzwang den Rücktritt des Rats.

In einem sog. »Schandbrief« mußte der abgesetzte Rat die ganze Schuld für die Unruhen auf sich nehmen. Vor dem Artushof wurden zur Abschreckung ein Galgen und ein Rad aufgestellt. Während dieser Zeit kam es nun auch in einigen Kirchen zu Schändungen und Plünderungen, die aufs ganze gesehen jedoch nur ein recht geringes Ausmaß annahmen. Es gab auch unter den Aufständischen, die sich einen neuen Rat wählten, immer wieder besorgte Männer, zu denen der Bürgermeister Philipp Bischof gehörte. Bereits als Mitglied des alten Rats hatte er unablässig darauf hingewiesen, daß König Sigismund I. ein treuer Anhänger der alten Lehre und Danzig ihm untertan sei. Zu dieser Zurückhaltung und Vorsicht Bischofs trugen natürlich die mehrfachen Ermahnungen und Verwarnungen des Königs bei, in denen schließlich sehr entschieden gefordert wurde, den alten Zustand wiederherzustellen.

Der Einfluß der eifernden Geistlichen machte sich jedoch immer stärker bemerkbar, und »die neue Regierung artete schließlich in eine Pöbelherrschaft aus« (Sims, S. 76), so daß sich der Rat in seiner Bedrängnis an Luther wandte. Die Stelle von Dr. Svenichen mußte neu besetzt werden. Dieser besonnene Mann fehlte an allen Ecken und Enden, denn allein ihm wäre es vielleicht möglich gewesen, die Geistlichen für versöhnende und beruhigende Predigten zu gewinnen und »den Schwarmgeistern Einhalt zu gebieten« (Sims, S. 77). Für Dr. Svenichen suchte der Rat bei Luther nun einen Mann, »der eines linden Geistes wäre und mit der Sanftmütigkeit alle Dinge zur Bauung, nicht zum Verderb täte ordnen, damit künftiger Zeit einem andern nicht not wäre, mehr zu ändern oder zu bauen, denn vorhin verdorben, wie wir in andern gemerkt, da die schwärmenden und stürmigen Geister regiert haben«.

Mit diesem Schreiben wollte der Rat den Mitarbeiter Luthers, Bugenhagen, gewinnen, doch konnte Luther ihn nicht entbehren und empfahl Michael Meurer, einen ehemaligen Zisterziensermönch. Meurer wurde nach seinem Geburtsort Großenhain bei Leipzig zumeist Hähnlein genannt. Luther riet in einem Brief an den Rat, »Ruhe und Besonnenheit zu bewahren, und empfahl, die neue Lehre nicht durch den gemeinen Mann, sondern durch den Rat einführen zu lassen und geistlich und weltlich Gericht streng zu trennen« (Goldmann, S. 26).

Indessen lebte der abgesetzte Bürgermeister Eberhard Ferber zwar zumeist auf seiner Starostei in Dirschau, betrieb aber beim König seine Wiedergutmachungsforderungen Danzig gegenüber. Am 24. April 1525 fällte der König sein Urteil, in dem er Ferber in seine alten Rechte einsetzte und Danzig auferlegte, ihm 12.000 ung. Gulden zu zahlen.

Außerdem sollte die Stadt an den königlichen Schatz die in den Gesetzen festgesetzte Summe wegen Ungehorsams entrichten und die noch festzulegenden Prozeßkosten übernehmen. »Dieser Urteilsspruch war ein Donnerschlag für die neuen Gewalthaber in Danzig, der ihnen zeigte, was sie des weiteren von dem Könige zu erwarten hatten« (Sims, S. 80). Kurze Zeit später forderte der König Danzig in ultimativer Form auf, die alte Ordnung wiederherzustellen, andernfalls er gewaltsam eingreifen werde.

Der neue Rat und wohl auch weite Kreise der Danziger Bevölkerung hatten infolge des langen Zögerns Sigismunds I. geglaubt, daß sich der König mit den Vorgängen in Danzig abfinden würde, und war nun völlig überrascht und ratlos. Man entschloß sich, eine Gesandtschaft an den König zu schicken, die unter der Leitung des Bürgermeisters Georg Zimmermann stand, der früher Stadtsekretär gewesen war und keineswegs den Gemäßigten zugerechnet werden konnte. In Krakau angekommen, empfing sie der König zunächst nicht, und als er sie schließlich doch gehört hatte, befahl er der Delegation, in Krakau zu bleiben, was nichts anderes bedeutete, als daß sie unter Arrest gestellt war. Zur gleichen Zeit hielten sich in Krakau Eberhard Ferber und einige andere abgesetzte Ratsmitglieder auf. Es ergingen nun vom König mehrere Ladungen an alte Ratsmitglieder und auch Rädelsführer, denen letztere natürlich nicht folgten, so daß sie in Abwesenheit verurteilt wurden. Der Rat in Danzig wurde beauftragt, die Vermögen dieser Leute einzuziehen. Ferner wünschte der König, ihm den »Artikelbrief« und den »Schandbrief« unverzüglich auszuhändigen.

Aufgrund dieser drohenden Maßnahmen rückten Patriziat und Kaufleute in Danzig eng zusammen, denn ihr politischer Weitblick war umfassender als der der Masse, die in ihrem Starrsinn die Berichte aus Krakau völlig falsch auslegte und den Ernst der Situation immer noch nicht erkannte. Es kam zu Ausschreitungen gegen das Patriziat, ja es herrschte zeitweise nahezu völlige Anarchie. Wenn der Rat auch allmählich wieder Herr der Lage wurde, zumal der Bürgermeister Bischof, der ja auch dem alten Rat angehört hatte, überall zu vermitteln und zu besänftigen suchte, blieb die Lage doch gespannt. Der Rat war vor allem darauf bedacht, den König zu beruhigen, und leitete versöhnliche Maßregeln ein. Er griff zu ganz demokratischen Mitteln und ließ einen Ausschuß von je 24 Mitgliedern der Gilden der Kaufleute, Brauer und Schiffer, je 6 der Hauptgewerke und je 4 der anderen Gewerke bilden; das waren zusammen etwas mehr als 100 Bürger. Diese erklärten sich damit einverstanden, daß in der Marienkirche die alten Formen des Gottesdienstes wieder eingeführt würden und Eberhard Ferber nach Danzig zurückkehren dürfte. Die erregte und von den eifernden Geistlichen verhetzte Masse der Bevölkerung aber war mit diesem Beschluß nicht einverstanden.

Über die Stimmung in Danzig gab sich der König keinen Illusionen hin, denn er lud den Rat zum Reichstag nach Petrikau auf den 8. Januar 1526 ein. Die Gesandten Danzigs leisteten jetzt kniend vor dem König Abbitte und versprachen, den alten Gottesdienst in der Stadt wieder einzuführen. Trotz allen Wohlwollens, das der König zeigte, ließ er den Gesandten doch mitteilen, daß Klage gegen die Stadt erhoben werden würde. Der König war offenbar entschlossen, selbst als Richter nach Danzig zu kommen. – Und so geschah es denn auch.

»Am 17. April 1526 traf der König mit einem glänzenden Gefolge vornehmer Herren und starkem Kriegsvolk in Danzig ein und ritt sofort zur Marienkirche, wo der Bischof von Leslau die Messe las« (Sims. S. 90). Es wurden eine scharfe Untersuchung und ein strenges Gericht durchgeführt. Viele Aufrührer waren geflohen, darunter natürlich Jacob Hegge. Die Ratgeber des Königs trieben ihn zur Strenge an und empfahlen ihm, möglichst viele Vorteile für sich herauszuschlagen. Das aber lehnte der König ab, »da er nach Danzig gekommen sei, um die Ordnung in Kirche und Regierung herzustellen, nicht aber, um sich zu bereichern. Und in der Tat scheint es ihm heiliger Ernst gewesen zu sein. Es ist nicht zu bemerken, daß er aus Rachsucht handelte, seine königliche Pflicht schrieb ihm sein Vorgehen vor, das milder war, als manche seiner Großen wünschten«. (Sims. S. 91). Wenige Wochen vor der Ankunft des Königs war auch Eberhard Ferber wieder in Danzig eingetroffen.

Das Urteil des Königs war dennoch hart. Am 10. Juli 1526 wurden der Bürgermeister Johann Wendland und sechs andere Bürger auf dem Langen Markt öffentlich hingerichtet. Georg Zimmermann aber, der die Delegation nach Krakau geleitet hatte und den man getrost zu den Hauptschuldigen rechnen kann, kam mit dem Leben davon. Er wurde verbannt und konnte zwischen Thorn und Elbing wählen. »Am 22. April wurden alle Kirchen neu geweiht und fortan die alten gottesdienstlichen Gebräuche wieder beobachtet.« (Sims, S. 92) Bürgermeister Bischof, der sich in all diesen stürmischen Jahren stets im Rat befunden hatte, blieb Bürgermeister und erhielt das Burggrafenamt. Zu Recht! Seinem Wirken ist zu verdanken, daß fast alles Alte erhalten geblieben und nur wenig zerstört worden ist.

König Sigismund I. hielt sich bis zum 23. Juli, also mehr als drei Monate, in Danzig auf und zeigte nun, welche Rechte ihm als dem König zustanden. Er gab der Stadt ein neues Grundgesetz, das »fortan für Jahrhunderte die Hauptrichtschnur für die Regierung und Verwaltung war, die Statuta et Ordinationes per Sigismundum, regem Poloniae, pro bono et pacato statu Gedanensis civitatis factae, kurz ›Statuta Sigismundi‹ genannt«. Im wesentlichen wird in diesen Statuten folgendes geregelt:

Der Burggraf als Vertreter des Königs steht rangmäßig vor den Bürgermeistern. Die Anzahl der Gemeindevertreter wird auf höchstens 100 begrenzt. Dazu sollen noch je zwei Ältermänner der vier Hauptgewerke der Schuster, Bäcker, Schmiede und Fleischer kommen. Sie sind dem Rat als die sogenannte Dritte Ordnung (III. Ordnung) zur Seite gestellt. Sie werden vom Rat bestimmt und nicht gewählt und haben nur die Dinge zu beraten, die ihnen vom Rat zur Mitentscheidung vorgelegt werden. Damit war vom König also eine Gemeindevertretung institutionalisiert worden. In den Kreis der Hundertmänner durften nur Bürger der Rechtstadt berufen werden, die in vier Quartiere eingeteilt war: Das Koggen-, das Hohe, das Breite und das Fischerquartier. Diese Einrichtung der III. Ordnung, die trotz ihrer Beschränkungen beratende Funktion hatte, ist bis zur Einverleibung Danzigs durch Preußen ein Hauptbestandteil der Danziger Verfassung geblieben. Kontrollfunktionen bekam die III. Ordnung damals noch nicht, doch behielt sich der König vor, zwecks Kontrolle der Verwaltung der städtischen Gelder Kommissarien nach Danzig zu schicken. Die Mitglieder des altstädtischen Rats hatten nur eine Stimme.

Auf rechtlichem Gebiet wurde eine Regelung dahingehend getroffen, daß bei Streitwerten bis 500 Mark der Rat die letzte Instanz war, darüber liegende Streitsachen konnten bis zum König gehen. »Klagen über den Rat und den bischöflichen Offizial sollten beim König anhängig gemacht werden, ihre Einreichung bei der Gemeinde wurde mit Todesstrafe bedroht.«

Die alten Formen des Gottesdienstes wurden selbstverständlich wieder eingeführt, wobei die Bestimmung getroffen wurde, daß die Pfarrer sich

in Danzig aufzuhalten und dort ihre Amtspflichten wahrzunehmen hätten. Bei der Wahl der Prediger konnte der Rat im Einverständnis mit dem Offizial selbständig vorgehen. – Diese Bestimmung wurde für die Danziger das Schlupfloch, das es ihnen ermöglichte, Prediger zu bestellen, die der neuen Lehre gegenüber wohlwollend eingestellt waren. Vorbedingung war jedoch, daß sich Rat und Offizial einigten.
Die Pfarrer waren während der vergangenen unruhigen Jahre sämtlich von Danzig fortgegangen und wurden nun vom Bischof aufgefordert, innerhalb einer bestimmten Frist zurückzukehren. Dieser Aufforderung leistete keiner Folge, so daß sofort im Einverständnis mit dem Offizial Dr. Alexander Svenichen wieder als Prediger an die Marienkirche zurückkehrte. Nur auf Bitten des Rats wurde Svenichen durch den Offizial der sächsischen Franziskaner von seinem Amt als Ordenskustos entbunden und konnte damit dem Ruf nach Danzig Folge leisten.
Des weiteren bestimmte der König noch, daß von den städtischen Gewerken Polen nicht ausgeschlossen werden dürften. – Diese Bestimmung wurde allerdings 1537 fallengelassen, was der geschickten und energischen Verhandlungsführung des Bürgermeisters Johann von Werden zu verdanken war. Dieser war 1526 von König Sigismund zum Bürgermeister bestimmt worden, da er sein besonderes Vertrauen besaß. Der Vater von Johann von Werden war nach Danzig eingewandert, war aber offenbar schnell in engen Kontakt zum königlichen Hof getreten, wo der Kanzler Szydlowiecki Sohn Johann adoptierte. Dieser hat also lange in Krakau gelebt und wurde in den polnischen Adel aufgenommen, bevor der König ihn zum Bürgermeister in Danzig ernannte. Hier stieg er nun nach Ferber rasch zur bestimmenden Persönlichkeit auf und erwarb sich trotz erheblicher Arroganz durch sein standhaftes Eintreten für die Belange Danzigs hohe Achtung.
Die Ansprüche Ferbers wurden wegen der schlechten Finanzlage der Stadt ein wenig ermäßigt, doch trotz Einsetzung in seine früheren Ämter verzichtete Eberhard Ferber auf jede weitere aktive Arbeit im Rat und zog sich auf seine Starostei Dirschau zurück, wo er bereits 1529, in Danzig vergessen, verstarb.

Der Streit mit Eberhard Ferber hatte den Rat veranlaßt, sich eines besonderen Rechtsbeistandes zu bedienen, denn die Stadtsekretäre waren dieser Aufgabe nicht gewachsen. So berief er 1524 den Rechtsgelehrten Philipp Holkener, dem er den Titel Syndicus verlieh. Wenn dieser auch von dem revolutionären Rat bald danach entlassen wurde, so war damit doch eine Stelle geschaffen worden, die bleibenden Bestand erhielt und sich bewährte. Demzufolge wurde der dritte Syndicus, der Wittenberger Professor Dr. Konrad Hase, der seinen Namen gräzisierte und sich lagus nannte, mit dem hohen Gehalt von 450 Mark jährlich angeworben. Er erhielt rangmäßig die Stellung zwischen den Bürgermeistern und den Ratsmännern. Er nahm beratend ohne Stimmrecht an den Ratssitzungen teil. Auch in der Folgezeit hat Danzig stets darauf geachtet, daß hervorragende Gelehrte diese Stelle ausfüllten.

Die wirtschaftliche Lage Danzigs hatte sich in den unruhigen Reformationsjahren beträchtlich verschlechtert, nahm jetzt aber in den nun folgenden ruhigen Jahren einen stetigen Aufschwung. Die Grundlage dafür war eine Münzreform, die 1530 durchgeführt wurde, wobei Danzig wieder zur Prägung eigener Münzen übergehen konnte, was ihm zeitweise durch den König verboten worden war. Es wurden Pfennige, Schillinge und Groschen, später auch Drei- und Sechsgroschenstücke geprägt. »Von jetzt an galt ein polnischer Gulden = 1,5 Mark = 30 Groschen = 90 Schilling = 540 Pfennige. Da der Gulden damals etwa den Wert von 24 Mark unseres Geldes (gemeint ist Goldmark 1910) hatte, so hatte der Pfennig einen Wert von 0,044 Mark, der Schilling einen solchen von 0,27 Mark, der Groschen einen von 0,80 Mark. Seit 1546 wurden in Danzig auch Goldmünzen, Dukaten, geprägt, die damals den Wert von rund 40 Mark unseres Geldes hatten« (Sims, Bd. II, S. 109).

Beherrscht wurden diese Jahrzehnte auf dem Gebiet des Handels durch den ständig stärker werdenden Gegensatz zwischen Danzig und Lübeck. Die Mitgliedschaft in der Hanse bestimmte trotz aller Eigeninteressen der Hansestädte doch noch in einem gewissen Maße den Handel. Lübeck war, nachdem es vorübergehend die Stellung an Hamburg hatte abtreten müssen, wieder das Haupt der Hanse und versuchte, auch ihre Politik zu lenken. Die aber deckte sich selten mit der von Danzig. Die Kontore hatten ihre große Bedeutung verloren – auch das Danziger

Kontor in Kowno –, einzig der Stalhof in London spielte noch eine Rolle. Hier aber gab im Gegensatz zu früher, als Köln dort bestimmend war, Danzig zumeist den Ton an, wenngleich keineswegs immer im Interesse aller Hansestädte. Danzigs Handel mit England war jetzt wieder im allgemeinen gut, dennoch beschwerten sich die aufstrebenden englischen Kaufleute oft über Danzig, da es diesen in seinen eigenen Mauern nicht die gleichen Privilegien gewähren wollte, die es für sich selbst in England forderte. Das war von Danzig sehr kurzsichtig und führte allmählich zu beträchtlichen Verstimmungen. Erstaunlich ist nur, daß der Handel mit England trotz alledem stark florierte. So wurde in den Verhandlungen Danzigs mit den englischen Räten 1557 englischerseits einmal geäußert, Danzig handle mit Rücksicht auf das Gerücht, daß in England Kornmangel herrsche, und glaube, daß die Engländer verhungern müßten, wenn es ihnen die Getreidezufuhr sperre, aber man brauche Danzig gar nicht. So ganz falsch war Danzigs Haltung keineswegs, denn »in England ist unter den Tudors nach Beendigung der Bürgerkriege durch das Aufkommen der Gentry, einer mit vielen kaufmännischen Elementen durchsetzten Gesellschaft, ein starker Rückgang des Körnerbaus und starke Bevorzugung der Schafzucht wahrzunehmen« (Goldmann S. 16). Doch nicht nur Korn, sondern auch Holz brauchte England, und zwar für seinen Schiffbau. So war eben trotz aller gelegentlichen Spannungen der Handel mit England sehr einträglich. Anläßlich eines Festessens zur Thronbesteigung Marias I. (Tochter Heinrichs VIII.) wurde Danzigs Bürgermeister Johann von Werden mit Auszeichnung behandelt und durfte zusammen mit den Gesandten des Kaisers, des Königs von Frankreich und Venedigs am Tische der Königin sitzen.

Auch der Handel mit den Niederlanden wurde ständig umfangreicher. »Ein Botschafter Kaiser Karls V. erklärte 1533 in einer Denkschrift, daß Danzig mit den Niederlanden mehr Handel treibe als alle übrigen Hansestädte« (Sims, S. 148). So wurde auch am kaiserlichen Hof behauptet, »daß die Holländer alljährlich ein- oder zweimal mit 200 bis 300 Schiffen nach Danzig kämen, um in vierzehn Tagen alles dort befindliche preußische und polnische Getreide aufzukaufen«. Wenn dies sicherlich auch übertrieben war, so zeigt es doch die engen Handelsverflechtungen, die Danzig mit den Niederlanden verbanden. Die Danziger Reederei ging allerdings zugunsten der holländischen stark zurück. Zumeist waren es holländische Schiffe, die das Korn holten, und nicht Danziger Reeder, die es nach dorthin lieferten. Für die Danziger Getreidekaufleute war das unwichtig, die Danziger Reederei und der Schiffbau aber verloren an Bedeutung. Danzig war allein der Umschlagplatz für das preußische und polnische Getreide, das ausschließlich von den Danziger Kaufleuten auf eigene Rechnung gehandelt wurde. Das Transportrisiko entfiel, und das hatte auch seinen Vorteil.

Danzigs Gegensatz zu Lübeck rührte weitgehend von einem Streit um die Vitten auf Falsterbo her. Lübeck hatte sich die Gunst König Friedrich I. von Dänemark erwerben können, Danzig aber berief sich auf seine Rechte. Auch ein Hansetag konnte den Streit nicht schlichten. Danzig unterlag schließlich, hielt sich dann aber aus allen Händeln, die Lübeck mit den nordischen Reichen in den nächsten Jahren hatte, heraus. Als die Lübecker während der Umwälzungen durch die Reformation noch Streit mit den Niederlanden bekamen, kümmerte sich Danzig überhaupt nicht mehr um lübische Wünsche, auch dann nicht, wenn sie im Namen der Hanse vorgetragen wurden. Es gelang Lübeck vorübergehend, Danzigs Handel durch den Sund beträchtlich zu schädigen, wofür es später eine Entschädigung von 8000 Mark lüb. an Danzig zahlen mußte.

Die städtischen Finanzen hatten sich durch diesen wirtschaftlichen Aufschwung erheblich verbessert. Bei der vorsichtigen Haushaltsführung des Rats hielten sich Einnahmen und Ausgaben im wesentlichen die Waage. Von 1545 bis 1554 stiegen die Einnahmen von 41.000 auf 95.000 Mark, während sich die Ausgaben auf nie mehr als 69.000 Mark beliefen. Im Jahre 1554 befand sich in der Stadtkasse ein Barbestand von 33.000 Mark. So konnten denn auch die Vergütungen für die Bürgermeister und Ratsmitglieder, die ihre Arbeit ehrenamtlich durchführten, neu festgesetzt werden. Der präsidierende Bürgermeister bekam 376, die drei anderen je 176 Mark, der Kämmerer 88, die übrigen Ratsmannen je 70 und die altstädtischen Ratsmannen zusammen 70 Mark. Einige Jahre später wurden die Bürgermeister gleichgestellt und erhielten je 600, die 6 älteren Ratsmannen je 300 und die 6 jüngeren je 200 Mark.

Im Zuge der Auswanderungen aus den Verfolgungsgebieten in Holland und Friesland gelangten nicht nur Reformierte, sondern auch Täufer nach Danzig. Zu ihnen gehörte der 28jährige Sohn des Herzogs Karl von Geldern, der sich wegen Glaubensfragen mit seinem Vater überworfen hatte und 1536 mit seinem ehemaligen Kaplan Hermann von Bommeln nach Danzig flüchtete. Er wurde vom Rat bedenkenlos aufgenom-

men und heiratete Elisabeth von Beuningen, deren Familie aus Friesland stammte. Da Geldern in die Dienste des Danziger Rats trat, muß ihm auch das Bürgerrecht verliehen worden sein. Diese Täufer aus Friesland und den übrigen Niederlanden waren vorzügliche Kaufleute, Handwerker und Bauern, so daß sich der Rat, als in den Jahren 1540 und 1543 die Weichseldämme bei den Frühjahrshochwassern brachen, entschloß, durch Philipp Freesen, genannt Edzema, bäuerliche Täufer aus Holland und Friesland anzuwerben, um das überflutete Land rekultivieren zu lassen. Dies ist ihnen offenbar so gut gelungen, daß sie rasch zu Wohlstand gelangten und den Neid der Altbauern hervorriefen, die sich beim König beschwerten, der seinerseits den Rat um Stellungnahme bat. In dem Antwortschreiben des Rats an den König heißt es u.a.:
»Die bisherigen Bauern denken mehr an emigrieren als an meliorieren, obwohl sie mit geringem Aufwand durch Gräbenziehen das Land hätten vom Wasser befreien können ... Diese Holländer, gnädigster Herr König, haben in kurzer Zeit eine wunderbare Trockenheit der Äcker erzielt ... Zusammenfassend, gnädigster König und Herr, sei gesagt, daß diese fünf Dörfer deren jetzt Erwähnung getan wurde, in vielen zurückliegenden Jahren nichts einbrachten, und wenn sie einmal zahlten, dennoch nicht mehr als 91 Mark für den ganzen Bezirk. Jetzt aber und in Zukunft erhalten wir von denselben fünf Dörfern 768 Mark!« (Penner, Ost- u. westpr. Mennoniten, S. 55/56). Die Täufer nannten sich später Mennoniten, und es wird wegen ihrer Bedeutung für die Danziger Baugeschichte noch ausführlich von ihnen zu berichten sein.
So gestaltete sich die Finanzlage der Stadt weiterhin recht günstig, so daß sie es sich erlauben konnte, in diesen Jahren Beachtliches in der Kranken- und Armenpflege zu leisten. Besonders begabte junge Männer, deren Eltern unbemittelt waren, förderte der Rat durch Stipendien. Zumeist mußten sie sich verpflichten, der Stadt später ihre Dienste zur Verfügung zu stellen, doch waren die Stipendiaten in der Wahl ihres Studiums und der Universität frei. Unter den Universitäten wurde damals Wittenberg bevorzugt und rückte rasch an die erste Stelle; danach folgte die 1544 gegründete Universität in Königsberg. Krakau und Leipzig lagen in der Gunst der Danziger Studenten etwa gleich. Zu den Danziger Stipendiaten gehörte auch der Sohn eines Elbinger Ratsherrn, Georg Kleefeld, der früh verwaiste und zu Verwandten nach Danzig kam. Seinem Namen werden wir noch häufig begegnen.

Und damit wenden wir uns nun wieder der religiösen Entwicklung in Danzig zu, deren reformatorische Ansätze 1526 durch König Sigismund I. so blutig unterdrückt worden waren.
Eine der ersten Handlungen des Danziger Rats war nach dem Besuch König Sigismunds I. im Jahre 1526 die Berufung Dr. Svenichens zum Prediger an der Marienkirche gewesen. Es besteht gar kein Zweifel, daß Svenichen Zeit seines Lebens ein treuer Diener seiner Kirche und seines Ordens blieb, aber er gehörte zu denen, die zwischen Alt und Neu zu vermitteln suchten. Fast könnte man mit Fontane sagen: »Lieber mit dem Alten, soweit es irgend geht, und mit dem Neuen nur, soweit es muß«. So war es für die Stadt ein schwerer Verlust, als dieser Mann 1529 durch die Pest dahingerafft wurde.
Der Rat hielt sich bis zum Tode des Bürgermeisters und Burggrafen Bischof im Jahre 1535 streng an die Statuta Sigismundi und achtete darauf, daß keine Übertretungen des alten Ritus in den Kirchen vorkamen. Dadurch entwickelte sich der Gottesdienst in der Form, daß zuerst die jeweiligen Prediger ihre Predigt in deutscher Sprache hielten und anschließend die Messe zelebriert wurde. Hier gestattete der Rat kein Abweichen von den alten Formen, und mehrfach hat der König dem Bürgermeister Bischof für sein strenges Vorgehen gedankt. Vereinzelt ist es sogar vorgekommen, daß Bischof nahegelegt wurde, nicht zu streng zu sein. Auch die Bischöfe von Kujawien und Ermland waren mit dem Verhalten des Rats durchaus zufrieden.
Andererseits aber mußte der Rat auch von sich aus darauf achten, nicht zu streng vorzugehen, da sich wirtschaftliche Nachteile bemerkbar machten. So bat der Rat 1528 beispielsweise den König, von der Bestimmung abgehen zu dürfen, nur solche Handwerksgesellen bei sich aufzunehmen, die den alten Glauben beschworen, denn der Strom qualifizierter Facharbeiter aus dem Westen ließ wegen dieser Bestimmung erheblich nach.
Die Danziger Bürgerschaft hatte sich mit der neuen Art des Gottesdienstes abgefunden, und immer häufiger kam es vor, daß Gemeindemitglieder das Gotteshaus nach der Predigt verließen und an der Messe nicht mehr teilnahmen. Der äußeren Form war dadurch Genüge getan. Die neue Lehre aber konnte stetig, wenn auch langsam, an Boden gewinnen, ohne daß der alten Lehre Abbruch getan wurde. Bürgermeister und Burggraf Philipp Bischof verstarb 1535, und an seine Stelle wurde Jo-

hann von Werden berufen. »Werden hat mit scharfem Blick erkannt, daß man der Zeitströmung nachgeben müsse, und die dem Volke angelegten Zügel später lockerer gelassen« (Sims. S. 107). Werden selbst war der neuen Lehre vermutlich nicht abgeneigt, aber sicherlich klug genug, dies nicht missionarisch zu zeigen, wenn er am königlichen Hof die Interessen Danzigs jederzeit und stets mit großem Erfolg vertrat. Er beherrschte die Politik Danzigs bis zu seinem Tode 1554 und hat am königlichen Hof viel gute Vorarbeit für spätere Maßnahmen des Königs, die für Danzig günstig waren, geleistet.

Die Predigerstelle an der Marienkirche übernahm nach dem Tode Svenichens der Dominikanermönch Pankratius Klemme, der bereits an der Kirche St. Johann dieses Amt ausgeübt hatte. Klemme verstand es meisterhaft, unter dem Deckmantel seiner Mönchskutte die Stimmung für die neue Lehre zu verstärken. Er gewann immer größere Scharen von Zuhörern und Anhängern, so daß sich selbst im Rat allmählich reformatorischer Glaube verbreitete. Bereits 1532 verlangte der neue Bischof von Kujawien, Johannes Karnkowski, die sofortige Vertreibung Klemmes, doch der Rat nahm ihn »in wärmster Weise in Schutz und erklärte, daß er der einzige Geistliche in Danzig sei, der bei unbescholtenen Sitten ein Freund bürgerlicher Ordnung sei und das unverfälschte Wort Gottes verkünde« (Sims. S. 119). Klemme wurde nun zum eigentlichen Reformator Danzigs und trat seit dem 28. Oktober 1537 in weltlicher Tracht vor seine Gemeinde. Tief betrauert von der Danziger Bürgerschaft starb er im September 1546. Der reformatorische Gedanke jedoch hatte inzwischen Bürgerschaft und Rat weitgehend erfaßt, und jedermann hoffte, daß mit dem Tode Sigismunds I. 1548 eine Änderung der Verhältnisse eintreten würde, zumal »auch einzelne großpolnische Adlige der neuen Lehre zuneigten« (Rhode, S. 204).

Tatsächlich war Sigismund II. weitaus toleranter. Er duldete die neue Lehre in Danzig und schritt nicht gegen sie ein, tat aber auch nichts, als seitens des ermländischen Bischofs Hosius mit strengen kirchlichen Strafen gedroht wurde. Danzigs Privilegien wurden durch den König ohne Schwierigkeit bestätigt, doch versagte Danzig ihm die Huldigung, weil sich der König weigerte, dem preußischen Lande den üblichen Eid zu leisten, der seine Sonderstellung bestätigte, wodurch eine gewisse Verstimmung entstand. Überraschend entschloß sich der König, im Sommer 1552 nach Danzig zu kommen, doch ließ er vorher den Danzigern durch den ermländischen Bischof Hosius den Treueeid mit der damit verbundenen Huldigung abnehmen, wozu sich der Rat in Erinnerung an das Jahr 1526 dann doch ohne weitere Gegenwehr verstand. Der König reiste mit großem Gefolge und traf am 8. Juli 1552 ein. Während der Zeit seines Aufenthalts bis zum 1. September wurde in der Marienkirche die Morgenpredigt regelmäßig in polnischer Sprache gehalten.

Einen besonderen Grund für seine Reise nach Danzig hatte der König zwar nicht, aber allein durch seine Anmeldung hatte er wie selbstverständlich die Huldigung erzwungen. In Danzig nahm er nun die Gelegenheit wahr, die Bürger aufzufordern, ihm Beschwerden zu unterbreiten, wovon nur wenige Gebrauch machten. Eine ernsthafte Beschwerde hatten eigentlich nur die Brauer, die eine mächtige Zunft darstellten, zumal ihr Jopenbier (ein Starkbier) einen guten Exportartikel Danzigs abgab. Sie erhielten ein Privileg, das sie vor lästigen Eingriffen des Rats in ihr Gewerbe bewahrte, wogegen der Rat seinerseits Beschwerde einlegte. Das alles aber waren Randerscheinungen in diesen zwei Monaten des Aufenthalts des Königs, während derer es viele rauschende Feste gab. Nach zeitgenössischer Berechnung hat der Aufenthalt des Königs die Stadt 15.555 Mark gekostet (rund 240.000,– Goldmark 1910).

Was sich besonders Hoffnungsvolle versprochen hatten, trat jedoch nicht ein. Die Frage der religiösen Freiheit wurde ausgeklammert. Dennoch war die Zeit für eine Klärung herangekommen. Die Vorarbeit des Bürgermeisters von Werden hatte die Früchte reifen lassen, wobei besonders hilfreich der Abschluß des Augsburger Religionsfriedens am 25. August 1555 gewesen sein dürfte. König Sigismund II. August war »durch die Auflösung des alten Livland in einen langwierigen Konflikt hineingezogen« (Rhode, S. 210) worden und befand sich in arger Geldnot. Durch ein Geschenk von 30.000 und ein Darlehen von 70.000 Gulden konnte sich Danzig sein Religionsprivileg erkaufen. Eine Originalurkunde hierüber ist vermutlich nie ausgestellt worden. Es liegt lediglich eine Niederschrift vor, die aber nicht die Unterschrift und das Siegel des Königs trägt. Allerdings bestätigt der König in einem Schreiben vom 8. Juli 1557 dem Rat mit eigener Unterschrift und königlichem Privatsiegel, daß er der Stadt den Genuß des Hl. Abendmahls unter beiden Gestalten bis zum nächsten Reichstage erlaube.

Der Rat hatte in letzter Zeit immer wieder darauf hingewiesen, daß mit erheblichen Unruhen in der Bürgerschaft zu rechnen sei und er dieses

Privileg daher dringend brauche. Dieses Argument hat vermutlich seine Wirkung nicht verfehlt, auch wenn seitens der Kurie noch bis zum Schluß beträchtliche Anstrengungen unternommen wurden, das Privileg zu verhindern.

6 Krieg mit Polenkönig Stefan Bathory

Es hätte nahegelegen, anzunehmen, daß durch das Religionsprivileg alle Schwierigkeiten zwischen Danzig und dem König beseitigt seien, doch dem war keineswegs so. Die kommenden Jahrzehnte waren für Danzig eine Zeit schwerer innerer und äußerer Auseinandersetzungen. Glücklicherweise hatte Danzig zwei Männer, die kraftvoll die Interessen der Stadt vertraten. Es war dies einmal Georg Kleefeld, ein Stipendiat, der es in seiner Wahlheimatstadt – er stammte aus Elbing – bis zum Syndicus gebracht hatte. »Diesen seltenen Mann hatte der Rat in Erkenntnis seiner großen Gaben von allem Herkommen abweichend 1558 aus der Stellung des Syndicus zum Bürgermeister gewählt«. (Sims, S. 215). Neben Kleefeld war es Konstantin Ferber, der von seinem Vater den Sinn für Pracht und würdevolles Auftreten geerbt hatte, die persönliche Verbindung zum königlichen Hof in Krakau jedoch nicht so fest knüpfen konnte, wie dies seinem Vater möglich gewesen war. Dies dürfte damit im Zusammenhang stehen, daß sein Vater ein unerschrockener Kämpfer für die alte Lehre gewesen war, Konstantin Ferber jetzt aber die Interessen eines Rats und einer Stadt zu vertreten hatte, die sich der neuen Lehre immer stärker zuwandten.

Die Geschichte der Reformation in Danzig ist ohne die Geschichte der Gegenreformation in Polen nicht zu verstehen, und so müssen wir uns noch ein wenig mit Sigismund II. August beschäftigen. Er war in erster Ehe mit der ältesten Tochter Kaiser Ferdinands I., der Habsburgerin Elisabeth, verheiratet. Einige Jahre nach deren Tode heiratete Sigismund heimlich die junge Witwe Barbara aus dem Geschlecht der Radziwill, deren Verwandtschaft der neuen Lehre zuneigte. Der Adel hatte in dieser Beziehung zwar nichts einzuwenden, in der Frage der Ebenbürtigkeit jedoch erhebliche Bedenken. Der Erzbischof von Gnesen fand sich dennoch am 7. Dezember 1550 zu ihrer feierlichen Krönung bereit, die der

König vermutlich durch Zugeständnisse auf religiösem Gebiet erwirkte. Sigismund August bestätigte nämlich in einem Edikt vom 12. Dezember 1550 »die antireformatorischen Erlasse seines Vaters, schloß alle der Ketzerei Verdächtigen von allen Ämtern aus, bestätigte die geistlichen Privilegien und die dem Adel verhaßte geistliche Gerichtsbarkeit und versprach, der römischen Kirche die Treue zu bewahren« (Rhode S. 207). Ein halbes Jahr später starb Königin Barbara, und Sigismund heiratete 1553 in dritter Ehe wiederum eine Habsburgerin, und zwar die jüngere Tochter Ferdinands, Katharina. So blieb der König zeit seines Lebens trotz seiner Toleranz ein treuer Anhänger der alten Lehre und konnte den auf Grund des vorerwähnten Edikts allmählich wieder steigenden Einfluß der Kirchenfürsten nicht verhindern.

Wenn sich in Danzig dennoch die Reformation nach dem königlichen Privileg von 1557 rasch vollkommen durchsetzen konnte, so aus folgenden drei Gründen: Einmal war es das vorsichtige Vorgehen des Rats, zum anderen die Großzügigkeit des Bischofs von Kujawien, Jacob Uchanski, die dies begünstigten. An der Marienkirche hatte man sich mit dem Pfarrer dahingehend geeinigt, daß diesem der Hochaltar zur Zelebrierung der Messe nach den alten Riten überlassen blieb, während an dem der Kanzel gegenüberliegenden Nikolausaltar der evangelische Gottesdienst stattfand. Als sich Bishof Uchanski, der zeitweilig ketzerischer Neigungen in Rom verdächtig war, 1559/60 nahezu ein Jahr auf seinem Besitz bei Danzig aufhielt und nach seiner Ankunft in Danzig zuerst die katholische Messe in der Marienkirche halten ließ, wohnte er anschließend im Ratsstuhl sitzend auch der evangelischen, in deutscher Sprache gehaltenen Messe mit nachfolgendem Abendmahl bei. Uchanski blieb der Stadt Danzig während seiner ganzen Zeit als Bischof von Kujawien wohl gesonnen und hat auch später, als er Erzbischof von Gnesen wurde, nie etwas gegen die Verbreitung der Reformation in Danzig unternommen.

Als dritter sehr entscheidender Grund kam hinzu, daß der Bischof von Ermland, Stanislaus Hosius, vom Sommer 1558 bis Februar 1564 nicht in seiner Diözese weilte, sondern von Braunsberg, seiner Residenz, abwesend war.

In diesen Jahren bis 1565 hatten sich die lutherische Lehre und auch die Calvins, die von eingewanderten Holländern verbreitet wurde, völlig in Danzig gefestigt, und es waren nur noch die recht kleinen polnisch sprechenden Bevölkerungsteile, die der alten Lehre anhingen. Die Klöster, mit wenigen Ausnahmen, waren vom Rat zumeist im Einvernehmen mit den verbliebenen Mönchen und Nonnen vereinnahmt und die älteren Ordensbrüder und -schwestern in Hospitälern untergebracht worden. Der Prior des Dominikanerklosters starb 1563 an der Pest, so daß der Rat auch die Aufsicht über dieses Kloster übernahm, aber vorsichtshalber ein Verzeichnis über den recht beträchtlichen Silberschatz aufstellen ließ. Hier wurde ein evangelischer Prediger angestellt, der in der Klosterkirche polnische Predigten halten mußte. Der Prediger wie auch einige Söldnerhauptleute wohnten in den leeren Zellen. Vom Orden wurde jedoch ein neuer Prior für das Kloster bestellt. – Um die Rückgabe des Dominikanerklosters kam es dann wenige Jahre später zu einem schweren Streit, denn inzwischen hatten sich Hosius und die anderen Kirchenfürsten am königlichen Hof wieder durchgesetzt. Mit diesem Streit um das Dominikanerkloster begann für Danzig die Zeit der Gegenreformation, als nämlich der königliche Geheimsekretär Stanislaus Karnkowski 1566 in Danzig erschien und vom Rat die Rückgabe des Dominikanerklosters verlangte. Der Rat versuchte zwar, in zweijährigen zähen Verhandlungen seine Position zu behaupten, konnte sich aber gegen Karnkowski, der ein Schützling des Bischofs Hosius und inzwischen Bischof von Kujawien geworden war, nicht durchsetzen. Unterstützt von dem Danziger Kastellan Kostka und dem Abt von Oliva, Jeschke, erzwang er 1568 die Rückgabe des Klosters. Simson schreibt, daß »Danzig in dem Klosterstreit entschieden eine Niederlage erlitten« habe. (S. 228).

Zu den Kirchenfürsten, die die Gegenreformation in Polen sozusagen eröffneten und durchführten, gehörte in erster Linie der Bischof von Ermland, Stanislaus Hosius. Er war aus Krakau gebürtig und »entstammte einer aus Baden eingewanderten Krakauer Bürgerfamilie« (Rhode, S. 208). Hosius erhielt 1549 zuerst den Bischofsstuhl von Kulm, 1551 dann den vom Ermland, war vom Sommer 1558 bis Frühjahr 1564 im päpstlichen Auftrage tätig, ging 1560 als Nuntius nach Wien und »kehrte nach mehr als fünfjähriger Abwesenheit als Kardinal und präsidierender päpstlicher Legat in Trient mit hohen Ehren bedeckt im Februar 1564 in seine Diözese zurück« (A. Reusch, »Stanislaus Hosius«, Wpr. Gesch. Ver. Heft 2, 1880). Er rief die Jesuiten nach Braunsberg und stiftete als geistiges Zentrum 1565 das »Collegium Hosiarum«, von dem aus die Gegenreformation im Ermland, dem königlichen Preußen und Polen, ihren Anfang nahm. Zusammen mit dem päpstlichen Nuntius in Krakau, Francesco Commendone, wurde er der Motor der Gegenreformation. In engster Verbindung zu ihm stand der Bischof von Kujawien, Stanislaus Karnkowski.

Für die Geschichte Danzigs sind mit dem Namen des Bischofs Karnkowski und seiner beiden Helfer, in Danzig der Kastellan Kostka, in Oliva der Abt Jeschke, untrennbar die »Statuta Karnkoviana« verbunden. Sie werden in der Danziger Geschichtsschreibung allgemein als Schmach empfunden, die Polen der Stadt Danzig angetan hat. Diese Statuten waren jedoch nur 15 Jahre in Kraft und konnten im Frieden mit Stefan Bathory beseitigt werden, so daß sie keine Bedeutung für die innerstädtische Entwicklung Danzigs bekamen. Sie geben aber immerhin Aufschluß über das Verhältnis des Königs zu Danzig. Es war also möglich, den König von der Notwendigkeit der Niederschrift der Statuten zu überzeugen, und er konnte Danzig zwingen, sie anzuerkennen.

Das eigentliche Ziel der beiden Bischöfe Hosius und Karnkowski bestand darin, die Gegenreformation im königlichen Preußen und Danzig zum Siege zu führen. Auf diesem Gebiet aber wollte der König vorerst nicht nachgeben und sein 1557 gegebenes Privileg nicht brechen. So erklärte er, »es sei nicht seines Amtes, jemandem in religiösen Dingen Vorschriften zu machen« (Simson, S. 229). Die Reaktion der Bischöfe bestand darin, daß sie beschlossen, die religiösen Fragen zurückzustellen und die Städte Danzig und Elbing wegen Mißwirtschaft bei König Sigismund zu diskreditieren. Das ist ihnen schließlich gelungen, so daß der König eine Kommission unter Leitung des Bischofs Karnkowski beauftragte, »die Verwaltung der Städte Elbing und Danzig zu prüfen ... eingerissene Mißwirtschaft zu beseitigen« und einiges andere mehr, wie beispielsweise die Ermächtigung, Beamte abzusetzen und neue anzustellen.

Die Prüfung begann zuerst in Elbing, und die dort gezeitigten Ergebnisse veranlaßten den Danziger Rat, die Kommission nicht in die Stadt hereinzulassen, als sie am 29. Oktober 1568 vor dem Leegen Tor stand, woraufhin sie sich auf bischöfliches Gebiet nach Stolzenberg begab. Hierüber war der König sehr aufgebracht und beorderte eine Danziger Delegation zum Reichstag, der am 2. Januar 1569 in Lublin begann. Georg Kleefeld und sein Stellvertreter wurden von den Verhandlungen zuerst ausgeschlossen. Erst als die Vertreter der preußischen Stände am 16. März die »Inkorporation des Königlichen Preußen« hinnehmen mußten (in der

Katharinenkirche von Westen (oben links).

Westgiebel der Trinitatiskirche und Kanzelhaus (oben rechts).

9 *Petrikirche*

11 *Artushof. Fassade am Langen Markt. Vorn links der Neptunsbrunnen.*

◁ 10 *Rathaus Ostfront mit Langem Markt, Neptunsbrunnen und Artushof.*

12 *Artushof. Halle.*

13 *»Das Schiff der Kirche« im Artushof. Links oben unter dem Wappen der Preußischen Landstände ist eine Burg zu sehen, die möglicherweise die Ordensburg in Danzig war.*

deutschen Geschichtsschreibung allgemein das »Lubliner Dekret« genannt), entlud sich der Zorn des Königs über Danzig, dessen Delegation durch Konstantin Ferber und zwei weitere Ratsherren verstärkt worden war. Danzig wurde »wegen des Konflikts über die Hafengerichtsbarkeit mit dem König, in dessen Verlauf der Bürgermeister Kleefeld für zwei Jahre in Haft gehalten wurde, aus den Verhandlungen ausgeschaltet und mußte sich 1570 von einer königlichen Kommission unter dem Bischof von Leslau, Karnkowski, eine neue Stadtordnung geben lassen (die Statua Karnkoviana), deren Aufhebung sie 15 Jahre später durchsetzte« (Rhode, S. 218).
Nicht nur Kleefeld, sondern auch Ferber und zwei weitere Ratsherren blieben in königlicher Gewalt, so daß die nun tätig werdende Kommission unter Karnkowski bei ihren Untersuchungen in Danzig verhältnismäßig leichtes Spiel hatte. Die Prüfung offenbarte allerdings nicht unbeträchtliche Mißstände in der Verwaltung, so daß selbst Simson hierzu folgendes schreibt: »Wie das in einer Aristokratie nicht anders sein kann, hatte sich eine Vetternwirtschaft breitgemacht, und die regierenden Herren hatten sich nur allzusehr daran gewöhnt, ihren Nutzen für den der Stadt anzusehen und über die öffentlichen Einkünfte nach Belieben verfügen zu können. Offenbare Unterschleife war vorgekommen.« Diesen Mißständen wurde nun ein Ende gesetzt, doch blieben die beiden Bürgermeister Kleefeld und Ferber noch in königlichem Gewahrsam. Ihre Freilassung und die ihrer Mitinhaftierten erfolgte erst, als erneut eine Danziger Delegation auf dem nun nach Warschau einberufenen Reichstag kniend Abbitte geleistet hatte. Simson meint: »In seiner ganzen Geschichte hatte Danzig bisher keine so tiefe Erniedrigung erlebt wie an jenem Tag.« (S. 240).
Solch eine Bewertung der damaligen Vorgänge in Lublin und Warschau kann nur aus einem Zeitgeist heraus verstanden werden, der von dem Irrtum ausgeht, daß es sich um nationale Gegensätze gehandelt habe. Solche Gegensätze jedoch spielten für die damalige Zeit weniger eine Rolle. Jene Vorgänge müssen aus der religiösen Sicht beurteilt werden, die allein ausschlaggebend war. So wenig wie an dem Deutschtum des katholisch gebliebenen Ermlandes je gerüttelt worden ist, so wenig wäre an dem Deutschtum Danzigs gerüttelt worden, wäre es zum katholischen Glauben zurückgekehrt. Erst der Glaubenswechsel in Danzig hat dann später auch zu den nationalen Gegensätzen geführt. Diese jedoch

schon für die Zeit um 1570 anzunehmen, als eine Habsburgerin polnische Königin war, dürfte ungerechtfertigt sein.
Versucht man die Dinge nur aus religiöser Sicht zu betrachten, kommt man zu einem besseren Verständnis beider Seiten. Das Strafgericht Sigismunds I. 1526 lag schließlich erst gut 40 Jahre zurück, doch bekanntlich wächst aus dem Blut der Märtyrer die Kirche. Mit der Glaubensstärke Neubekehrter und religiös Verfolgter hielt die inzwischen rein protestantisch gewordene Bevölkerung an der neuen Lehre fest. Dem Rat aber standen jetzt bei den Verhandlungen mit Karnkowski, Kostka, Jeschke und den anderen Delegationsmitgliedern genauso religiös überzeugte Gegner gegenüber. Hinzu kam, daß es für Danzig in der Frage der Hafengerichtsbarkeit, die einen wesentlichen Punkt der Verhandlungen bildete, um eine Lebensfrage ging, die in Danzigs Geschichte immer wieder auftauchte – sie wird uns später unter Preußens König Friedrich dem Großen erneut begegnen. Infolgedessen war die Erbitterung auf beiden Seiten groß, aber eben nicht national, sondern ausschließlich religiös bedingt. Außerdem hatten die Untersuchungen ja tatsächlich echte Mängel in Danzigs Verwaltung zutage gefördert.
Dies alles zeigt aber auch, daß sich die Danziger Wirtschaft und ihr Handel trotz aller einengenden innerstädtischen Eingriffe seitens der Krone Polens in diesen Jahren gut entwickelten. Woher sonst hätte Danzig all das Geld nehmen sollen, das die königlichen Beamten als Geschenke und vor allem auch der König selbst erhielten? In jener Zeit war das Geld immer noch die beste Waffe der Bürger.
Der Tod Sigismunds II. August im Sommer 1572 stellte Polen vor schwere innenpolitische Probleme, da er keinen Nachfolger hinterließ. Das wichtige Amt des Interrex fiel dem Erzbischof von Gnesen, Jacob Uchanski, zu, von dem Danzig nichts zu befürchten hatte. So nahm es die Gelegenheit wahr und bemächtigte sich des Hochaltars in der Marienkirche, wo am 9. November 1572 zum ersten Male das Abendmahl in beiderlei Gestalt ausgeteilt wurde.
Die Wahl fiel auf Heinrich von Valois als neuen polnischen König, den Bruder Karls IX. von Frankreich. Er wurde zwar noch in Krakau gekrönt, verließ aber wenige Monate später Polen, da sein Bruder in Frankreich plötzlich verstarb und er die französische Krone für sich beanspruchte. In Polen kam es daher zu einer weiteren Wahl, bei der sich zwei Kandidaten gegenüberstanden. »Der Primas und Interrex Erzbischof Uchanski, mit

allen Bischöfen auf seiten der Habsburger, rief am 12. Dezember 1574 Kaiser Maximilian II. ... zum König aus. ... Drei Tage später stellte die szlachta ... ihm Prinzessin Anna, Tochter Sigismunds I., entgegen, zu deren Gatten und künftigem König gleichzeitig der Fürst von Siebenbürgen, Stefan Bathory, gewählt wurde ... Angesichts der Doppelwahl entschied der schnellere Griff nach der Krone, und diesen tat Stefan« (Rhode, S. 250). Am 1. Mai 1576 wurde er in Krakau durch den Bischof Karnkowski gekrönt. – Kein gutes Zeichen für Danzig, zumal es sich bei der Wahl für Maximilian entschieden hatte.

Als sich der preußische Landtag einschließlich Thorn und Elbing entschloß, Stefan Bathory anzuerkennen, stimmte Danzig dagegen und erklärte, es wisse nichts von seiner Wahl und habe auch nicht seiner Krönung beigewohnt. So weckte Danzig von vornherein bei König Stefan eine Animosität, wofür es schwer bezahlen mußte.

Stefan war eine starke Persönlichkeit und trat sehr selbstbewußt auf, vermochte darüber hinaus sich durch sein verbindliches und freundliches Wesen allseits Sympathie zu erwerben, so daß sich Danzig durch sein starrsinniges Verhalten immer stärker in der Isolation verstrickte, zumal eine zur Versöhnung ratende Persönlichkeit nicht vorhanden war, denn Georg Kleefeld war im Frühjahr 1576 verstorben und Konstantin Ferber vermochte die Aufgabe nicht zu meistern. Ob sich Ferber aus Enttäuschung vom Warschauer Hof abgewandt und dem kaiserlichen in Wien genähert hat, wie mancherorts vermutet wird, läßt sich nicht nachweisen. Auszuschließen ist es nicht, denn von Wien wurden die Flammen mehr geschürt als gedämpft, was verständlich ist, war doch Maximilian gegenüber Stefan in Polen unterlegen.

Auf die Bedingungen, die Danzig von König Stefan erfüllt haben wollte, bevor es ihm den Treueid leistete, konnte der König nicht eingehen, zumal auch Elbing und Thorn sich mit seiner Erklärung, daß er Preußen in seinem in Polen geleisteten Eide mit inbegriffen habe unter Anerkennung seiner Rechte und Privilegien, zufriedengaben. Der Begrüßung des Königs durch die preußischen Stände in Thorn im Sommer 1576 war Danzig unter fadenscheiniger Entschuldigung ferngeblieben. – Danzig wollte den Krieg mit dem König sicherlich nicht, es hat ihn auch nicht provoziert, aber es hat ihn durch seine überspannten Forderungen in Kauf genommen. Und bemerkenswert ist, daß es eher die III. Ordnung war, die diese harte Haltung Danzigs forderte, als der Rat.

Paul Simson als der anerkannteste Forscher der neueren Zeit schreibt in seinem unvollendet gebliebenem Werk »Geschichte der Stadt Danzig«: »Es war eine eigentümliche Fügung, daß Danzig gerade mit König Stephan einen so schweren Zusammenstoß haben sollte. Denn dieser letzte große Staatsmann auf dem polnischen Throne war ein durchaus gerecht denkender Mann. Er war weit davon entfernt, jemanden in seinen Rechten verkürzen zu wollen. Zahlreiche Zeugnisse bekunden, daß er stets sein Wort gehalten hat und daß Heimtücke und Unwahrhaftigkeit ihm weltenfern lagen. Dazu war er eine durchaus selbständige Persönlichkeit, die sich nicht durch ihre Umgebung leiten oder auch nur in erheblichem Maße beeinflussen ließ. Liebenswürdigkeit und Menschenfreundlichkeit zeichneten ihn ebenso aus wie eine ernste, würdige Auffassung seines königlichen Berufs. Daß es zwischen ihm und Danzig zum Kampf kommen mußte, lag in den Verhältnissen begründet ... Der König und die Stadt mußten als Feinde aufeinanderprallen. Aber er ist kein verbitterter, sondern ein edler Gegner gewesen, und trotz der Schwere des Zusammenstoßes erfolgte schnell eine völlige Aussöhnung« (Bd. II. S. 277/78).
Seit Sommer 1576 traf man in Danzig ernsthafte Verteidigungsvorbereitungen und setzte im Juni einen Kriegsrat, bestehend aus vier Ratsherren, zwei Schöffen und vier Hundertmännern (III. Ordnung), ein. Zweimal noch hatte der König die Stadt zur Eidesleistung aufgefordert, doch stets vergeblich. So sprach er am 24.9.1576 die »Acht über die halsstarrige Stadt« aus und verkündete dies wenig später öffentlich den preußischen Ständen und Einwohnern in Dirschau, während seine Truppen begannen, im Danziger Werder die Dörfer zu überfallen. Der Rat übte Vergeltung an den beiden bischöflichen Gütern Schottland und Stolzenberg sowie an dem dem Abt von Pelplin gehörenden Hoppenbruch, die alle vor Danzigs Toren lagen. Die Erregung in der Danziger Bevölkerung war offenbar gewaltig, denn unkontrollierbare Banden, zusammen mit einzelnen Horden von Söldnern, stürmten die drei noch bestehenden Klöster und hausten schlimm. Der Rat distanzierte sich sofort von diesem Tun, befahl auch, die Klostergeräte aufs Rathaus zu bringen, doch war ein beträchtlicher Teil verschwunden.
Trotz dieser Ausschreitungen und Kriegsvorbereitungen war die Verbindung zwischen Rat und König nicht völlig unterbrochen, und es fanden immer wieder Verhandlungen statt, die jedoch stets das gleiche negative Resultat zeitigten.

Sie schienen Ende 1576 in ein ernsthaftes Stadium zu treten, als sie von Bürgermeister Ferber, Ratsmann Rosenberg und Syndicus Lemke in Thorn geführt wurden, aber der Spielraum, der den Unterhändlern vom Rat gelassen wurde, war zu gering, denn offenbar sollten sie nur erklären, »daß die Stadt nach bestem Wissen und Gewissen gehandelt habe, entschlossen sei, den König anzuerkennen und dem Reiche treu zu bleiben, aber von ihren Bedingungen nicht weichen könne« (S. 285). Da aber auch der König von seiner Haltung nicht abgehen konnte oder wollte, blieb seine Bedingung, nämlich zuerst die Eidesleistung, für Danzig unerfüllbar. Vermutlich wurde König Stefan, der die Danziger Verhältnisse nicht kannte – und da er aus Südosteuropa stammte, auch nicht kennen konnte –, wenig gut beraten. Dennoch gab er den Danzigern wiederholt zu verstehen, daß er keinen Wert auf eine kriegerische Auseinandersetzung lege und Danzig ja nur den Eid zu leisten brauche, ohne auf vorherige Bestätigung seiner Privilegien zu bestehen. – Danzig tat es nicht. Wesentlich zu dieser sich versteifenden Haltung Danzigs hat die III. Ordnung beigetragen, die infolge der ganzen Kriegsvorbereitungen vom Rat immer stärker in die Verantwortung mit einbezogen worden war. Bei dem letzten Angebot, das der König recht generös hielt – denn er bestand lediglich auf Zahlung von 200.000 Gulden, während andere Fragen wie die Beteiligung an den Einnahmen aus dem Pfahlgeld auf dem Reichstag entschieden werden sollten –, verlangte die III. Ordnung, daß die Gewerke – also die Vertretung der Handwerker – zu den Beratungen hinzugezogen werden müßten, wodurch sich diese noch schwieriger gestalteten. Schließlich geriet der Rat unter den Druck der Straße. Das königliche Angebot wurde abgelehnt, denn offenbar glaubte sich die Masse der Danziger Bevölkerung stark genug, auch in einer kriegerischen Auseinandersetzung siegen zu können.

So wiederholte König Stefan am 11. Februar 1577 seine Achterklärung, ließ Bürgermeister Ferber und Ratmann Rosenberg unter militärischer Bewachung ins Landesinnere bringen und schickte Syndicus Lemke nach Danzig zurück. Lemkes Bericht und dessen Bekanntmachung führten zu einer furchtbaren Volkswut, die von Heißspornen geschürt wurde und am 15. Februar zur völligen Zerstörung des Klosters Oliva führte. »Die niedere Bürgerschaft, die zum Kriege drängte, hatte jetzt die Oberhand und beherrschte die Straße« (S. 291).

Der König verbot jeden Handelsverkehr mit der Stadt und versuchte, den Hafen zu sperren. Danzig wehrte sich erfolgreich. Es nahm Söldner in Dienst und beschlagnahmte zur Finanzierung des Krieges Gold- und Silbergerät aus Stiftungen, Kirchen und Bruderschaften. »Unschätzbare Kunstwerte sind damals vernichtet worden, so u.a. die kostbaren Reliquien der Hl. Barbara und des heiligen Kreuzes und silberne Statuen der zwölf Apostel in der Marienkirche. Alles Silber wanderte in die Münze.« Es waren chaotische Wochen, die im März und April 1577 in Danzig herrschten. Die Autorität des Rats war völlig untergraben, und auch ein erweiterter Kriegsrat mußte sich dem Willen der Bevölkerung beugen. »Ein aufbegehrender Rausch bemächtigte sich der Menge«, als sich am 16. April eine wild gewordene Masse zu einem Kriegszug gegen das polnische Heer formierte. Die Pfarrer warnten und predigten auf den Kanzeln über die Entweihung des Osterfestes. Alles war vergeblich. Die Kriegsleute in Stärke von 3000 Mann und etwa 7000 Bürger waren entschlossen, das Heer des polnischen Königs zu besiegen. Dieser hatte einen Teil seiner Truppen bei Dirschau zusammengezogen. Am 17. April 1577 kam es zur Schlacht bei Liebschau.

Die polnischen Truppen unter Kronmarschall Zborowski hatten sich in sehr günstiger Lage westlich von Dirschau mit 1350 Reitern und 730 Mann verschanzt. Die polnische Stellung konnte nur über einen recht schmalen Damm erobert werden. So wurde es den Polen leicht, die kriegsbegeisterten Danziger vernichtend zu schlagen; rund 2.500 von ihnen fielen, und etwa 850 gerieten in Gefangenschaft. Der Rest rettete sich in kopfloser Flucht zurück nach Danzig, wobei viele von ihnen noch unterwegs von Bauern erschlagen wurden. »Alle Geschütze, 6 Fahnen, 150 Wagen und 3.500 weggeworfene Harnische fielen den Polen in die Hände« (S. 296). Die polnischen Verluste wurden mit 56 Toten und 125 Verwundeten angegeben.

Durch diese schwere Niederlage änderte sich die Stimmung in Danzig schlagartig. Die Autorität des Rats konnte wiederhergestellt werden, aber der Wille der Stadt, im Streit mit König Stefan nicht nachzugeben, war ungebrochen. Nur rüstete sich die Stadt jetzt zu einer ordnungsgemäßen Verteidigung, bei der ihr Dänemark zu Hilfe kam. König Stefan gelang es nicht, Danzig durch Belagerung vom Juni bis September 1577 zur Übergabe zu zwingen. In einem echten Husarenstück überfielen Danziger Schiffe sogleich nach Abbruch der Belagerung den Elbinger Hafen, was ihnen reiche Beute einbrachte.

Inzwischen hatten sich deutsche Fürsten eingeschaltet und waren um eine Vermittlung zwischen König Stefan und Danzig bemüht. Insbesondere hat der brandenburgische Gesandte sehr viel mit dazu beigetragen, daß es am 12. Dezember in Marienburg zum Frieden mit König Stefan kam, in dem sich die Stadt zur Abbitte, aber nur stehenden Fußes, zur Zahlung von 200.000 Gulden an den König und 20.000 Gulden an das Kloster Oliva verpflichtete. Der Frieden »brachte zwar äußerlich eine Demütigung der Stadt ... tatsächlich aber ihren Triumph, da alle Privilegien einschließlich dem der Religionsfreiheit bestätigt wurden und jede Bestrafung entfiel« (Rhode, 251).

Nach zeitgenössischer Berechnung hat der Krieg die Stadt die gewaltige Summe von rund 1,5 Millionen Gulden gekostet (etwa 22,5 Millionen Goldmark 1910), und das bei einer Einwohnerzahl von noch nicht ganz 50000. Danzig mußte sich hoch verschulden. Es mußte eine unendlich schwere Zeit durchleben, auch mit inneren Unruhen. Doch brachten diese letzten Endes eine Stärkung der Demokratie, denn die III. Ordnung als Vertretung der Bürgerschaft war künftig nicht mehr völlig zu übergehen.

Sicher das treffendste Wort über die Sinn- und Nutzlosigkeit dieses Krieges läßt Stadtsekretär Kaspar Schütz in seiner Darstellung jener Vorgänge in einem fiktiven Zwiegespräch zwischen einem polnischen Ritter und einem Danziger Bürger sagen: »Konnten wir Narren das (die Abbitte) nicht vorhin tun, so hätte es des Krieges nicht bedörft.«

Rhode urteilt in seiner »Geschichte Polens«, daß dieser Krieg »weniger für den Habsburger als für die weitgehende Selbständigkeit der Stadt geführt wurde. Die Stimmung der deutsch-lutherischen Stadtbevölkerung zeigte gelegentlich ein betont nationales und konfessionelles Bewußtsein, doch kann man dem Kampf keinen nationalen Charakter zusprechen, da das ebenfalls deutsch-lutherische Elbing zu den Hauptgegnern Danzigs gehörte und vom König begünstigt wurde« (S. 250/51).

Nach Beendigung der Feindseligkeiten entwickelte sich das Verhältnis zu König Stefan ausgesprochen freundschaftlich, so daß es auch zu einer Vereinbarung über das von Danzig erhobene Pfahlgeld kam. Dieser »Pfahlgeldvertrag« bedeutete für Danzig gleichzeitig eine Art neuer Verfassung, so daß er einer besonderen Betrachtung bedarf.

7 *Der Pfahlgeldvertrag oder Tractatus Portorii*

Bevor die eigentlichen Verhandlungen über den Pfahlgeldvertrag Anfang 1581 ernsthaft aufgenommen wurden, hatte König Stefan schon mehrfach davon gesprochen, an den Einnahmen aus dem Pfahlgeld teilhaben zu wollen, was der Danziger Rat aber bis dahin immer geschickt überhört hatte, denn diese von den ein- und ausfahrenden Schiffen zu zahlende Gebühr war die Haupteinnahmequelle der Stadt.

Durch den Abschluß der kriegerischen Auseinandersetzung mit Danzig 1577 war der König in die Lage versetzt worden, den mit Rußland wegen Livland ausgebrochenen Krieg zu einem erfolgreichen Ende zu führen. Immerhin vergingen darüber mehrere Jahre, so daß Danzig die vorerwähnten Verhandlungen so lange hatte hinausschieben können. Offenbar aber lag König Stefan sehr viel an dem Abschluß dieses Vertrages, zumal eine Beteiligung am Pfahlgeld schon seinem Vorgänger zugestanden worden war, wenn auch nur auf Lebenszeit. Schließlich aber erkannte der Rat, daß er sich dem königlichen Wunsch, zu einem Abschluß zu kommen, nicht länger verschließen durfte, wenn er nicht ernste Verstimmungen hervorrufen wollte.

Bevor es jedoch hierzu kam, vermochte der Rat sich von der Mitwirkung bei der Verwaltung der Stadt durch die III. Ordnung einstweilen wieder zu befreien, wodurch er die durch die Kriegsnot bedingte demokratische Phase vorerst beendete. Vielleicht hatte der Rat auch darauf spekuliert, daß sich der König, falls der Krieg mit Rußland weniger gut auslaufen sollte, nachgiebiger zeigen würde. Jedenfalls sind am königlichen Hof solche Vermutungen von interessierten Kreisen durchaus kolportiert worden. Da es König Stefan jedoch gelang, diesen Krieg 1582 im wesentlichen zu seinen Gunsten zu beenden, drang er nun darauf, daß die Verhandlungen mit Danzig zügig vorangeführt würden, und schaltete sich sogar persönlich ein. Der Danziger Rat aber konnte sich immer noch nicht dazu entschließen, einer Beteiligung des Königs an den Einnahmen aus dem Pfahlgeld zuzustimmen. Er erteilte seiner Delegation unter Leitung von Syndicus Heinrich Lemke lediglich die Vollmacht, dem König eine einmalige Ablösungssumme von 150.000, gegebenenfalls sogar 200.000 Gulden, anzubieten. Beide Angebote lehnte der König ab. Vielmehr machte er den Gegenvorschlag, daß Danzig ihm das Pfahlgeld in der derzeitigen Höhe ganz überlassen sollte, wofür er die

Stadt entsprechend entschädigen wollte. Hierauf konnte der Rat natürlich unter gar keinen Umständen eingehen. So sah er sich schweren Herzens veranlaßt, die III. Ordnung wieder stärker mit in die Verhandlungen einzubeziehen.

Während der gleichen Zeit hatte Danzig beträchtlichen Ärger mit Elbing, das den Überfall von 1577 nicht vergessen konnte. Elbing führte mit englischen Kaufleuten Besprechungen darüber, in den eigenen Mauern eine Residenz zu eröffnen, um den englischen Tuchhandel, der ein äußerst wichtiger Geschäftszweig der Danziger Kaufmannschaft war, wenn auch nicht vollständig so doch weitgehend über Elbing abzuwickeln. Dies zu verhindern, war natürlich erstes Anliegen der Danziger, und daher mußte der Rat auch seinen Wunsch durchsetzen, daß König Stefan kein entsprechendes Abkommen zwischen Elbing und den Engländern genehmigte. Es war dies der Grund, weshalb sich Danzig jetzt in den einzelnen Verhandlungsphasen mit der königlichen Delegation etwas entgegenkommender zeigte, wenn es auch nach wie vor zäh um jede Position rang. Das ärgerte den König allmählich, der zu einem Abschluß kommen wollte, und so ließ er Anfang 1584 der Danziger Delegation sagen: »Ich sehe, daß die Stadt ihr Spiel mit mir treibt. Wir haben lange genug miteinander verhandelt, sie mögen nach Hause gehen.« Nun merkte Danzig, daß es den Bogen nicht überspannen dürfe, zumal sich auch die Elbinger inzwischen mit den Engländern einig geworden waren und deren Vertrag dem König zur Genehmigung vorgelegt werden sollte.

Danzig hatte schon seit längerer Zeit den polnischen Großkanzler Zamoyski als Freund gewinnen können, was natürlich auch mit Kosten verbunden gewesen war. Doch dank dessen ständiger Unterstützung der Danziger Interessen beim König kamen die Verhandlungen wieder in Gang, und es konnte schließlich ein allseits akzeptabler Kompromiß vereinbart werden. Der abgeschlossene Vertrag wurde vom Reichstag genehmigt und am 26. Februar 1585 den Danzigern im polnischen Senat feierlich ausgehändigt. Nicht nur Großkanzler Zamoyski hatte durch den fairen Abschluß dieses Vertrages Danzigs Vertrauen voll gerechtfertigt, auch König Stefan selbst hatte die Bestätigung des Vertrages begrüßt und »Danzig eine Zierde seines Reiches« genannt. Voller Anerkennung für das zähe und mannhafte Verhalten der Stadt in der Verteidigung ihrer Rechte meinte er: »Itzo sehen wir und verstehen erstlich,

woher die Dantzker vorursacht, das sie sich zum anfange unserer regierung also wider die ganze krone allein gesperrt und endlich auch sich des krieges unterstanden« (Sims. II. S. 335).
Als der Elbinger Bürgermeister Sprengel wenige Tage später am 6. März den König kniefällig um die Genehmigung der englischen Residenz in Elbing bat, gab König Stefan ihm einen abschlägigen Bescheid; einige Zeit später erhielt Elbing dann allerdings doch die königliche Zustimmung.
Der Pfahlgeldvertrag brachte dem polnischen König nun die Hälfte der Einnahmen, die um das Doppelte von 2 auf 4 Pfennige von der Mark erhöht wurden (1 Mark = 360 Pfennige; also 4/360 – 1/90 = 1,11%). Die Danziger Einnahmen aus dieser Ausgabe verringerten sich somit nicht. Danzig aber sicherte sich durch diesen Vertrag »die alleinige Verfügung über seinen Hafen und die weitgehende Freiheit von jeglicher Einmischung in die innerstädtischen Angelegenheiten« (Rhode S. 251). Allerdings hatte der König sich und seinen Nachfolgern das Recht vorbehalten, »jederzeit Kommissarien nach Danzig zu schicken und durch sie Untersuchungen vornehmen zu lassen« (Sims. II S. 336). Darüber hinaus wurden sehr viele einzelne Streitpunkte, die Danzigs Verhältnis zu Polen immer wieder belastet hatten, zugunsten Danzigs geregelt, so daß man den Vertrag als einen wichtigen Abschnitt in der Geschichte Danzigs betrachten kann. Mit ihm gestaltete sich das Verhältnis der Stadt zur polnischen Krone und Republik Polen in künftiger Zeit verhältnismäßig problemlos, so daß man ihn zu Recht ebenbürtig neben die Privilegien Kasimirs IV. und die Statuta Sigismundi stellen oder besser wohl als deren abschließende Ergänzung ansehen kann.
Auf konfessionellem Gebiet gab es seit Kriegsende 1577 bis zu König Stefans unerwartet frühem Tode am 12. Dezember 1586 im Alter von 53 Jahren noch mancherlei Unstimmigkeiten und Streit, so vor allem um die Rückgabe des Dominikanerklosters. Aber auch das Karmeliter- und Birgittinenkloster mußten wieder ihrem Orden zur Verfügung gestellt werden. Übertriebene Forderungen der Orden wurden vom Rat zurückgewiesen, worin er beim König trotz dessen Strenggläubigkeit einen Rückhalt fand, denn er war kein Eiferer.
Erwähnenswert aus dieser Zeit ist noch, daß das Amt des Syndicus vor dem höchst angesehenen Heinrich Lemke, der der Stadt in all diesen Verhandlungen die wertvollsten Dienste erwies, Kleophas Mey ausgeübt

hatte. Dieser hatte offenbar ein wenig geschicktes Händchen, denn er wurde von den polnischen Kommissaren anläßlich einer Überprüfung in Danzig bei Hofe verklagt. Aus Furcht vor einer Verurteilung floh er aus Danzig und ließ sich trotz dringendster Aufforderung nicht dazu bewegen, sein Amt wieder anzutreten. Dieses Verhalten führte dazu, daß der Rang des Syndicus, der bisher direkt hinter dem der Bürgermeister vor dem der Ratsherren gelegen hatte, herabgestuft und dem jüngsten Ratsherrn gleichgestellt wurde. – Später änderte sich dies wieder ein wenig zugunsten des Syndicus.
In diese Zeit fällt auch die Einführung des Gregorianischen Kalenders im Jahre 1582, die Danzig auf Wunsch König Stefans als eine der wenigen protestantischen Städte sofort akzeptierte; es führte den Sprung vom 4. zum 15. Oktober durch.

8 Danzig auf dem Gipfel seiner Macht

Allgemein wird als Danzigs Blütezeit das Jahrhundert zwischen 1550 und 1650 bezeichnet; also die Zeit, in die der Krieg gegen König Stefan Bathory und der Dreißigjährige Krieg, von dem Danzig verschont blieb, fallen. Diese Auffassung ist sicherlich nicht falsch, denn diese Zeit prägte das Danziger Stadtbild, so wie wir es kennen und wie es sich uns in Stichen und Bildern darstellt. Doch auch in den Jahrhunderten zuvor hat es immer wieder Höhepunkte gegeben; Zeiten des Rückschlages waren selten und wenn, dann von kurzer Dauer. Danzigs Blüte in diesem Jahrhundert beruhte auf dem Wissen und Können, das sich von Generation zu Generation, bedingt durch den sich ständig ausweitenden Handel mit allen Ländern Europas, verbesserte und sich durch Zufuhr neuen unternehmerischen Geistes und Kapitals aus dem Westen erweiterte.
Diese einhundert Jahre sind also in baugeschichtlicher, gesellschaftlicher und wirtschaftlicher Beziehung der Höhepunkt. Während dieser Zeit wuchsen die Renaissance- und Barockbürgerhäuser sowie die sonstigen Bauwerke empor, die das Charakteristische des Danziger Stadtbildes ausmachen. Sehen wir einmal ab von den mächtigen Kirchen der Backsteingotik, die schon zu Zeiten des Ordens begonnen, zumeist aber erst

nach dem Abfall Danzigs vollendet wurden, ist es der aus dem Westen und Süden Europas übernommene Stil der Renaissance, der hier in abgewandelter, der holländischen (und Kölner) Bauweise verwandten, Form seinen sichtbaren Ausdruck fand und hinüberleitete in den Barock, der Danzigs Bild endgültig gestaltete.
Von den meist mit mehr oder weniger prächtigem Zinnenkranz gekrönten »Dreigiebelwänden« der Ordenszeit, an denen sich die Danziger im späten Mittelalter offenbar nicht »sattsehen« konnten und die ihren schönsten Ausdruck in der Westseite der Trinitatiskirche fanden, wurde jetzt Abschied genommen. Der mächtige Turm von St. Marien, das Wahrzeichen Danzigs, wirkt wie ein »vorweltlicher Riese«; nicht weniger bedrückend empfinden Fremde häufig die wehrhaften, klobigen Türme der anderen Kirchen und sprechen von einem »Geist gigantischer Rohheit« (v. Holst).
Es waren aber hundert und auch mehr Jahre vergangen, seitdem diese Bauwerke zum Abschluß gekommen waren, und der leichtere Geist der Renaissance fand nun in den neuen Bauten seinen Ausdruck. »Die vielerfahrenen Häupter der Stadt, Söhne der alten Ratsfamilien, in denen Staatsweisheit und Entschlußkraft erblich sind, packten das Glück beim Schopf«, sie rissen den Handel mit dem Getreide Südrußlands, das infolge der Abriegelung des Schwarzen Meers durch die Türken nicht mehr von den Kaufleuten Venedigs und Genuas aufgekauft werden konnte, an sich und wurden zu unumschränkten Herren des Getreidehandels aus Osteuropa nach dem Westen. Als einige aufeinander folgende Mißernten in Norditalien zu Hungersnöten führten, machte sich vor allem Johann Speimann um die Belieferung dieser Gegend verdient. Auch den Kirchenstaat versorgte er mit Weizen und Roggen, wofür ihn, den Protestanten, Papst Clemens VIII. zum Ritter schlug. Er nannte sich fortan Speimann von der Speie. Er baute sich um 1600 ein neues prächtiges Haus unweit des Artushofs, das später in das Eigentum der Familie Steffen überging und nach dieser den Namen Steffenhaus erhielt. Schon wesentlich früher gab es ein anderes schönes Haus, das sich ein wohlhabender Kaufmann in der Heiligengeistgasse nahe dem später errichteten »Englischen Haus« erstellte. Baumeister und Eigentümer sind nicht bekannt, doch wurde das Haus 1606 an Engelbrecht Königk veräußert und wechselte dann mehrfach seinen Besitzer. Wegen Baufälligkeit sollte es 1822 abgerissen werden, um einem Neubau zu weichen. Es gelang dem

damaligen Oberpräsidenten von Schön, König Friedrich Wilhelm III. von Preußen zu veranlassen, die Fassade käuflich zu erwerben. Sie wurde fachgerecht abgetragen; jeder Stein numeriert und mit einem Kahn nach Potsdam transportiert. Schinkel hat diese Fassade beim Bau des Kavalierhauses auf der Pfaueninsel originalgetreu verwendet. Diese kunsthistorisch wertvolle Fassade im Renaissancestil aus dem alten Danzig überstand auch den Zweiten Weltkrieg und blieb der Nachwelt erhalten. Doch die Zeit der Renaissance neigte sich dem Ende zu, und Danzigs reiche Bürger übernahmen rasch den Barock, so daß die glatten Hauszinnen verschwanden und den aufstrebenden Giebelhäusern wichen. Die Breite der Fronten blieb die gleiche, denn soviel Geld, sich zwei nebeneinander liegende Grundstücke in der Langgasse oder gar auf dem Langen Markt zu kaufen, hatten selbst die reichen Patrizier nicht. Nur Hans Lilje machte in der Heiligengeistgasse eine Ausnahme und errichtete auf zwei Grundstücken mit einer Sechsfensterfront das »Englische Haus« mit sieben Geschossen. Er konnte sich dieses größten Danziger Bürgerhauses nicht lange erfreuen, denn er hatte sich mit dem Bau übernommen und machte Bankrott; eine Warnung für jeden, der sich vielleicht mit ähnlichen Plänen trug. – Übrigens wurde das Haus nach einer Engelfigur auf dem Giebel benannt und hat nichts mit den Engländern zu tun.

Um 1600 wurde Danzigs Stadtbild als Ganzes, wie Dehio es ausdrückt, zur »letzten großen Selbstdarstellung des deutschen Bürgertums«. Teil dieser Selbstdarstellung ist auch das für Besucher-Aufenthalte in Danzig errichtete und stets als Kleinod bewahrte Bürgerhaus in der Elisabethkirchengasse am Radaunekanal, das sich die Äbte des Klosters Pelplin erbauen ließen; ein Fotomotiv, das sich kein Besucher Danzigs, wenn er vom Bahnhof kam, entgehen ließ.

Das prachtvolle Äußere fand sein Gegenstück im Innern des Hauses. Auch hier »prägt der malerische Barockstil die hohen Dielen der Patrizierhäuser. Auch hier wird ein heller Grund gewählt, bis unter die Decke reicht die Verkleidung mit Delfter Fliesen; das dunkle Holzwerk der schweren geschnitzten Decke, die Wendeltreppe an der Hinterwand und der mächtigen Dielenschränke bildet den Kontrast«. (v. Holst). Gediegener Luxus herrschte in der Kontorstube des Kaufmannes, die nicht selten mit flandrischen Ledertapeten ausgeschlagen war. Die Festräume befanden sich im ersten Obergeschoß; hier wurden auch die Gäste empfangen. Die Tische waren mit Damasttüchern belegt, mit feinem Porzellan und Silberbestecken gedeckt. Silberne Leuchter, venezianische Glasvasen mit Orchideen und anderen Blumen schmückten die Tafel. Tische und Stühle waren mit reicher Schnitzerei versehen. »Diesen Grad der Vornehmheit erreicht unter allen Ostseestädten nur Danzig« (v. Holst). Die Danziger Holzbildhauerei erwarb sich europäischen Ruhm. Danziger Möbel galten als Kunstwerke erster Güte, der Danziger Prunkschrank wurde ein Begriff und gehörte zu den wichtigsten Exportartikeln. Die Diele im Rathaus und die Sommerratsstube, Roter Saal genannt, sind einmalige Kunstwerke und Zeugnisse des hohen Könnens der Danziger Holzbildhauer.

Als ein Schornsteinbrand am 3. Oktober 1556 die oberen Stockwerke des Rathausturmes zerstörte, wurde er 1559/60 wiederhergestellt und durch Dirk Daniels mit einem »kunstvollen, mehrfach durchbrochenem Turmhelm« versehen. Auf seiner 80 m hohen Spitze brachte man eine zwei Meter hohe vergoldete Gestalt an »mit einer Krone auf dem Haupt«. Es ist nicht einwandfrei nachzuweisen, aber wahrscheinlich, daß es sich bei dieser Figur um König Sigismund II. August handelte, der zu jener Zeit in Polen regierte.

Mit diesem schlanken und begeisternd schönen Rathausturm fanden sowohl die Langgasse, wenn man sie vom Westen her durch das Langgasser Tor betrat, als auch der Lange Markt, den man vom Osten durch das neue Grüne Tor erreichte, ihren unvergleichlichen Abschluß.

Das am Ende des Langen Markts stehende Koggentor und die dazu gehörende Brücke über die Mottlau entsprachen nicht mehr den künstlerisch anspruchsvolleren Vorstellungen des Rats und wohl auch nicht den erhöhten Sicherheitsbedürfnissen. Brücke und Tor wurden 1563 abgebrochen.

Der beim Bau des Rathausturms bewährte Dirk Daniels erhielt den Auftrag, eine neue Brücke über den Fluß zu führen, und aus Dresden holte der Rat Hans Kramer, der über die ganze Breite des Langen Markts den Prachtbau des Grünen Tors plante, das mit seiner »giebelartig gestalteten Dachzone zu den Formen der Bürgerhäuser überleitet« (v. Holst).

Dieses Tor stand mit vier angrenzenden Häusern dem polnischen König bei seinen Besuchen in Danzig zur Verfügung. In den vier Bürgerhäusern wohnte jedoch zumeist nur das königliche Gefolge, während der König selbst im Rathaus abstieg, sich aber im allgemeinen bei ihm befreundeten

Danziger Patriziern oder polnischen Adligen aufhielt, deren es eine beträchtliche Anzahl in Danzig ab.
Bereits im neuen Stil schuf Abraham von dem Block 1612–1614 das Langgasser Tor gleich einem »italienischen Hallenbau mit vorgesetzten Säulenordnungen. Hier und in der 8 mal 12 m großen Sommerratsstube des Rathauses, deren Deckendekoration die Säle des Dogenpalastes zum Vorbild nimmt, zeigt sich am deutlichsten der Eindruck, den die prunkvolle Weltstadt an der Adria auf die Gäste von der Ostsee gemacht hat« (v. Holst S. 62).
Der großartigste Neubau aus jener Zeit ist das von Antoni van Obbergen entworfene Zeughaus. Seit 1605 trennt es die Rechtstadt von der äußeren Stadt. Über dieses so friedlichen wie kriegerischen Zwecken dienende Gebäude schreibt von Holst: »Das meisterliche Bauwerk des Flamen Anthony van Obbergen, nicht mehr Renaissance und noch nicht Barock, hat im frühen 17. Jahrhundert weithin nach Ost und West gewirkt. Am Ort, wo es steht, bezeichnet es den höchsten Grad der Verfeinerung, den bürgerliche Art erreichen kann, ohne sich selbst aufzugeben.« Von Obbergen stammt auch die künstlerisch schwingende Aufstockung und Bedachung des Stockturms. Obbergens Werk ist ferner der Neubau des altstädtischen Rathauses mit seinem typischen durchbrochenen Turm und einem großen Saal für Festlichkeiten, damit »ehrliche Köstungen und Hochzeiten nach jedermanns Gefallen zum Nutzen und Profit des gemeinen Gutes dorselben zelebriret und gehalten werden mögen«, wodurch sich der Rat der Altstadt eine Einnahmequelle erschloß. Er war auch darauf angewiesen, denn der Rat der Rechtstadt hatte ihm ein Darlehen für den Bau eingeräumt.
In diesen neuen Akzent, den die Altstadt damit erhielt, ordnete sich auch die neue Bedachung von St. Katharinen mit einem ebenfalls durchbrochenen mittleren Turm und vier Ecktürmchen ein. Gleich dem Rathaus der Rechtstadt erhielt auch St. Katharinen ein Glockenspiel; allerdings erst fast ein Jahrhundert später mit 35 Glocken, so daß es das Glokkenspiel im Rathausturm an Klangfülle weit übertraf. Durch Blitzschlag wurde am 3. Juli 1905 dieses Glockenspiel vernichtet und 1910 durch ein neues mit 37 Spielglocken und fünf Läuteglocken ersetzt.
Ein völlig neues, beschwingtes Aussehen gab Obbergen der Langen Brücke durch die Errichtung eines sechsgeschossigen Bürgerhauses mit spitzem Giebeldach, das entgegen der üblichen Bauweise in Danzig

nicht mit dem Giebel, sondern mit der Front zur Mottlau liegt. Nur der obere Teil des südlichen mit Sandsteinbändern durchsetzten Giebels überragt die Nachbarhäuser. Die nördliche Seite des Hauses wird gekrönt durch einen Turm mit ebenfalls durchbrochener Spitze, nicht unähnlich der am Altstädtischen Rathaus, doch schlanker, fast filigranhaft. Dieses direkt an das Frauentor angrenzende Gebäude wurde im 19. Jahrhundert der Naturforschenden Gesellschaft übergeben, die in dem Turm eine Sternwarte einrichtete. Der herrliche Turmaufbau, der erneuerungsbedürftig war, wurde durch eine plumpe halbkugelförmige Kuppel ersetzt. Schlagartig änderte sich dadurch der Blick auf die Häuserfront am Mottlauufer, die das Aussehen der Leichtigkeit verlor und wieder etwas von der Trutzhaftigkeit der Ordenszeit erhielt, zumal einige hundert Schritte weiter das wuchtige Krantor steht.
Glaubensflüchtling aus den Niederlanden wie Anthoni von Obbergen, der sich der Täuferbewegung (man nannte sie später Mennoniten) angeschlossen hatte, war auch Wilhelm von dem Block, der mit seinen drei Söhnen Abraham, Isaak und Jacob die bauliche Gestaltung Danzigs maßgeblich beeinflußte. Wilhelm von dem Block, der aus Mecheln in Flandern stammte und seit 1584 in Danzig lebte, schuf das neue Hohe Tor und ließ es mit Hausteinen aus Gotland verkleiden.
An der Neugestaltung des Artushofs war wiederum maßgeblich Sohn Abraham beteiligt, der die Frontfassade schuf, die sich an der bereits bestehenden Form der gotischen spitzbogigen Fenster orientieren mußte. In dem wunderbaren Portal befinden sich Medaillons der polnischen Könige Sigismund III. und Wladislaw IV.
Die Fassade selbst sollte eine italienische Marmorverkleidung vortäuschen, doch entstand dadurch ein merkwürdiges architektonisches Zwitterwesen, das sich eigentlich nicht recht in den Danziger Baustil einordnet. Dem abgeschrägten Dachfirst wurde die Figur der Abundantia (Reichtum) aufgesetzt, während in den Nischen Justitia (Gerechtigkeit) und Robur (Stärke) Platz fanden. Der als Danziger Maler bekannt gewordene Anton Möller schuf in der von vier Säulen getragenen und an die Remter des Ordens erinnernden großen Halle »Das Jüngste Gericht«, welches nicht mit dem von Memling in der Marienkirche zu verwechseln ist. Hier im Artushof tagten die Bruderschaften, doch die vornehmsten Patrizier, die sich in der Georgenbruderschaft zusammengeschlossen hatten, empfanden das Bedürfnis, sich von den weniger vornehmen

abzusondern, und bauten sich nach englischem Vorbild ein eigenes Klubhaus in Form der Georgenhalle neben dem Langgasser Tor. Das Gebäude gehörte dieser ältesten Bruderschaft Danzigs schon seit langer Zeit, doch nun wurde es mit einem Türmchen geschmückt und baulich weitgehend umgestaltet.
Muß man die Neugestaltung der Fassade des Artushofs durch Abraham von dem Block als nicht besonders glücklich bezeichnen, so ist ihm doch mit dem vor dem Artushof stehenden Neptunbrunnen ein großer Wurf gelungen. Zwar stammte das Modell des Neptun selbst von einem anderen Künstler, doch Anlage, Idee und Aufbau des Brunnens waren Abrahams Werk.
In dieser großen Zeit Danzigs umwölkte sich der politische Horizont, und der Rat mußte an die Verteidigung der Stadt denken. Die Italiener Ferrero und Batista hatten sich als Festungsarchitekten in Europa einen Namen gemacht und wurden nach Danzig gerufen. Aufgrund ihres Gutachtens und ihres Vorschlages wurde von holländischen Baumeistern die große Steinschleuse an der Abzweigung der neuen Mottlau gebaut. Der sich seit 1616 als Glaubensflüchtling in Danzig aufhaltende Adam Wiebe wurde 1628 als Wasserkunstmeister in den Dienst des Rats genommen. Er konstruierte 1646 für den Bau einer neuen Bastion eine Drahtseilbahn, mit der er die benötigten Sandmassen vom Bischofsberg über die Radaune hinweg dorthin transportierte, ein damals von Europas Fachleuten bestauntes Wunderwerk. Nach ihm wurde diese Bastion Wieben-Bastion benannt. Er stellte auch die Wasserführung am Neptunbrunnen her.
Von besonderer Bedeutung für die Danziger Kaufleute waren stets die Speicher auf der östlichen Seite der Mottlau, die trotz aller Vorsichtsmaßnahmen immer wieder durch große Brände zerstört wurden. Im Jahre 1643 standen hier 315 Speicher, die auf einer Grundfläche von 5 bis 7,5 m Breite und einer Tiefe von 33 bis 39 m oftmals bis zu sieben Geschossen – meist in Fachwerkbauweise – hochragten. Wegen der Brandgefahr durften später die Güterwagen der Eisenbahn nur mit Pferden durch die Hopfengasse, zu deren rechter und linker Seite die großen Speicher lagen, gezogen werden. Um die Speicher mit ihren wertvollen Gütern gegen feindliche Angriffe zu sichern, erbaute der Rat zu Beginn des 16. Jahrhunderts den Milchkannenturm. Später wurden die dort sich entlangziehenden Gräben und Teiche ausgebaggert und zur »Neuen

Mottlau« gestaltet, die in die alte Mottlau mündete, so daß man erst seit 1576 von der von beiden Mottlauarmen umflossenen Speicherinsel sprechen kann.

9 Gesellschaftliches Leben

In dieser Zeit des höchsten Wohlstandes entwickelte sich ein Lebensgenuß und Lebenshunger, der sich in übertriebenen üppigen Festen darstellte. Bei v. Holst heißt es: »... bunt und mannigfaltig sind die Freuden des Gaumens. Rheinwein, Madeira und Alicante, böhmischer und Ungarwein wechseln ab mit Bier aus Thorn, Riga und Danzig selbst. Auf der Tafel stehen Karpfen, in Wein gesotten und mit Muscat, Meerrettich und Mandeln zubereitet; Zunge und Kapaun, Zeisig und Haselhuhn folgen. Als Nachtisch werden Datteln und Kanarienzucker angeboten. Derweil ertönt die Tischmusik der Pfeiffer; bei besonderem Anlaß feuern die kleinen Kanonen der unter der Decke hängenden Schiffsmodelle eine Salve ab. Seit 1620 gibt es ein neues Vorgericht: Austern«.
Und dies war nicht nur bei den reichen Patriziern so. Einer wollte es dem anderen gleichtun, und so finden wir auch bei den wohlhabenden Kaufleuten und Handwerksmeistern übergebührlich teure Feste, wodurch sich die weniger Wohlhabenden oft hoch verschuldeten. Gegen solche Unsitten wurden vom Rat mehrfach Hochzeits- und Kleiderordnungen erlassen, wie sie auch von vielen anderen Städten, vorwiegend jedoch von den norddeutschen Handels- und Hansestädten, überliefert sind. In den Danziger Ordnungen von 1590 und 1595 wird die Bevölkerung in drei (ursprünglich waren es fünf) Klassen eingeteilt. Zu der ersten gehörten die vornehmen Bürger und Kaufleute, zu der zweiten die übrigen Bewohner der Stadt mit Ausnahme der Arbeitsleute und Dienstboten, die die dritte Klasse bildeten. Frei von jeder Beschränkung und natürlich keiner Klasse zugehörig war das Patriziat, die Bürgermeister, Ratsmannen und Schöffen.
Schon für die Verlobung wurde peinlich genau festgelegt, welche und wie viele Personen daran teilnehmen durften, um welche Zeit das Festmahl beginnen und wann es enden mußte; auf den Glockenschlag genau! Bei der Hochzeitsfeier war dann die Zahl der Tische verbindlich bestimmt. Für die erste Klasse acht, die zweite fünf und die dritte nur noch

drei. An jedem Tisch durften höchstens zwölf Personen sitzen; Kinder wurden jedoch nicht mitgerechnet. Die erste Klasse durfte Wein und Bier je nach Gefallen aufsetzen, die zweite durfte entweder einheimisches oder fremdes Bier und nur eine Sorte Wein, die dritte nur Bier verabreichen. Selbst die Speisen wurden vorgeschrieben.
Fast noch schlimmer war es mit den Einzelheiten bei den Kleiderordnungen, bei denen die Vermögensverhältnisse die Grundlage abgaben, und zwar in der Form, daß zur dritten Klasse Bürger mit Vermögen bis zu 4.000,– Mark, zur zweiten die von 4.000,– bis 10.000,– und zur ersten die von 10.000,– bis 20.000,– zählten. Was darüber lag, war keiner Klasse mehr zugehörig.
Anlaß zu diesen Ordnungen war die üble Gewohnheit, daß einer den anderen ausstechen wollte. In der Ordnung von 1540 wird von der notwendigen christlichen und bürgerlichen Zucht und Mäßigkeit gesprochen und dann verordnet: »... und Gesetze aufftzurichten, forderlich der Ursachenn, dieweill am Tage unnd findet sich in der Taedt, das die unmesige Pracht unnd Vorbrechung der Kleidung unnd Geschmucks bynnen wenig jarenn in dieser Stadt so hoch unnd prechtigk auffgestigen, das es mancher nicht kann erschwingen unnd vyll Gütter mancher dodurch nicht alleine in eynn Unvormogen sunder auch in Vorterb und Unhablichkeit gefallenn. Dann in solcher prechtigenn Kleidung ist kein Unterscheidt zwüschen den hochstenn, mittelstenn ader niderstenn Stendenn zuerfinden!« (Günther, Danziger Hochzeits- und Kleiderordnungen, ZWG Heft 42, 1900).
Durch solche Verordnungen wollte der Rat die Putz- und Prunksucht eindämmen. Sie hatte in jener Zeit des Reichtums und Überflusses auch die Dienstboten erfaßt. So steht denn einhundert Jahre später in der Kleiderordnung von 1642: »Weil auch bey diesem untern Stande ein großer Excess an den Strümpfen bißhero ist gespüret worden, als sol den Weibspersonen fortan verbotten seyn, leibfarbenen und granatfarbenen Strümpffe zu tragen.«
Als die Ordnung von 1540 erlassen wurde, war Danzig noch weit entfernt von der Pracht und dem Aufwand, die es entfaltete, als gut einhundert Jahre später die polnische Königin Louise Marie von Gonzaga aus Frankreich kommend in Danzig einzog.

10 Religiöse Zwistigkeiten

Eine für heutige Begriffe nicht mehr nachzuvollziehende Bedeutung hatten in der ganzen Bevölkerung die religiösen Fragen, die bei gegensätzlichen Meinungen zu den gehässigsten Streitereien und Beschimpfungen der Geistlichen untereinander ausarten und von der Kanzel aus ausgetragen wurden. War es schon schlimm genug, daß es zwei Bekenntnisse – das katholische und das lutherisch-evangelische – gab, so entspann sich noch innerhalb der evangelischen Geistlichkeit jahrelanger Streit. Dabei handelte es sich eine Zeitlang um die Frage, ob die bei der Abendmahlsfeier übrig gebliebenen Reste von Brot und Wein noch einen sakramentalen Wert hätten oder nicht. An dieser zuerst von Geistlichen aufgeworfenen Frage nahm innerhalb kürzester Frist die gesamte Bevölkerung leidenschaftlich Partei für die eine oder andere Seite. Kaum aber hatten sich die Wogen ein wenig geglättet, breitete sich in der gehobenen Bürgerschicht und einem großen Teil des Patriziats der Calvinismus aus. Hinzu kam, daß auch die Täuferbewegung beträchtlich an Boden gewann, bedingt durch die engen Handelsbeziehungen zu den Niederlanden. Zwar hielten sich die Calvinisten und Täufer ganz für sich, so daß kirchliche Streitigkeiten mit ihnen nicht vorkamen. Aber in den Glaubensgrundsätzen dieser beiden Bewegungen war ein ungeheurer Sprengsatz vorhanden, denn eben in ihnen lag begründet, daß ihre Anhänger zu großem Fleiß und äußerster Sparsamkeit neigten, wodurch sie in oftmals kurzer Zeit zu nicht unbeträchtlichem Wohlstand gelangten. Das wiederum veranlaßte die neidische III. Ordnung, die sich in ihren religiösen Zwistigkeiten nahezu zerrieb, unablässig vom Rat zu verlangen, diese »Fremdgläubigen« auszuweisen.

In Danzig war zwar der Augsburger Religionsfriede von 1555 anerkannt, doch dieser bezog sich nur auf Lutheraner und Katholiken, nicht aber auf Calvinisten, ganz zu schweigen von den Täufern. Die Calvinisten hatten es leichter als die Mennoniten, da ihr Glaube auch in den gehobenen Kreisen Polens starken Anklang zu finden begann. Während des Interregnums nach dem Tode Sigismund des II. August standen sich 1572 der Erzbischof Jacob Uchanski als Vertreter des Klerus und der vornehmste Kronbeamte, der Calvinist und Krongroßmarschall Jan Firlej, mit ihren Anhängern gegenüber. Da Uchanski das wichtigste Amt des Interrex ausübte, konnte er mancherlei tun, um die katholische Geistlichkeit im Kampf gegen die Calvinisten zu unterstützen, so daß in Polen schließlich die bald einsetzende Gegenreformation die Oberhand behielt.

Bereits im Sommer 1642 hatte König Wladislaw IV. seinen engen Freund und Berater, Gerhard Graf von Dönhoff, selbst Calvinist, zum Castellan von Danzig bestimmt und ihm besonders ans Herz gelegt, die Zwistigkeiten zwischen Lutheranern und Reformierten, wie man die Calvinisten im Gegensatz zu den Lutheranern nannte, zu schlichten. Graf Dönhoff bemühte sich mit einigem Erfolg hierum, wie auch aus einem Schreiben an den Rat der Stadt Danzig vom 26.2.1643 ersichtlich ist. Hierin forderte er den Rat in sehr höflicher, aber bestimmter Form auf, die Ausweisung der Andersgläubigen einzustellen, und schloß mit der Mahnung: »Dan weil wir Ewangelische jetz uns beschweren undt beklagen über dergleichen Verfolgung undt Bedrängnüssen von den Herren Catholischen, müssen wir diesesfals kein böses Exempel geben, es auch an andern unsers Theils zu verüben.«

Zwar wurden die Streitigkeiten durch die Aktivitäten von Dönhoffs noch nicht beendet, aber die religiösen Gegensätzlichkeiten begannen abzuflachen. Hinzu kam, daß schon früher eine Reihe von Ratsherren zum reformierten Glauben übergetreten war, der in den Kirchen St. Peter und Paul, Trinitatis und Elisabeth verkündet wurde. Im Zuge der Gegenreformation, die anfangs auch in Danzig erhebliche Erfolge verzeichnete, fand die lutherische Kirche langsam ihre Geschlossenheit wieder und konnte sowohl die Reformierten als auch die Katholiken an weiterer Ausbreitung hindern, ohne sie zu bekämpfen, und sogar die Trinitatiskirche wieder übernehmen. Diese religiösen Auseinandersetzungen zogen sich ein ganzes Jahrhundert hin. Sie begannen mit dem Auftreten der Täufer aus den Niederlanden um 1530 und endeten erst nach Abschluß des Dreißigjährigen Krieges, wobei die Bedrohung Danzigs durch König Gustav Adolf von Schweden 1626/27 mit zur Einigung beitrug.

11 Bericht des Dr. Charles Ogier

Nicht allein wegen der Thronstreitigkeiten, die zwischen Polen und Schweden herrschten, wünschte der Schwedenkönig Danzig einzuneh-

men. Ihm lag vor allem auch daran, in den Besitz dieser Stadt zu gelangen, um dem Hauptschauplatz des Dreißigjährigen Krieges näher zu sein. Über Pillau stieß er 1626 rasch durch das herzogliche Preußen und Ermland auf das Mündungsgebiet der Weichsel vor, wobei auch Elbing und Marienburg in seine Hand fielen. »Nur Danzig widersetzte sich den Schweden tatkräftig, und seine Flotte bereitete der schwedischen viele Schwierigkeiten ... Wichtigstes Ereignis dieser Kämpfe ... war die Seeschlacht vor Oliva (28.11.1627), in der Danziger und polnische Schiffe unter dem Danziger königlichen Admiral Dickmann zwei schwedische Schiffe vernichten konnten.« (Rhode, S. 263) Da Habsburg die Polen auch militärisch unterstützte, kam es durch französische Vermittlung 1629 zu einem sechsjährigen Waffenstillstand (Altmark).
Frankreich unter Ludwig XIII. beherrschte die europäische Politik durch seinen Kardinal Richelieu, und König wie Kardinal waren sich darin einig, Schwedens Militärpotential für den Krieg in Deutschland zu erhalten, um Habsburg zu schwächen. Frankreich konnte daher nicht daran gelegen sein, die schwedische Kraft durch einen weiteren Krieg mit Danzig oder Polen zu mindern. So setzte es alles daran, den sechsjährigen Waffenstillstand in einen Frieden umzuwandeln oder zumindest die Verlängerung desselben zu erreichen. Mit den Verhandlungen wurde der Pariser Parlamentspräsident Claude de Mesmes Graf d'Avaux beauftragt, der sich 1634 an die Weichsel begab und zeitweise auch in Danzig weilte. In seiner Begleitung befand sich der Rechtsgelehrte Dr. Charles Ogier, der über seine Erlebnisse bei dieser Mission Tagebuch führte, welches, nach dem Tode d'Avaux' veröffentlicht, einen ungewöhnlich großen Leserkreis fand. Ein nicht publizierter Teil dieses Berichts wurde 1906 in London entdeckt und wenige Jahre später in Danzig in zusammenfassender Form herausgegeben (ZWG Heft 52, 1910).
Ogier hielt sich von Ende Februar bis Anfang Juni 1636 in Danzig auf, fühlte sich dort auch, wie aus dem Bericht hervorgeht, außerordentlich wohl, und verließ nur ungern diese schöne Stadt wieder. In der kurzen Zeit seines Aufenthaltes konnte er sich doch einen tiefen Einblick in die Danziger Verhältnisse verschaffen, so daß seine täglichen Beobachtungen, Erlebnisse und Eindrücke, die er mit großer Sorgfalt notierte, ein kulturgeschichtliches Dokument darstellen und darüber hinaus als literarische Seltenheit bezeichnet werden können.
Fasziniert war er sowohl von den schönen neuen öffentlichen Bauten

und Bürgerhäusern wie auch von der republikanischen Verwaltung der Stadt, die er im einzelnen schildert. Auf den Binnenländer Ogier mußte der Danziger Handels- und Schiffahrtsverkehr verständlicherweise einen ungewöhnlichen Zauber ausüben; mehrfach erwähnt er, daß er – auf der Brücke stehend – stundenlang den See- und Weichselschiffen jeder Art und Größe bei den Speichern an der Mottlau zuschaute. »Ein hocherfreulicher Anblick, dieser ganze Handel«, so schreibt er, um dann an anderer Stelle fortzufahren: »Dieser ganze Weizen kommt von Polen her auf flachen Fahrzeugen, besetzt mit Landleuten, die ihren Herren als Sklaven dienen. Mit langen Stangen steuern sie ihre breiten und langen fast viereckigen Fahrzeuge. Sie haben als Handkähne nur ausgehöhlte Baumstämme ohne eine Spur der Zusammenfügung. Der polnische Edelmann kommandiert sein Schiff selbst und sucht in Danzig seines Kaufmanns Speicher auf, die in 6 bis 7 Stockwerken hoch in die Lüfte ragen ... Sobald die Polen oder Preußen diese Weizenmassen in die Speicher bringen, sind auch schon die Holländer mit ihren Schiffen da, um den Weizen mit riesigem Eifer in Menge zu verfrachten und über den ganzen Erdkreis zu verteilen.«
Sehr belustigte Ogier bei der Ent- und Beladung der Schiffe das Treiben der Danziger Sackträger, die ihre Lasten vollkommen nackt, bis auf einen Hüftschurz, einherschleppten. »Sie tragen weder Rock noch Hose; weil sie den ganzen Tagesverdienst – oft drei bis vier Taler – vertrinken, kommen sie infolgedessen nie zu Wohlstand.« Dies sei ihm, so Ogier, als vollkommen wahr von den Arbeitgebern der Sackträger verbürgt worden. Auch die Belästigung des Danziger Handels durch die von den Schweden erhobenen Seezölle erwähnt Ogier und schätzt den Schaden, der Danzig dadurch entstand, auf 1,4 Millionen Taler jährlich.
Als gläubiger Katholik besuchte Ogier die drei Danziger Klosterkirchen der Dominikaner, Karmeliter und Birgitten-Nonnen und nahm nähere Beziehung zu den Äbten auf. Die Gottesdienste an den hohen Feiertagen zu Ostern, Pfingsten und Fronleichnam besuchte er jeweils in einer anderen Klosterkirche. In der Marienkirche nahm er an einem lutherischen, in der Petrikirche an einem in polnischer Sprache gehaltenen reformierten Gottesdienst teil. Ihm fiel besonders auf, daß sich zu den katholischen Gottesdiensten auch viele Protestanten einfanden. Auf der Pfingstfahrt zum Kloster Karthaus stattete er auf der Rückreise dem Kloster Zuckau, welches den Prämonstratensernonnen gehörte, einen Besuch ab und war

erstaunt, daß er neben den nichteingekleideten katholischen Mädchen auch Töchter protestantischer Danziger Patrizier traf, die im dortigen Klosterpensionat den Unterricht der Nonnen in polnischer Sprache und Handarbeit genossen. Er erwähnt selbst die Mennoniten, die er in der Jesuiten-Vorstadt (Altschottland) kennenlernte und als stille, bescheidene, sehr geschickte Handwerker rühmt.

Enge Beziehungen suchte er zu den Danziger Ratsherren Czirenberg, Kerschenstein, Schroer, Brandes, Rosenberg und Schwarzwald. Das Haupt der Familie Czirenberg war »der alte, in Staatssachen sehr erfahrene Ratspräsident (1. Bürgermeister) und Burggraf Johann«. Johann Czirenbergs Tochter Constantia, die 31 Jahre alt und mit dem Ratsherrn Sigismund Kerschenstein verheiratet war, bezeichnet Ogier »als ein Vorbild oder geradezu den Schutzgeist ehelicher Treue«. Constantia muß bei Ogier einen ungewöhnlich tiefen Eindruck hinterlassen haben, denn er erwähnt sie an vielen Stellen seines Tagebuchs und gibt oftmals wortgetreue Unterhaltungen mit ihr wieder. »Sie ist die schönste Dame der ganzen Stadt und in allen Kunstfertigkeiten, die den Frauen zur Zierde gereichen, geübt, in der Musik aber ist sie ein wahres Wunder. Sie hat eine ganz vortreffliche Stimme und singt in italienischer Manier. Ihr Ruf ist nach Italien gedrungen, wo man ihr Verse und musikalische Werke gewidmet hat.« Sie beherrschte neben Deutsch und Polnisch, was in den Patrizier- und Kaufmannskreisen eine Selbstverständlichkeit war, ebenso fließend Latein, Italienisch, Französisch und Schwedisch, so daß Graf d'Avaux sie oftmals bei seinen Verhandlungen mit den Schweden als Dolmetscherin um Hilfe bat.

Anläßlich eines Besuchs des polnischen Königs Wladislaw IV. in Danzig war auch Ogier zu dem Festessen bei der Witwe Schwarzwald, wo sich der König aufhielt, eingeladen und berichtet hierüber: »Ich saß also an der königlichen Tafel nieder und sah mich mitten unter den polnischen Großen. Der Umtrunk, der bei Sr. Majestät dem Könige angefangen, kam auch bis zu uns, und wir tranken dieselben Becher desselben Maßes wie der König leer. Vier angesehene Damen waren hier, dem König aufzuwarten. Er selbst saß an der einen Seite des Tisches und hatte auf seinen Wunsch gegenüber Constantia, zu seiner Rechten saß Cordula Czirenberg (Constantias Cousine), an Antlitz und Wuchs eine hervorragend schöne Frau, dann folgte unser Gesandter (Graf d'Avaux), dann Anna Schwarzwald, dann der polnische Unterkanzler, dann weitere

14 *Wladislaw IV. Wasa (1595–1648), König von Polen 1632–1648. Kupferstich von Matthäus Merian, 1635.*

15 *Sigismund II. August (1520–1572), König von Polen. Nach einem Kupferstich von Virgil Solis, 1554.*

16 *Das Große Zeughaus von der Wollwebergasse, ein Meisterwerk von Anthony van Obbergen; 1605 vollendet.*

17 *Beischlag. Frauengasse Nr. 6*

18 *Bürgerhaus*
(Bild rechte Seite).

19 *Das Uphagenhaus, 1776 vom Ratsherrn Johann Uphagen erbaut. Das Bild zeigt das Speisezimmer.*

Herren und Damen abwechselnd; neben Kazanowski z.B. saß Lisbeth Hafferath, jenes auffallend schöne Mädchen, neben ihr Fürst Radziwill, Bürgermeister Czirenberg, ich und noch andere. Auf der anderen Seite nebst dem Könige saßen der Woiwode von Sieradz, Graf Caspar von Dönhoff, der Krongroßmarschall Lukas Opalinski, der Kron-Schatzmeister Johann Danilowicz und andere Große des Hofes in bunter Reihe mit jungen Damen ... Beim Weggang reichte der König allen Damen und jungen Mädchen entblößten Hauptes sehr leutselig und liebenswürdig die Hand und versprach, da er die Neigung der Damen für derartige fröhliche Unterhaltungen kannte, in einigen Monaten wieder nach Danzig zu kommen.« Ogier schildert noch ausführlich die Gesellschaftspiele, die veranstaltet wurden, und an denen sich der König wie jeder andere lebhaft beteiligte. – Der französische Gesandte wohnte bei der Witwe Schwarzwald, die immer wieder neue Feste arrangierte. Am 19. April sah er den wohlgepflegten Garten von Carl Schwarzwald. Noch blühten zwar nicht die Tulpen, aber Veilchen und Narzissen. Einen gesellschaftlichen Höhepunkt bildete die Einladung in den Garten des Bürgermeisters Czirenberg bei Alt-Schottland. Hierüber berichtet Ogier:
»Der Ausflug dorthin geschah am 21. Mai. Auch die reizende Constantia kam und wetteiferte den ganzen Tag mit den Nachtigallen. Dieser Ort ist dank seiner Lage und der anmutigen, uns umschmeichelnden Natur ringsum sehr reizvoll, aber noch viel reizvoller war Constantias Rede und ihr Antlitz, beides ohne Künstelei und Schminke ... Hier im Garten aber standen um uns herum im Grase Flaschen mit spanischem, französischem, Ungarn- und Rheinwein, und wir lagen hier auf dem Rasen, weicher und wohliger als auf seidenen Daunenkissen. Ich sang bacchische Kantilene, einige von unseren lustigen, französischen Trinkliedern; eifrig horchte Constantia und begleitete sie mit ihrer von Varenne gelernten kunstmäßigeren Weise. Nicht polnisch, nicht deutsch sang sie, nur französisch; tausend Vögel saßen rings um sie, die Schwäne reckten die langen Hälse und lauschten, und die Pfauen taten sogar ihren Hochmut ab und traten zur Sängerin, wie zu ihrer Juno. So lang auch der Tag bei schönem Wetter hier im Norden ist, so reichte er doch nicht aus für die harmlose Jugendfreude; erst die hereinbrechende Nacht rief uns wieder in die Stadt zurück.«
Ogier gab dann später in Paris selbst zu, daß ihm der Abschied von Danzig schwergefallen sei und er sich nirgends so wohl gefühlt habe wie

dort. In seinem Bericht wird überdies eine Fülle der religiösen, geistigen und politischen Strömungen aufgezeigt, die sich zu jener Zeit in Danzig kreuzten.

12 *Das Gymnasium Academicum*

Das 1558 gegründete Danziger Gymnasium befand sich im ehemaligen Franziskanerkloster und wurde schon bald nach seiner Gründung mehr als nur eine »Zubringerschule« für die Universitäten, nahm vielmehr im Laufe der Jahrzehnte fast universitären Charakter mit sieben Fakultäten an. Es wurde zu einem der »vornehmsten Studienplätze des ganzen Ostens, besucht von Kurländern und Preußen, Polen und Schlesiern« (v. Holst, S. 64) wie natürlich in erster Linie auch von den Söhnen der Danziger Patrizier, Kaufleute und vereinzelt auch Handwerker. Ogier berichtet in seinem Tagebuch über die mehrfachen Besuche, bei denen ihn die Gespräche mit Professor Johann Mochinger – aus Tiroler Adelsgeschlecht stammend – offenbar stark beeindruckten. Zusammen mit dem französischen Gesandten, Graf d'Avaux, stattete er am 3. Mai 1636 dem Gymnasium einen offiziellen Besuch ab, bei dem sie von Mochinger mit einer lateinischen Rede begrüßt und durch das Gymnasium geführt wurden. Als bemerkenswert hebt Ogir hervor, daß Lehrer und Hörer ohne Kopfbedeckung im Unterricht saßen.

Mochinger fuhr nach seiner Begrüßung mit dem Unterricht fort. Die Gäste nahmen hieran teil und hörten sich seine Interpretation der Fabel von den Bäumen, die die Götter in ihren Schutz genommen hatten (Phädrus Fabulae, Buch III. Nr. 17), an. Sie wurden auch mit anderen Professoren bekannt gemacht und lernten den berühmten Mathematiker Peter Krüger kennen. Bei der Besichtigung der zur Schule gehörenden Trinitatiskirche erschienen Ogier einige Wandgräber sehr bemerkenswert, so das des Marchese von Oria, eines protestantischen Gelehrten aus Neapel, der nach europäischen Reisen in Danzig seine Heimat fand und dort verstarb. Seine aus einem Schiffbruch vor der Weichselmündung geretteten Handschriften und Bücher bildeten den Grundstock der Danziger Stadtbibliothek. Zu den in der Gelehrtenwelt anerkannten

Professoren gehörte der Orientalist Martin Ruarus, den Ogier auch in seiner Privatwohnung besuchte. Ruarus zeigte ihm nicht nur seine wertvollen hebräischen und arabischen Texte, sondern erzählte auch von seinen Wanderungen durch Europa, dessen Sprachen er größtenteils beherrschte.

Ein Jahrzehnt später berief der Rat einen Mann an das Gymnasium, der dort zwar nur drei Jahre wirkte. Doch dieses Wirken hat tiefe Spuren in der Pädagogik hinterlassen: Johann Raue. Er gehörte zu den engen Vertrauten von Johann Amos Comenius, »der mit einer Eindringlichkeit und heiligen Begeisterung wie keiner vor ihm der Pädagogik einen neuen Weg wies!« (Faber, Johann Raue, ZWG Heft 68, Danzig 1928).

»Bei Raue stand die Pädagogik nicht mehr wie bei Comenius im Dienst Gottes, sondern war für die Welt bestimmt« (B. Beuys, S. 208). Aber Raue hatte es schwer, seine Ideale in die Tat umzusetzen. In Erfurt, an dessen Universität er als Vierundzwanzigjähriger berufen worden war, hatte er sich mit seinen Kollegen überworfen. Dänemarks König Christian IV. berief ihn an die Ritterakademie in Soro, von wo er 1646 als Professor für Philologie mit einem Jahresgehalt von 400,– Reichstalern nach Danzig wechselte. Seine Verpflichtung galt jedoch nur für drei Jahre.

Einblick in seine Gedankenwelt gibt uns eine dem Danziger Rat vorgelegte Denkschrift, in der er sein Arbeitsprogramm erläutert: »Völlig unzeitgemäß ist es, der heranwachsenden Jugend bis in alle Feinheiten hinein die Sprache der Römer beibringen zu wollen; wir sind keine Römer und wollen auch keine werden ... Mit dieser bleichen und totalen Latinität will ich nichts zu tun haben: Unser Jahrhundert braucht ein ihm angemessenes Latein, ein Latein, das nur so weit als nötig elegant, in erster Linie aber klar und kraftvoll ist; weg daher mit allen stilistischen Spitzfindigkeiten, weg auch mit den einfältigen Gedichten und läppischen Leichengesängen, bei denen man nicht weiß, ob man weinen oder lachen soll.«

Doch am Danziger Gymnasium ging es ihm nicht anders als in Erfurt. Die Kollegen verstanden ihn nicht und verfolgten ihn mit Haß. Obwohl er Freunde im Rat hatte, verließ er das akademische Gymnasium nach Ablauf der Verpflichtungszeit. – Er erlangte die Gunst des Großen Kurfürsten, der ihn 1654 zum Generalinspektor der Mark ernannte und fünf Jahre später mit der Begründung einer Bibliothek in Berlin, der späteren Staatsbibliothek, betraute.

Über das geistige und künstlerische Leben im damaligen Danzig schreibt von Holst: »In Danzigs sicheren Mauern verbringt Opitz, erster deutscher Poet der Zeit, seine späteren Lebensjahre; hier veröffentlicht er das mittelalterliche Annolied, dessen Handschrift er in Breslau entdeckt hat, und in St. Marien liegt er begraben. Hier ist sein schlesischer Landsmann Gryphius Student und später Hauslehrer; hier wird Georg Grefflinger aus Regensburg ansässig und besingt seine neue Heimat, ›Blühendes Danzig‹, in Alexandrinern. Unweit des Vorstädtischen Grabens, der wie sein Zwillingsbruder zwischen Rechtstadt und Altstadt nun zugeschüttet wird, liegt die Fechtschule, in der seit den Tagen Shakespeares englische Schauspieler, holländische Komödianten und deutsche Truppen in buntem Wechsel Vorstellungen geben« (v. Holst). »Danzig wird eine Gaststätte der Literatur« (Nadler).
Martin Opitz starb am 20. August 1639 in Danzig an der Pest. »In abergläubischer Furcht verbrannte man nahezu den gesamten Nachlaß des Pestopfers, darunter auch die kostbare Originalhandschrift des Annoliedes aus dem 11. Jahrhundert, nach der er eben erst dasselbe bearbeitet hatte« (H. v. Hülsen bei Merian, Heft 7, »Danzig«, Hbg. 1952). Nigrinus, der »eifernde Pastor Primarius« von St. Peter und Paul, bedauert bei Opitz' Tode, »daß er, der Protestant, zeitlebens denen Katholischen gedienet«. Opitz war als Sekretär des Königs von Polen, Wladislaw IV., in Danzig tätig und ein gern gesehener Gast bei den Professoren des akademischen Gymnasiums. In den Häusern der Danziger Patrizier ging er ein und aus, war befreundet mit Constantia Czirenfeld und ebenso gut gelitten in den Palästen des polnischen Hochadels.
Der bekannteste Schüler des Danziger Gymnasiums wurde der 1611 geborene Johannes Höwelke, dessen Vater in der Altstadt eine florierende Brauerei und mehrere Häuser besaß; die Mutter Cordula stammte aus der reichen Kaufmannsfamilie Hecker. Nach Beendigung seines Studiums in Danzig, wo sein Mathematiklehrer Peter Krüger Johannes in die Grundlagen dieser Disziplin und der Astronomie einweihte, schickten ihn seine Eltern zwecks perfekter Erlernung der polnischen Sprache nach Gondecz bei Bydgoszcz (Bromberg). Daneben erlernte Johannes auch die Künste des Glasschleifens und Kupferstechens, die er später so dringend brauchen sollte. Es schloß sich ein mehrjähriger Auslandsaufenthalt an, der ihn durch Holland (Universität Leyden), England, Frankreich, Schweiz und Deutschland führte. Als Gelehrter kehrte er zurück

und nannte sich Hevelius. Die väterliche Brauerei leitete seine erste Frau besser als er, denn seine ganze Leidenschaft galt der Astronomie. Die Instrumente baute er sich zumeist selbst; auf dem Dach seiner drei nebeneinander liegenden Häuser in der Pfefferstadt (Altstadt) richtete er sich eine Sternwarte ein, nahm aber dennoch die Pflichten als Ratsherr ernst. Sein Name wurde bald in Europa genannt, so daß ihn auch König Johann II. Casimir, der jüngere Stiefbruder des 1648 verstorbenen Wladislaw IV., und dessen Gemahlin Louise Marie von Gonzaga besuchten.
Hevelius wurde berühmt, er schrieb mehrere Bücher über Astronomie, wie eines über die Beschaffenheit des Mondes, das ihn populär machte. In London wurde er zum Mitglied der »Königlichen Gesellschaft der Wissenschaften« ernannte. König Johann III. Sobieski, seit 1674 König von Polen, bekam zu Hevelius geradezu ein persönliches Verhältnis, besuchte ihn wiederholt und ließ sich die Sternbilder erklären. Als durch Brandstiftung in der Nacht vom 26. zum 27. November Hevelius' Häuser mit allen Instrumenten und Büchern ein Raub der Flammen wurden, unterstützte ihn nicht nur der polnische König; »selbst Ludwig XIV. von Frankreich gewährte ihm großzügige Hilfe« (Domansky, Heimatbuch). Einem von Hevelius entdeckten Sternbild gab er den Namen »Sobieskischer Schild«, den die Astronomie beibehielt.
Während in Deutschland der Dreißigjährige Krieg tobte, wurde Danzig zur Oase nicht nur der Literaten, sondern auch der Künstler. Der aus Stolp in Pommern eingewanderte Andreas Stech machte hier sein Glück wie bereits vor ihm der aus Königsberg stammende »Danziger Maler« Anton Möller. Aus Leeuwarden im niederländischen Friesland zog Jan Vredeman de Vries nach Danzig und schuf die Wandgemälde in der berühmten Sommerratsstube des rechtstädtischen Rathauses, worunter sich die dritte Darstellung des Jüngsten Gerichts in Danzig befindet. Die Mitte der Decke wurde von Isaak von dem Block mit einer großartigen Darstellung des Danziger Stadtbildes geschmückt.
Danzig war, wie Wladislaw IV. seinen Danziger Freunden oft sagte, seine Kunstmetropole.

13 *Königin Louise Marie von Polen in Danzig*

»Unter Wladislaw IV. hatte das Doppelreich (Polen/Litauen) dank seiner Stellung als umworbener Partner der Gegner im Dreißigjährigen Krieg und dank des nur geringen Moskauer Interesses an einer westwärtigen Expansion noch einmal eine Stellung erreicht, die es zweifellos zur Vormacht in Osteuropa machte« (Rhode, S. 272). So nimmt es nicht wunder, daß sich Danzigs Blüte gerade während dieser Regierungszeit (1632–1648) zur vollen Pracht entfaltete, daß aber auch nach dem Tode dieses Königs sein allmählicher Niedergang einsetzte.
Welche Pracht Danzig damals zu entfalten vermochte, zeigt uns ein Bericht des französischen Kavaliers Jean Laboureur, der sich in Begleitung von Louise Marie von Gonzaga-Nevers, Tochter des Herzogs Karl von Mantua, befand, als diese als Königin von Polen 1646 von Paris kommend in Danzig einzog. Alle stimmen darin überein, daß die Königin von außerordentlicher Schönheit, reizvoll und geistreich war. Auch der Große Kurfürst, der ihr später begegnen sollte, erklärte ihr anläßlich eines Essens »zwischen den Gängen des Menüs galant, wenn sich Louise Marie um die römische Kaiserkrone bewerben würde, hätte sie seine Stimme« (B. Beuys, Der Große Kurfürst, S. 189). In dem vorerwähnten Bericht wird dann ausgeführt: »Sonntag, den letzten Tag des Karneval, 11. Februar 1646, hörte die Königin früh die Messe, um um 10 Uhr von Oliva nach Danzig abreisen zu können, wo sie an diesem Tag ihren feierlichen Einzug halten sollte.«
Es folgt eine Schilderung der einzelnen militärischen Einheiten, die den Zug der Königin anführten. »Nach ihnen folgten 400 Danziger Cavaliere; 250 von ihnen unverheiratete Männer, die anderen Familienväter; alle die angesehensten Bürger und Kaufleute. Sie waren in schwarzem Tuch nach deutschem Schnitt gekleidet, in Leibjacken von schwarzem Sammet. Auf dem Kopf trugen sie einen Biber-Kastorhut, aufgeschlagen mit weißen und schwarzen Reiherfedern und um den Hals eine goldene Kette, woran der Spanner für ihre Pistolen hing. Ihre Pferde waren von vollendeter Schönheit, die Sättel und Schabracken größtenteils mit Silber bordiert, die Zügel und die Buckel an den Seiten des Gebisses von Silber. Mit einem Wort, man sieht wenige von Adel, die besser gerüstet zu Pferde waren, als diese Bürger, die in Waffenübung aufwachsen, zu welcher sie der Eifer für ihre Freiheit verpflichtet.«

Danach werden die einzelnen Gruppen des Zuges beschrieben, die Namen der polnischen Großen und der französischen Delegation erwähnt. »Darauf allein der Graf Dönhof mit seinem Großmarschallstabe. Hinter ihm, unmittelbar vor der königlichen Kutsche, sechs aufs reichste in die Farben des Königs gekleidete Trompeter, welche bei der Ankunft an den Toren schmetterten. Die vier Bürgermeister der Stadt, welche von den 20 Ratsherren begleitet zu Fuß vor die Thore gekommen, überreichten ihrer Majestät die Schlüssel der Stadt in einem silbernen Becken und begrüßten sie durch eine Rede des Syndicus (Vincent Fabricius), welchem der Bischof von Orange antwortete ... Plätze und Straßen reichten für die Masse des Volkes nicht aus. Es blieb kaum Raum für die Kutsche der Königin und ihr Gefolge; außerdem waren alle Fenster der Häuser bis auf die Dächer hinauf von Menschen gefüllt ... In der Mitte der großen Straße (Langgasse) waren zwei große Triumphbogen errichtet. Auf jeder Front des einen Bogens waren vier Abbildungen der Könige von Polen angebracht: Jagello, Sigismund August, Casimir IV. und Sigismund III.«
Die Königin wohnte in einem Patrizierhaus am Langen Markt, welches der Rat aufs prächtigste hatte herrichten lassen. Nachdem sich die Königin umgezogen und fertig gemacht hatte, erschien sie zum Festmahl im großen Saal des Grünen Tors. Es folgt nun eine Schilderung über die Aufstellung der Tische und die Rangfolge der Persönlichkeiten, die an denselben saßen, wobei der Tisch der Königin auf einem Podest stand. Wörtlich heißt es dann weiter:
»Nachdem sich die Königin gesetzt hatte und ihr Großtruchseß Radzejowski ihren Teller und ihre Serviette, welche beide in carmoisinfarbigem Atlas eingeschlagen waren, präsentiert hatte, trug man die Schüsseln herbei ... Nachdem die Fisch- und Fleischspeisen vorüber waren, nahm man auch das Tischtuch ab, unter welchem ein anderes von carmoisinem Atlas lag, ferner ein netzförmiges, mit Blumen von Gold, Silber und Seide durchwirkt, und schließlich ein weißes, welches dann wieder mit neuen, etwas kleineren als die ersten, Pyramiden aus Zucker bedeckt wurde. Das Dessert ward in hundert Schalen von vergoldetem Silber aufgetragen und bestand aus Konfitüren, candiertem Zucker aller Art in fünf Gängen, jeder zwanzigerlei, welche der Großvorschneider wie vorher credenzte. Nachdem alles mit dem Tischtuch weggenommen war, sah man darunter noch ein anderes von carmoisin Atlas, in welches

es, wie auch alle Servietten, eingeschlagen ward. Auch lag auf der Tafel ein reicher, von Gold, Silber und Seide gewirkter Teppich.«
Die Königin hielt sich drei Tage in Danzig auf. Ihr zu Ehren wurde ein mehrstündiges musikalisches Theaterstück aufgeführt. Sie sah ein Ballett der Zünfte, besichtigte Weichselmünde und reiste dann am vierten Tage nach Warschau weiter. – Über die Kosten, die Danzig in diesen Besuch investierte, liegt eine genaue Abrechnung vor. Sie bezifferten sich auf insgesamt 185.061,– Mark (Wert ca. 380.000,– Goldmark 1910). Aber der Danziger Rat wußte schon, weshalb er sich diesen Besuch soviel kosten ließ. – Wenige Jahre später starb im Mai 1648 König Wladislaw IV. im Alter von 53 Jahren, und wiederum bald danach heiratete die verwitwete Königin Louise Marie Gonzaga den jüngeren Stiefbruder Wladislaws, der inzwischen als Nachfolger Johann II. Kasimir die Krone Polens trug. Als Gemahlin dieses Königs ist sie dann dem Großen Kurfürsten begegnet.

14 Allmählicher Niedergang

Ohne die wirtschaftliche Stärke Danzigs wäre jene Prachtentfaltung in der ersten Hälfte des 17. Jahrhunderts nicht möglich gewesen, doch die Ursachen des nun einsetzenden langsamen Verfalls sind nicht bei Danzig zu suchen. Diese Stadt war fest im osteuropäischen Machtsystem verankert, und Polens fast dreihundertjährige Vormachtstellung im Osten näherte sich seinem Ende. Die enge Verknüpfung Danzigs mit seinem polnischen Hinterland, die wirtschaftlichen Beziehungen des Danziger Kaufmannstandes zum polnischen Adel standen und fielen mit dem, was dieser an Danzig liefern konnte. Alle Waren aus Polen waren über Danzig verkauft worden. Krakau und Thorn waren zwar Konkurrenzstädte, aber sie störten Danzig kaum, ebensowenig Riga als Ausfuhrhafen Litauens.
Dies alles wurde nun anders. Im Kampfe mit Moskau war Polen unterlegen, und im Abkommen von Andrussovo 1667 mußte es auf die kornreichen Gebiete von Smolensk und der Ukraine links des Dnjepr verzichten. Der polnische Adel, Hand in Hand mit dem Danziger Kaufmann, hatte Raubbau an den umfangreichen Waldungen Polens betrieben.

Holz und Getreide waren nicht mehr unerschöpflich.
Hatte Danzig 1618 den höchsten Umschlag mit 110.000 Last Korn erreicht, so belief sich die Menge 1649 und 1650 noch auf jeweils 100.000 Last, sank aber 1651 auf 55.000 Last. In den nächsten Jahren ging die Menge des verschifften Korns auf durchschnittlich 35.000 Last zurück, um in dem Jahrzehnt von 1661 bis 1670 auf 28.000 Last zu fallen, stieg dann wieder vorübergehend auf 31.000 Last, erreichte sogar von 1681 bis 1690 einen Durchschnitt von 50.000 Last, um dann aber bald bei etwa 30.000 Last zu stagnieren. Die wirtschaftlichen Verhältnisse in Polen hatten sich durch die Kriege mit Schweden, Moskau und den Türken entscheidend verschlechtert; der polnische Adel verarmte allmählich und konnte die bis dahin von Danzig mit gutem Gewinn gelieferten Luxusgüter nicht mehr aufnehmen. – Sandablagerungen der Weichsel machten ständig größere Aufwendungen für den Hafen notwendig. Der Strom änderte seine Mündung leicht nach Norden, wodurch die Westplatte entstand, doch die neue Fahrrinne konnte nur durch teure Baggerarbeiten schiffbar gehalten werden.
Das Geld in Danzigs Kassen wurde knapp, und das bedeutete stets Unruhe in der III. Ordnung, bei den Kaufleuten und Gewerken, aus denen sich diese demokratische Instanz zusammensetzte. Vorwürfe gegenüber dem Patriziat wegen Vetternwirtschaft ergaben sich von selbst und waren nicht einmal ganz unberechtigt.
Auslösendes Moment für die einsetzenden schweren Unruhen bildeten wieder einmal religiöse Streitigkeiten, die der 1669 nach Danzig berufene Wittenberger Professor Dr. Ägidius Strauch hervorrief. Der Rat war nicht gut beraten, als er sich diesen Mann als Rektor des akademischen Gymnasiums und damit Prediger an der Trinitatiskirche verpflichtete. Dr. Strauch war schon in Wittenberg zwar als ein glänzender Redner, aber auch eifernder Vertreter des orthodoxen Luthertums bekannt. So blieben denn seine von weitsichtigen Patriziern und Anhängern des Calvinismus erwarteten Kampfpredigten nicht aus. Doch sie wurden in derart scharfer und gehässiger Form gegen das polnische Königshaus und die katholische Kirche gehalten, daß der Rat nach kurzer Zeit seine Abberufung verfügte. Hiermit waren die Gewerke nicht einverstanden und rotteten sich im Januar 1674 vor dem Rathaus zusammen, wo sie wütend die Wiedereinsetzung Strauchs forderten. Der Rat mußte nachgeben. Inzwischen erhielt Strauch einen Ruf an die Universität Greifs-

wald, dem er auch gegen den Willen der Gewerke folgte. Auf seiner Reise dorthin wurde Strauch von brandenburgischen Truppen an der pommerschen Küste aufgegriffen und verschwand für drei Jahre im Gefängnis.

In Danzig aber waren die Geschehnisse über Strauch längst hinweggegangen. »Der Mann, der nun den Sprecher und Führer der Aufständischen machte, nachdem die Bewegung den Verpuppungszustand dogmatischen Gezänks und kirchlicher Unduldsamkeit durchlaufen, hieß Christian Meyer und war Schuster, der in allen entscheidenden Momenten mit großer Redegewandheit und Zuversichtlichkeit auftrat. Er war es, der bereits bei dem ersten Volksaufstand ohne weitere Befugnis in das Rathaus eindrang und die Wiedereinsetzung Strauchs durchsetzte. Er begab sich dann mit vier Gewerksgenossen in das königliche Lager Sawarow, um sich als Anführer der Gewerksdeputation auf dem Krönungsreichstag in Krakau 1675 einzufinden. Hier standen sich zum ersten Mal die Deputierten des Rats und der Gewerke als zwei feindliche Parteien gegenüber. Zum ersten Mal seit der Einsetzung der III. Ordnung (1526) wird das Verhältnis des Rats zu jenem Teil der Bevölkerung, den er als seine Untertanen zu betrachten gewohnt war, durch eine höhere Instanz anerkannt« (Goldmann, Verfassungskämpfe, S. 59).

Es handelte sich um den bisher schwersten Verfassungskonflikt in der Danziger Geschichte, und der König nahm ihn zum Anlaß, nach Danzig zu kommen, um die notwendigen Entscheidungen persönlich zu fällen. Am 1. August 1677 trafen König Johann III. Sobieski und die Königin in Danzig ein.

Der König war als strenger Katholik bekannt, und so fürchtete der Rat nicht zu Unrecht, schwere Forderungen erfüllen zu müssen. Zwar standen im Vordergrund der Verhandlungen die Vorwürfe der III. Ordnung, die stärker an den Geschäften des Rats beteiligt sein wollte und dies dank des Königs Machtspruch wenigstens teilweise erreichte. Im Hintergrund jedoch entbrannte der Kampf um die Rückgabe der Marienkirche als katholischer Pfarrkirche.

Thorn, Graudenz, Marienburg und Elbing – sie alle hatten bereits ihre Pfarrkirchen den Bischöfen übergeben müssen. Allein Danzig weigerte sich standhaft. Wie in allen solchen Fällen war wieder einmal die beste Waffe für Rat und Bürgerschaft das Geld. Der König erhielt als persönliches Geschenk 200.000,– Gulden, und der katholischen Gemeinde wur-

de zugebilligt, sich auf dem Grundstück des Pfarrhauses von St. Marien und weiteren fünf Bürgerhäusern in der Heiligengeistgasse, die direkt angrenzten, ein eigenes Gotteshaus zu errichten. Der Rat mußte die fünf Häuser kaufen, König Johann Sobieski stiftete 20.000,– Gulden, aus dem Vermächtnis des Erzbischofs Olszowski kamen weitere 80.000,– Gulden. Dies reichte für den Bau des katholischen Gotteshauses. »Der Bauplan lehnte sich an italienische und holländische Vorbilder von Tylman van Gamern aus Holland an, der zu jener Zeit im Dienste des polnischen Königs in Warschau tätig war. Die Bauleitung übernahm Bartel Ranisch« (Keyser, S. 373). Die Kirche wurde 1683 zu Ehren des Heiligen Geistes, Johannes des Täufers und des Apostels Andreas geweiht, erhielt von der Danziger Bevölkerung aber den populären Namen »Königliche Kapelle«. Sie ist der einzige Kuppelbau in Danzig und wurde eine markante bauliche Bereicherung der Rechtstadt.
Danach ist kein kirchlicher oder weltlicher Bau mehr in Danzig erstellt worden, der dem Stadtbild eine besondere Note hätte geben können.

15 Stanislaw Leszczynski

Mit keinem Träger der Krone Polens ist Danzigs Schicksal so blutig eng verknüpft gewesen wie mit dem Stanislaw Leszczynskis.
Danzigs Blüte welkte, doch es war kein schnelles Sterben. Im Gegenteil. Auch zu Ende des 17. Jahrhunderts regierten noch die alten Geschlechter. Der Handel wies nicht mehr jene Höhe auf wie vor 50 Jahren, aber die Ansprüche waren zurückgeschraubt, und es ließ sich auch auf weniger großem Fuße noch recht gut leben. Dennoch war die Bürgerschaft unruhig, manche Familie wanderte ab. Bereits in einer kleinen Denkschrift aus dem Jahre 1660 wurden die Ursachen dargelegt, die zu dem Rückgang des Handels führten: »Da wird geklagt, daß der Mehlhandel fast ganz aufgehört habe, weil Holstein und Dänemark nun selbst Kornmühlen zu erbauen begännen, nachdem das Mehl durch betrügerische Händler so oft gefälscht worden sei. Im Flachs- und Hanfhandel wäre Königsberg Danzig zuvorgekommen ... Der Holzhandel hätte gelitten durch die Konkurrenz Norwegens, die Asche, in der der Umsatz über eine Million betragen hat, würde direkt über Riga ausgeführt, den Salpe-

ter holten die Holländer aus Ostindien, der Absatz englischer Laken nach Polen wäre infolge der Tuchfabrikation in Fraustadt und Lissa stark zurückgegangen. Ähnlich wäre es mit den Spezereien, deren Vertrieb Breslau zugefallen wäre, während man Blei und Kupfer direkt nach Hamburg zu schicken beginne« (Goldmann, Verfassungskämpfe ... S. 75).

Die wirtschaftlichen und politischen Schwierigkeiten in Polen nach dem Tode Johannes III. Sobieski 1696 ließen für Danzig wenig Gutes erwarten. Wiederum gab es eine Doppelwahl, bei der sich Friedrich August von Sachsen (August der Starke) und der französische Prinz François Louis Conti gegenüberstanden. Der Kurfürst von Sachsen bestieg als August II. den polnischen Thron, während sein Gegner erst nach dessen Krönung in Danzig erschien, um schon wenige Wochen später enttäuscht abzuziehen, als er die mangelnde Resonanz unter den Polen verspürte.

König August war noch jung und verfolgte hohe Ziele, sowohl in persönlicher Erweiterung seiner Macht – als auch in politischer Beziehung, wobei für Danzig nur der Krieg zur Rückgewinnung Livlands von Bedeutung ist. Hier stieß August auf den Widerstand des jugendlichen Schwedenkönigs Karl XII., der August II. bei Riga besiegte und vom polnischen Senat die Absetzung des Königs forderte. Die Gegner August II. schlossen sich »zu einer Generalkonförderation in Warschau zusammen, die das Interregnum ausrief... Zum Gegenkönig wurde im Juli 1704 der jugendliche Wojewode von Posen, Stanislaw Leszczynski, aus altem großpolnischen Magnatengeschlecht (Sitz Lissa) gewählt, der aber nur eine kleine Anhängerschaft gewann und völlig von seinem schwedischen Protektor abhing« (Rhode S. 295). Da es Karl XII. gelang, August II. zu zwingen, auf die Krone Polens zu verzichten, bemühte sich Leszczynski zwar, seine Anhängerschaft zu vergrößern, doch wegen der schweren Niederlage Karls XII. bei Poltawa, wo dieser von den Russen geschlagen wurde, mußte er sich mit schwedischen Truppen 1709 »nach Vorpommern zurückziehen, während August seinen Thronverzicht für ungültig erklärte« (Rhode S. 296).

Danzig war durch die Kriegszüge Karls XII. in schwere Bedrängnis geraten. »Schon im Jahre 1703 hatte die Stadt nur mit Mühe den schwedischen Generalkommissar Steenbock, der von ihr militärische Unterstützung verlangte, durch eine hohe Abschlagsumme zu befriedigen ver-

mocht« (Keyser, Geschichte, S. 123). Diese Bedrohung Danzigs war von den Seemächten England, Holland und Dänemark mit Sorge verfolgt worden. Gemeinsam mit dem preußischen Gesandten traten sie im Haag in Beratungen ein, um eine mögliche Hilfe für Danzig zu erörtern. Preußen aber hatte bereits 1704 Geheimbesprechungen in Berlin mit dem Danziger Sekretär Hoppe geführt, was von den übrigen drei Mächten übel vermerkt wurde. Offen wurde ausgesprochen, daß Preußen in Danzig eigensüchtige Ziele verfolge. Vor allem war England und Holland daran gelegen, die freie Schiffahrt in der Ostsee und den Handel mit Danzig aufrechtzuerhalten. Es kam am 28. August 1704 zwischen Preußen und Danzig auch zum Abschluß eines Rezesses, in dem sich Preußen verpflichtete, Danzig militärisch und diplomatisch Schutz zu gewähren. Der Vertrag sollte jedoch erst dann in Kraft treten, wenn sich Preußen mit den übrigen drei Mächten geeinigt hätte.
Als diese Vereinbarung bekannt wurde, rief sie nicht nur in Danzig einen Sturm der Empörung hervor. Der Rat mußte seinen Syndicus Rosenberg nach Holland schicken, um das allgemeine Mißtrauen auszuräumen. Dem englischen Feldherrn und Staatsmann Lord Marlborough, der sich gerade auf dem Wege nach Berlin befand, wurde dort Einblick in den Vertrag gegeben, so daß sich die Wogen der Erregung langsam glätteten, zumal die Bedrohung Danzigs durch den Abzug der Schweden allmählich schwand und sich der Vertrag dadurch von selbst erledigte.
Stanislaw Leszczynski fand in Polen keine Bleibe mehr und zog sich auf das Herzogtum Zweibrücken zurück, »durch dessen Überlassung ihm Karl XII. eine anständige Existenz ermöglichte. Nach dem Tode des abenteuerlichen Schwedenkönigs verlor er seinen Lebensunterhalt und fand einen notdürftigen Zufluchtsort in Weißenburg im Elsaß« (Simson, Ein neues Werk über St. L. ZWG, Heft 39, Danzig 1899). Dann ergab sich für den entthronten König ein Glückswechsel. Seine Tochter Marie wurde am 5. Sept. 1725 dem König Ludwig XV. von Frankreich angetraut, und Leszczynski erhielt das schöne an der Loire gelegene Schloß Chambord. Von hier aus pflegte er rege Beziehungen zu Polen. Als August II. am 1. Februar 1733 verstarb, reiste Stanislaw Leszczynski als Bauer verkleidet nach Warschau, wo er diesmal mit großer Mehrheit zum König gewählt wurde. Habsburg und der Zar hatten sich jedoch bereits ein Jahr zuvor vertraglich »verpflichtet, die Wahl eines ›Piasten‹ nicht zu dulden

und wünschten die Wahl des portugiesischen Infanten Emanuel« (Rhode, S. 301).
Inzwischen aber hatten Petersburg und Wien sich im Hinblick auf die in Polen herrschende Stimmung auf Friedrich August, den Sohn Augusts II., geeinigt, und ein russisches Heer rückte auf Warschau vor, um die Wahl durchzusetzen. Leszczynski, der über keine nennenswerten Truppen verfügte, aber auf Hilfe aus Frankreich hoffte, zog sich nach Danzig zurück, »das wiederum, wie bei der Doppelwahl von 1575, dem zuerst gewählten König die Treue hielt«. (Rhode, S. 302) Hier traf er am 2. Oktober 1733 ein, und »wurde von der Bürgerschaft enthusiastisch empfangen. Die Briefe Leszczynskis und des ihn begleitenden französischen Botschafters Monti aus Danzig vermitteln eine glänzende Darstellung der Anhänglichkeit und des Opfermuts der Bürgerschaft für den einmal erkorenen König. Als die russischen Truppen durch Polen heranmarschierten und in Preußen einrückten, machte man sich in Danzig auf eine Belagerung gefaßt. Die Stadt entschied sich dafür, den König zu schützen ... vermehrte ihre Truppen, so gut es in der Eile ging ... Die eigentliche Belagerung begann mit der Ankunft des russischen Feldmarschalls Münnich vor Danzig« am 16. März 1734. (Simson, s.o. S. 178)
Den Russen gelang am 6. Mai die Eroberung der äußerst wichtigen Sommerschanze, wodurch Danzig die Verbindung mit Weichselmünde abgeschnitten wurde. »Dagegen gelang es der umsichtigen und tapferen Verteidigung der Danziger Besatzung, in der Nacht vom 9. zum 10. Mai einen sorgfältig vorbereiteten Sturm auf den Hagelsberg unter großen Verlusten für den Angreifer zurückzuschlagen. Die gefallenen Russen, deren Zahl auf 4000 Mann geschätzt ward, wurden am ›Russischen Grab‹ beerdigt« (Keyser, S. 132). Doch konnte dieser Erfolg Danzigs bedrängte Lage kaum verbessern. Dies sah auch Stanislaw Leszczynski vermutlich ein, denn, ohne den Danziger Rat zu unterrichten, floh er in der Nacht vom 27. zum 28. Juni – wiederum verkleidet – aus der Stadt und erreichte wohlbehalten Königsberg, wo ihm Friedrich Wilhelm I. gastfreies Unterkommen gewährte.
Am 9. Juli 1734 erfolgte dann die Kapitulation Danzigs, die nicht nur mit einer hohen Kontribution verbunden war, sondern auch demütige Abbitte durch eine aus allen Ordnungen gewählte Deputation bei der russischen Zarin Anna Iwanowna, einer Nichte Peters des Großen, erforderte. Darüber hinaus mußte Danzig August III. huldigen und ihm ein

Geschenk von 80.000 Gulden bewilligen. An Rußland mußte die Stadt 1 Million Taler Kriegsentschädigung zahlen. »Bis zur Abzahlung aller Gelder blieb Weichselmünde von fremden Truppen besetzt« (Keyser, Geschichte Danzigs, S. 133. Danzig 1921).
Die Opfer, die Danzig für diesen unglücklichen König auf sich nahm, lassen sich kaum mit Opfern vergleichen, die irgendeine andere deutsche Stadt jemals für ihren Landesherrn darbrachte. Der Blutzoll, den die Danziger Bürgerschaft zusammen mit der Leibwache des Königs und den in Danzig befindlichen geringen französischen Kräften zahlte, läßt sich nur mit jenen Opfern vergleichen, die Danzig im Kampf mit König Stefan auf sich nahm, als es um die Bestätigung seiner freiheitlichen Privilegien ging. Wenn die russischen Verluste im Kampf um den Hagelsberg mit 4000 Toten angegeben werden, dann dürfte die Zahl der Verteidiger auch nicht zu gering eingeschätzt werden.
Somit brachten die ersten vier Jahrzehnte des 18. Jahrhunderts viel Unheil über Danzig, zumal auch die von 1709 bis 1713 in Osteuropa wütende Pest die Stadt heimsuchte und etwa 25.000 Menschenleben forderte. Die Einwohnerzahl nahm rapide ab und sank von 77.000 im Jahre 1650 auf weniger als 50.000 ab. Der Handel Danzigs fiel durch das zu Beginn des Jahrhunderts in Polen herrschende Chaos auf einen Tiefstand.
Ein Sohn Danzigs aus jener Zeit hat sich zwar nicht in seiner Heimatstadt, aber in Preußen einen Namen gemacht: »Am 16. Oktober 1726 in dem damals noch halb polnischen Danzig geboren«, schreibt Kaemmerer, Direktor des Kaiser-Friedrich-Museums in Posen, »war Daniel Chodowiecki, Sohn einer französischen Refugiée und eines polnischen Getreidekaufmanns, berufen, zum Direktor der Berliner Kunstakademie aufzusteigen.« Von seiner Reise nach Danzig im Jahre 1773 hat Chodowiecki ein Tagebuch mit köstlichen Zeichnungen hinterlassen, auf denen er auch eine Reihe führender Persönlichkeiten der deutschen und polnischen Danziger Gesellschaft darstellte.

16 Verfassungskämpfe

Die große Schuldenlast, die Danzig seit dem schwedisch-polnischen Kriege hatte auf sich nehmen müssen, zog jährliche Zins- und Tilgungs-

zahlungen von etwa 100.000 Gulden nach sich. Die Danziger Steuerkraft reichte nicht aus, um diesen zusätzlichen Betrag zu decken, so daß der Rat Schuldverschreibungen zu recht guten Bedingungen ausgab. Er hatte dies bisher auch stets ohne Bedenken tun können, da das Patriziat sie als gute Kapitalanlage im allgemeinen erworben hatte. Weitere Schuldverschreibungen wollte die Opposition nun nicht mehr genehmigen und verlangte, künftig nur nach Beratung aller drei Ordnungen gemeinsam die Aufnahme neuen Kapitals zu gestatten. Um solchen lästigen Beratungen, die der Rat als Bevormundung ansah, zu entgehen, beschloß er, die bereits seit längerem eingeführte Accise zu erweitern bzw. zu erhöhen. Bei der Accise handelte es sich um eine Umsatzsteuer, die in allen Ländern üblich und seinerzeit von französischen Finanzexperten als eine Goldgrube entdeckt worden war.
Für Danzig war die Accise deswegen problematisch, weil die Bischöfe auf ihren außerhalb der Stadt gelegenen Besitzungen St. Albrecht, Altschottland und Stolzenberg keine derartige Steuer erhoben. Dadurch konnten dort die zumeist mennonitischen Handwerksbetriebe und die dort ebenfalls lebenden jüdischen Händler ihre Erzeugnisse preiswerter anbieten. Es ist daher durchaus verständlich, wenn die III. Ordnung gegen die Erweiterung bzw. Erhöhung der Accise durch den Rat Sturm lief. Andererseits aber konnte sich auch die III. Ordnung der Notwendigkeit, die städtischen Einnahmen zu steigern, nicht verschließen. Der Schuldige, gegen den sich die Wut richtete, wurde rasch gefunden, und zwar in Gestalt der Mennoniten und in gewisser Beziehung auch der Juden.
Die Mitglieder beider Glaubensgemeinschaften hatten kein Bürgerrecht, durften sich auch in Danzig immer nur für kurze Zeit aufhalten, doch die III. Ordnung fühlte sich durch sie geschädigt. Den Juden warf sie das Hausieren auf Danzigs Landgebieten und oftmals auch dunkle Finanzgeschäfte vor. Die Mennoniten hingegen erregten durch ihre Betriebsamkeit, Bescheidenheit und ihren Fleiß den Unwillen der III. Ordnung. Einzelnen Mennoniten war es inzwischen auch gelungen, über Strohmänner Hausbesitz in Danzig zu erwerben und das Bürgerrecht zu erlangen. Um diese Zeit bedienten sich die Mennoniten noch ihres niederdeutschen Dialekts und wurden deshalb wie auch wegen ihrer unbeliebten handwerklichen Tätigkeit nicht nur in Danzig, sondern auch in anderen Städten Norddeutschlands »Bönhasen« genannt. Der Rat hatte den Mennoniten gegenüber stets zwar eine reservierte, jedoch keine aus-

gesprochen ablehnende Haltung eingenommen. Die im königlich-polnischen Preußen lebenden Mennoniten erfreuten sich schon seit längerer Zeit der völligen Duldung durch den König, worüber ihnen mehrere Privilegien ausgestellt worden waren. Die III. Ordnung hingegen konnte oder wollte sich mit der mennonitischen Betriebsamkeit nicht abfinden und besonders nicht damit, daß sie in Danzig keine Steuern zu zahlen brauchten, da sie auf den bischöflichen Besitzungen lebten und dort ihre Erzeugnisse herstellten.

Die strenge Ordnung der Kaufleute und Gewerke in Danzig umschrieb die Kompetenzen beider Stände genau. Was der Handwerker fertigte, verkaufte der Kaufmann. Ein Danziger Möbelstück, das der Danziger Tischler oder Kunsttischler (die Holzbildhauer standen noch eine Stufe höher) herstellte, mußte der Kaufmann veräußern. Bei den Mennoniten aber war das anders. Dort lagen Produktion und Verkauf zumeist in einer Hand. Das verstieß gegen die althergebrachten inzwischen längst verkrusteten Formen, doch die III. Ordnung setzte alles daran, diese Formen zu erhalten. So wurden die Mennoniten sozusagen der Angelpunkt, an dem die III. Ordnung ihre Beschwerde beim König von Polen einbrachte. Sie umfaßte folgende vier Hauptpunkte:

1. Ausweisung der Mennoniten und Juden.
2. Keine Erhöhung der Accise.
3. Stärkere Beteiligung an der Regierung durch Aufnahme von Mitgliedern der III. Ordnung in die II. Ordnung (die Schöffenbank) und den Rat.
4. Neufassung des Danziger Gesetzbuches, das den Namen »Willkür« trug.

König von Polen war inzwischen August III., Sohn Augusts des Starken, und gleichzeitig Kurfürst von Sachsen. Er nahm gern die Gelegenheit wahr, die ausführliche Beschwerde der III. Ordnung zwecks gründlicher Prüfung durch den Grafen von Brühl von Warschau nach Dresden zu leiten. Diese Beschwerdeschrift offenbart bereits die völlig veränderte Stellung des Rats gegenüber der Bürgerschaft, aus deren Reihen sich die III. Ordnung zusammensetzte. Zum anderen zeigt sie das ganz anders geartete Verhältnis des Rats zum jetzt regierenden König von Polen. Dieser war wie schon sein Vater nicht mehr auf eine finanzielle Unterstützung durch Danzig angewiesen, konnte sich vielmehr auf die bedeutende wirtschaftliche Leistungsfähigkeit seines Heimatlandes Sachsen stüt-

zen und in Polen einen königlichen Prunk entfalten, wie es ihn bis dahin dort nie gegeben hatte.
Aus einer ganz anderen Machtstellung heraus konnte sich daher der König ganz willkürlich zum Verbündeten der unzufriedenen Bürgerschaft in Danzig machen. Er entsandte die beiden Bevollmächtigten Adam Stanislaw Grabowski, Bischof von Ermland, und Anton von Leubnitz, seinen Kammerherrn, nach Danzig, um zu prüfen, »was gegen die früheren königlichen Verordnungen und zum Nachteil des Commercii und des Gemeinen Besten sich eingeschlichen«. Gleichzeitig sandte der König ein Handschreiben an Dr. Gottfried Lengnich, Professor am akademischen Gymnasium in Danzig, in dem er ihm auftrug: »... die hinterlistigen Gründe der Gelehrten, die durch eine Menge scheinbarer Worte die gerechte Sache der getreuen Bürgerschaft verdunkeln wollen, durch eine geschickte Art zu widerlegen, damit jene nicht unter dem unerträglichen Joch einer willkürlichen Herrschaft zu bleiben gezwungen wäre«.
Lengnich hatte bereits im Jahre 1740 im Auftrage des Krongroßkanzlers Zaluski die Praktiken des polnischen Reichstags in Warschau studiert, so daß er für den König und seine Berater in Warschau eine Vertrauensperson darstellte. Lengnich geriet durch diesen Auftrag zwar in eine schwierige Lage, denn einerseits entstammte er der III. Ordnung, zum anderen aber stand er in den Diensten des Rats, mit dessen Mitgliedern ihn viele persönliche Kontakte verbanden. Dennoch erledigte er die Aufgabe in der Art, daß er dem Rat nicht zu nahe trat, dem König aber doch ein anschauliches Bild über die inneren Verhältnisse Danzigs vermittelte. Dieses Bild wurde durch die Berichte der sächsischen Gesandten erweitert, und was Lengnich noch verschwiegen oder zu glätten versucht hatte, wurde durch diese beiden sächsischen Vertreter dem König nun klar. Trotz einer königlichen Anweisung, die Vertreter der III. Ordnung stärker an der städtischen Verwaltung teilhaben zu lassen, ließ der Rat, auf seine Verbindungen in Warschau bauend, Jahre vergehen, ohne sich um die Beschwerden der III. Ordnung zu kümmern. Diese jedoch ließ nicht ab, durch ihre Vertreter in Dresden ständig Verstöße des Rats gegen königliche Verordnungen aufzuzeigen und die eigenen Interessen immer stärker zur Geltung zu bringen. In der III. Ordnung zeigte sich jetzt »eine neue soziale Schicht, die nach politischer Betätigung drängt ... Der neue bürgerliche Geist dieser aufstrebenden sozialen Gruppe will

die Scheidewand durchbrechen, welche die Juristenherrschaft aufgerichtet zwischen sich und dem Volke, zwischen solchen, die nach aus Büchern geschöpfter theoretischer Staatsweisheit regieren und denen, die gemäß den wirtschaftlichen und sozialen Forderungen des praktischen Lebens sich selbst regieren wollen« (Goldmann, S. 96/7).

Die III. Ordnung wurde im Jahre 1766 nicht mehr vertreten durch jene führenden Gewerkmeister von 1667, die sich ihre Petitionen an den König noch durch die Jesuiten hatten ausarbeiten lassen müssen, es waren vielmehr Männer mit einem geistigen Habitus, der dem des verkrampften und nur theoretisierenden Rats an praktischer Erfahrung weit überlegen war. Sie kamen mit ausgearbeiteten Vorschlägen nach Dresden, deren Verwirklichung sie durchsetzen wollten. Sie fanden allmählich Gehör, obwohl der Rat seine Ansichten durch seine besten Männer unterbreiten ließ, zu denen auch Lengnich gehörte, der inzwischen zum Syndicus gewählt worden war. Daher dauerte es auch so lange, bis es zu einer Entscheidung kam. Der Rat hatte den Vorteil, sich auf seine Verbindungen am königlichen Hof in Warschau stützen zu können. Die III. Ordnung gewann die rechte Hand des deutschen Kurfürsten von Sachsen, den Grafen Brühl, als Verbündeten. Und damit war der Kampf zugunsten der III. Ordnung entschieden. »Den gemeinsamen Angriffen von Königtum und III. Ordnung ist das alte Stadtregiment ruhmlos unterlegen. Eine neue politische Machtverteilung ist vor sich gegangen; auf Kosten der bisherigen städtischen Regierung haben König und Bürgerschaft ihre Kompetenzen erweitert ... die frühere Ratsherrlichkeit war unwiederbringlich verloren, kein totes und kein lebendes Gesetz konnte ihr mehr nutzen oder schaden. Die III. Ordnung benutzt dagegen sofort die eben errungene Erhöhung ihrer sozialen Geltung nach Wegräumung der sie bisher einengenden politischen Gebundenheit, um ihrem Wirksamkeitsbedürfnis endlich Genüge zu tun und frisch an die Abstellung der so oft gescholtenen obsolet gewordenen Verordnungen, Gesetze und Verwaltungspraktiken zu gehen, welche als Institution vergangener Geschlechter schon lange ohne innere Berechtigung die Entwicklung eines neuen bürgerlichen Geistes aufgehalten« (Goldmann S. 118).

Nur in einem Punkt konnte sich die III. Ordnung nicht durchsetzen, und das war ausgerechnet derjenige, an dem sich die ganzen Verfassungskämpfe entzündet und ihren Anfang genommen hatten: in der Mennonitenfrage. Hierzu schreibt Goldmann: »Jedoch gegen die Mennoniten mit derselben Entschiedenheit vorzugehen, wie die Danziger Bürger es wünschten, dazu lag für den Dresdener Hof keine Veranlassung vor. Abgesehen von der erst vor kurzem (12. Oktober 1748) erlassenen Bestätigung ihrer Privilegien, bei welcher Gelegenheit nach Andeutung des Rats ihnen noch eine besondere geheime Zusicherung gemacht worden, mögen die Mennoniten auch durch geschickt verwendete Interventionen die Stimmung bei Hofe zu ihren Gunsten beeinflußt haben. Der holländische Gesandte Bleyswick hat sich beim Danziger Rat und auch am Dresdner Hof für die Mennoniten verwendet« (103).

Nur kurz sei darauf hingewiesen, daß die Danziger Mennoniten »gleich«, wie ihr Prediger Mannhardt schreibt, »nach der Einverleibung in den preußischen Staat alles daran setzten, um die bürgerlichen Rechte zu erlangen, die der Danziger Rat ihnen so hartnäckig verweigert hatte. Obgleich auch jetzt die städtischen Behörden heftig widerstrebten, wurde ihnen endlich 1800 durch königliche Verfügung die Fähigkeit zugesprochen, das Bürgerrecht in Danzig zu erwerben« (Mannhardt, »350 Jahre Mennonitengemeinde in Danzig« Danzig 1919).

Es war dies der letzte Kampf der Danziger Regierung, zu der ja alle drei Ordnungen gehörten, gegen die Mennoniten. Andere viel schwerere Sorgen traten in den Vordergrund. Danzigs Kampf mit Preußen um seine Freiheit brach an.

17 Die Einverleibung durch Preußen

Die III. Ordnung konnte sich ihres Sieges über den Rat nicht mehr erfreuen. Die Ereignisse der nächsten drei Jahrzehnte stellten die Danziger Bürgerschaft vor härteste Bewährungsproben im Kampf um ihre Freiheit. Allein in dieser Stunde zeigte sich, daß die weltweite Erfahrung des Rats, seine Verbindungen zu Polen wie zu Rußland, zu England wie zu Holland stark genug waren, Friedrich dem Großen die Stirn zu bieten. Wenn Danzig am Ende doch unterliegen mußte, so läßt sich nur den Worten zustimmen, die der Danziger Vertreter in Warschau, Gralath, bereits im Jahre 1784 an den Danziger Bürgermeister Reyger richtete: »Es ergehe über unsere gute Vaterstadt, was da wolle, so bleiben unsere Archive künftige Beweise, daß von Euer gestrengen Herrlichkeit und

Ihren dortigen treuen Mitarbeitern nichts hiebey ist versäumet worden.«
Fast dreißig Jahre hat Danzig um seine Freiheit gerungen. Friedrich dem Großen selbst gelang es nicht, diese heißbegehrte Stadt durch preußische Truppen zu besetzen. Erst sieben Jahre nach seinem Tode hatten sich die Machtverhältnisse in Osteuropa derart verschoben, daß sein Nachfolger Friedrich Wilhelm II. mit einem sehr ungnädig gehaltenen Schreiben an die Bürgerschaft Danzigs die Stadt in den Staatsverband Preußens aufnehmen konnte.
Der Kampf der Danziger Bürger um ihre Freiheit ist ein Phänomen, das sich schwer erklären läßt. Sicher spielte die Treue zum polnischen König eine bedeutende Rolle, doch liegen Dokumente aus Warschau vor, in denen der Stadt geraten wird, den preußischen Bedingungen nachzugeben und sich dem König von Preußen zu unterwerfen. Der Rat tat es nicht, und dies ist das Erstaunliche, daß auch die III. Ordnung, die sich doch aus einhundert Abgeordneten der Bürgerschaft zusammensetzte, einmütig zum Rat hielt und damit zum NEIN stand.
Einer der ersten Handelsherren Danzigs in jener Zeit war der Ratsherr Trosiener, dessen Tochter Johanna später den wohlhabenden Kaufmann Heinrich Floris Schopenhauer heiratete. Verwitwet schrieb sie später ihre Erinnerungen, die ihre Tochter Adele, die Schwester des Philosophen Arthur Schopenhauer, unter dem Titel »Jugendleben und Wanderjahre« veröffentlichte. Hierin gibt die Mutter des Philosophen einen guten Einblick in die damalige Stimmung, wie sie in der Danziger Bürgerschaft herrschte. Dort heißt es:
»Viele Tage lang war es immerfort, als ob ein schweres Gewitter am Himmel stünde; wir Kinder hörten kein freundliches Wort, alle Leute im Hause gingen stumm und niedergeschlagen nebeneinander her. Wir hätten es machen sollen wie die Nürnberger, von denen Herr Moser erzählt; wir hätten ›mitnichten!‹ sagen sollen, als der Preuße herein wollte, dachte ich bei mir, hütete mich aber weislich davor, es auszusprechen. Nur auf einzelne Stunden kam der Vater den Tag über vom Rathause, mit einem so finsteren Gesicht, daß ich mich mit meiner Schwester Lotte gleich zu meinen Puppen retirierte, sobald ich nur von fern ihn sah.
Bedeutende Wunden, welche das Schicksal uns schlug, lernen wir endlich mit einer Art stumpfsinniger Ergebung ertragen; doch nie verschmerzen wir jene tausend kleineren sich täglich wiederholenden Nadelstiche desselben, die uns gleichsam spottend verfolgen, und kommen

nimmermehr dahin, uns geduldig zu unterwerfen. Die bis zur höchsten Ungebühr, täglich auf das schonungsloseste sich wiederholenden Plakkereien, welche das nach französischer Art eingerichtete Accisewesen, besonders in Langfuhr, sich erlaubte, trugen daher fast noch mehr dazu bei, die Erbitterung gegen Preußen aufs höchste zu treiben, als alle anderen Maßregeln, welche die völlige Vernichtung des bürgerlichen Wohlstandes der unglücklichen Stadt allmählich herbeiführen mußten.«
Johanna Schopenhauer beschreibt dann »die empörende Behandlung, welcher die Einwohner Danzigs ohne Unterschied der Person ausgesetzt waren, sobald sie die ihnen so eng gesteckte Grenze ihres Gebiets überschritten«, und schildert, wie zwei preußische Zollposten beim heimlichen Anbringen einer neuen Königl. Preußischen Verordnung am Rathaus überrascht und behandelt wurden:
»Durch öfteres Gelingen wahrscheinlich zu dreist geworden, ließen unglücklicherweise zwei dieser Elenden über der Ausführung eines solchen Unternehmens sich betreffen, und waren im Nu vom wütenden Pöbel umringt. Brüllend wie die vom Sturm gepeitschten Meereswogen strömte von allen Seiten das Volk herbei; mit Pflastersteinen und Stökken bewaffnet, erhoben sich tausend drohende Fäuste, unter wilden Flüchen und Schmähungen erscholl aus tausend Kehlen das Todesurteil der Verhaßten. Nur schleunige Flucht konnte sie retten. Aus vielen Wunden blutend, gelang es endlich dem Leichtfüßigsten unter den beiden, sich in die Hauptwache zu werfen, wo seine Verfolger von ihm abließen. Wie ein gehetzter, von einer Koppel Hunde gejagter Hirsch wurde indessen sein Begleiter durch die halbe Stadt, durch Gassen und Gäßchen im angestrengtesten Lauf unter einem Hagel von Steinwürfen erbarmungslos fortgetrieben; nur die mit jedem Schritt sich mehrende Anzahl seiner Verfolger, die endlich in den engen Straßen eine dicht zusammengedrängte Masse bildeten, verhinderte sie, ihn zu ergreifen. Brüllend, heulend vor Todesangst und Schmerz, mit Blut bedeckt, die Überreste seiner Kleidung in Fetzen um ihn herumflatternd, sah ich das Jammerbild, ganz nahe hinter ihm drein der tobende Haufen, an unserem Hause vorüberjagen; er stürzte vor Entkräftung, raffte sich aber schnell genug wieder auf, und erst in der nächsten Straße ereilte ihn endlich das Schicksal, dem er vergeblich zu entfliehen strebte.
Ich kann und mag das Schreckensbild nicht weiter ausmalen; ungerächt und unbeklagt verendete der Unselige im eigentlichen Sinn des Wortes

unter den Fäusten und dem Hohngelächter der zur wildesten Rache empörten tief beleidigten Volksmenge; sie wollte und mußte ihr Opfer haben, und jeder Versuch, es ihr zu entreißen, wäre jetzt ebenso vergeblich, als wahrscheinlich in seinen Folgen verderblich gewesen.«

Diese erschütternden Worte Johanna Schopenhauers, die die Stimmung, wie sie um 1780 in Danzig herrschte, so eindrucksvoll wiedergeben, sind nicht die einzigen dieser Art. Aus dem bereits zu Preußen gehörenden Landgebiet zwischen Weichsel und Nogat liegt ein Gedicht aus dem Dörfchen Klein-Mausdorf vor, welches die Überschrift »Gedicht, welches die Dantziger auf die Preußen gedichtet haben« und das Datum »Klein-Mausdorf den 30. January, Anno 1784« trägt:

Die Preußen sich quartieren ein
und nennen den Wirt aus falschem Schein ______ Vater
All's was im Hause ist darein
das gib heraus, es muß jetzt sein ______ Unser
Der Bauer denket eben recht,
»Ihr Schelmen seidt ja Teuffels Knecht ______ Der du bist
Wir armen Leute leiden Not
und klagen es dem lieben Gott« ______ Im Himmel
Ich zweif'le, daß auch wohl ein Freund,
der unter diesen Preußen seind, ______ Geheiliget werde
Es ist kein Volk auf dieser Erd,
Durch welches mehr gelästert werd ______ Dein Name
Sie rauben uns die Ruh und Rast
und machen uns sehr große Last ______ Zu uns komme
Drum Herr, wenn du's nicht selbst wirst hindern,
so werden sie noch rauben und plindern ______ Dein Reich.
Ach würden sie alle tot geschlagen,
so wollten wir mit Freuden sagen ______ Dein Wille geschehe
Wenn wir los wären diese Pein,
so wollen wir voll Freuden sein ______ Wie im Himmel
Wer weiß, wohin dies Volk gehört,
im Himmel wird es nicht geehrt ______ Also auch auf Erden
Sie brauchen unser Gut und Hab
und schneiden uns vom Maule ab ______ Unser täglich Brodt
Sie sagen: »Bauer, schaff uns frey«
Sauffen, Fressen gleich dabey ______ Gib uns heute!
Drum Dantzig, wenn wir dieses Jahr
Dir bringen keine Zinße dar ______ Vergib uns!
Maßen wir mit dieser Qual
bezahlen müssen allzumahl ______ Unsre Schuld
Gar listig wissen sie zu schaffen
daß sie bey unsere Weiber schlaffen ______ Wie wir

Als den müssen wir mit Schmertzen
noch schreien und dazu von Hertzen ——— vergeben
Wie kann uns solches Volk gefallen,
der Teuffel hole es mit allen ——— Unsern Schuldigern
Wen man nicht Pferde haben kan,
so heißt's: Kogon, span Ochsen an ——— Und führe uns
Was macht's? Sie sind uns überlegen,
drum können wir auch uns bewegen ——— Nicht!
Ach, Weiber und Töchter, die unser sein,
die werden sie noch führen ein ——— In Versuchung
In dem sie noch solch Übel treiben,
so laß sie doch nicht bey uns bleiben ——— Sondern erlöse uns!
Und gib doch, daß wir arme Leut
von Ihnen bald mögen sein befreit ——— Von dem Übel!
Ach, Herr, verleih uns Fried' und Ruh
und schick das Volk zum Teuffel zu ——— Amen.

Dieses Gedicht ist offenbar von einem intelligenten Bauern verfaßt worden, aber auch kein großer Dichter könnte die Not der Bauern wirksamer wiedergeben als diese einfachen Zweizeiler in Verbindung mit dem Gebet Christi. – Noch ein kurzer Aufruf, der am 1. Juni 1774 am Artushof angeschlagen war, soll genannt werden:

Der erste Junius 1774:
Heut ist der grösste Tag, von Furcht und Hoffnung voll,
An dem das Glück der Stadt entschieden werden soll.
Siegt! oder wenn der Preuss' sich wider uns empört,
Sterbt! eine Sklavenwelt ist unser nicht mehr werth.

Vermutlich fand am 1. Juni 1774 eine entscheidende Sitzung des Rats statt, dem dieser Aufruf galt.

Wenn der Übergang an Preußen dann letztlich doch nicht mehr zu vermeiden war, so ist er allein dem Entschluß der beiden Mächte Preußen und Rußland zu verdanken, sich weiterhin zu Lasten Polens zu bereichern. Der Teilungsvertrag wurde am 23. Januar 1793 in Petersburg geschlossen.

Ein kurzer historischer Rückblick auf die 30 Jahre von 1760–1793 bringt mancherlei Aufschluß und läßt für die schließliche Kapitulation Danzigs allein die Erklärung zu, daß die militärische Macht Preußens einen Widerstand Danzigs sinnlos machte; trotzdem kam es zu Schießereien beim Einmarsch der preußischen Truppen.

Friedrich der Große hatte durch den Frieden von Hubertusburg 1763 den Siebenjährigen Krieg siegreich beendet und Preußen seine eroberten

Gebiete damit endgültig einverleibt. Getreu seiner politischen Auffassung und oft von ihm vertretenen Meinung mußte nun Westpreußen, das königlich-polnische Westpreußen, die Verbindung seines Preußen, nach dem sein Staat diesen Namen trug, zu Pommern und damit zum übrigen Brandenburg darstellen. Schon kurze Zeit nach Beendigung des Siebenjährigen Krieges sah Friedrich in Westpreußen seine Provinz, und infolgedessen sandte er bereits 1765/66 Werber dorthin aus, um junge Männer aus den Dörfern und Städten mit unterschiedlich starken Zwangsmaßnahmen für seine Armee zu rekrutieren. Diese jungen Menschen waren, sobald sie erst einmal den Werbevertrag unterschrieben hatten, »Kantonisten«.

Um diese Kantonisten entspann sich der erste Streit zwischen Danzig und dem Preußenkönig, also schon vor der Annektierung Westpreußens und lange vor der Einverleibung Danzigs. Fußend auf Artikel XV. des Wehlauer Vertrages, den Polenkönig Johann II. Kasimir und der Große Kurfürst 1657 abschlossen, glaubte Friedrich zu seinem Vorgehen ein Recht zu haben, was König Stanislaw II. Poniatowski bestritt, so daß er diese Werbungen verbot. Selbstverständlich bezog Danzig dieses Verbot auch auf sich und legte beim preußischen Residenten (Vertreter) in Danzig, von Junk, Beschwerde ein. Dieser preußische Repräsentant arbeitete, wo er nur konnte, gegen die Interessen Danzigs und berichtete entsprechend nach Berlin. Die Danziger Beschwerden wurden mißachtet, die Schuld an den Schlägereien und Raufereien, die es infolge der Werbungen in Danzigs Straßen gab, stets dem Rat zugeschoben. Obwohl der Danziger Rat um die Abberufung Junks bat, kam König Friedrich dieser Bitte vorerst nicht nach. Danzig gab keine Ruhe und beschwerte sich nicht nur in Warschau, was sein gutes Recht war, sondern auch in Petersburg. In Berlin empfand man es »als eine unerträgliche Anmaßung, daß die Stadt jede Anforderung, die an sie gestellt wurde, an den polnischen und weiter den russischen Hof meldete und dieselbe so zu einem Gegenstand der Verhandlung zwischen den betreffenden Cabinetten machte« (Damus, S. 26). Danzig aber beharrte darauf, die Kantonisten zu schützen, und zwar alle. Es gab lediglich darin nach, diejenigen auszuliefern, die preußische Untertanen waren (Vertrag von 1771!).

Die Differenzen und Streitigkeiten, die Danzig mit Preußen wegen der Kantonisten austrug, waren nur einer der vielen Punkte, die Danzig und Preußen trennten.

In Polen regierte nach dem Tode Augusts III. (1763) Stanislaw II. Poniatowski, ein Günstling der russischen Zarin Katharina II. Er war dennoch den von einer bedeutenden politischen Gruppe Polens angestrebten Reformen gegenüber aufgeschlossen, was weniger im Interesse Rußlands und auch nicht dem Preußens lag. Danzig fand in König Stanislaw zwar nicht gerade einen Gegner, aber auch keinen Schutzherrn im Sinne der gewohnten »Danziger Freiheit«. So mußte Danzig damit rechnen, von den angestrebten Reformen, sollte der Reichstag sie genehmigen, betroffen zu werden. In erster Linie ging es für Preußen und Danzig um einen Generalzoll, der sich für die Entwicklung des gesamten Danziger Handels nachteilig auswirken müßte. Ungewollt wurde auf diesem Gebiet Preußen zum Bundesgenossen Danzigs, denn der Preußenkönig, der das Futter für seine Pferde zum großen Teil in Polen kaufte, mußte diesen Generalzoll ebenfalls entrichten. Da Polen nicht bereit war, denselben aufzuheben, erließ Friedrich am 13. März 1765 ein Edikt, auf Grund dessen in Fordon bei Marienwerder an der Weichsel eine Zollstätte errichtet wurde, an der 10% vom Werte aller Waren, die weichselauf- oder -abwärts diesen Ort passierten, gezahlt werden mußten. Dieser Fordoner Zoll war nur der Anfang eines Handelskrieges, der nun entbrannte. Danzig wurde mit allen möglichen Schikanen drangsaliert.
Es mußte beispielsweise die um Danzig herum liegenden preußischen Truppen von April 1771 bis in das Jahr 1772 hinein versorgen, was Danzig rund 8000 Dukaten kostete. Daß der König zu dieser Zeit in diesem Gebiet überhaupt noch keine Truppen unterhalten durfte, störte ihn nicht.
Im Einvernehmen mit Hamburg und Bremen war auch Danzig in Berlin durch den Anhaltinischen Hofrat Wewer vertreten. Er hat die Interessen Danzigs geradezu mit persönlicher Sorge wahrgenommen. Wenn er bei Hofe auch nicht die Autorität darstellte wie der königliche Offizier von Junk in Danzig, so hat er doch manchen Zorn beschwichtigen können, den Junks unseriöse Berichte über Danzig bei Hofe hervorriefen. Es gelang sogar nach einigen Jahren, die Abberufung Junks zu erreichen, da ihm persönliche Bereicherung nachgewiesen werden konnte.
Hofrat Wewer hat in einem Berliner Gespräch mit dem Danziger Sekretär Renner (ein Danziger Stadtsekretär vertrat häufig die Interessen der Stadt auswärts, wenn der Syndicus verhindert war) einmal erklärt: »Wenn man ohne Schutz nicht seyn kan und der Schutz, welchen man

vorher gehabt hat, ohnmächtig geworden ist, so ist wohl nichts natürlicher, als daß man um einen mächtigen Schutz sich bewirbet und einen solchen dazu erwählet, welchen die Lage dazu bestimmt hat« (Bericht Renners v. 19.9.1772 ZWG, Heft 20).
Doch Danzig wollte von diesem Schutz nichts wissen, man konnte sich ein Leben in oder unter Preußen nicht vorstellen; man sprach in Danzig eine andere Sprache als in Berlin oder Potsdam. Hertzberg, der preußische Minister, der mit der Angelegenheit Danzig betraut war, äußerte einmal Wewer gegenüber: »... das Beste wäre, Danzig nähme preußischen Schutz an, keine Macht würde es für die Stadt aufs Äußerste ankommen lassen!« (Brief Wewers v. 26.12.1772).
Einzig Kaiserin Katharina verwandte sich mehrfach für Danzig bei König Friedrich und erreichte 1773 sogar die Einberufung einer Konferenz in Petersburg, auf der die Danziger Beschwerden geprüft werden sollten. Friedrich wollte und konnte es mit Katharina Danzigs wegen nicht verderben, daher steckte er in manchen Fällen zurück, doch wuchs seine Erbitterung der Stadt gegenüber dadurch nur noch mehr.
Der Streit zwischen dem Preußenkönig und Danzig hatte sich nach der ersten Teilung Polens sofort auf den Hafen erstreckt, den preußische Truppen im Handstreich besetzten. Findige Juristen hatten in alten Urkunden geblättert und festgestellt, daß das ganze Hafengebiet zum Kloster Olivia gehörte. Dieses aber fiel bei der Teilung Preußen zu. Nach dem baldigen Tode des Abts wurde der neue Abt ein Hohenzoller aus der katholischen Linie Süddeutschlands. Er machte sich dadurch unbeliebt, daß er oft von »mon cousin le roi de Prusse« sprach. Tatsächlich war zwar Weichselmünde auf dem rechten Weichselufer, niemals aber das linke Weichselufer Danziger Hoheitsgebiet. Die Stadt Danzig und das Kloster Oliva hatten aber einen immerwährenden Erbvertrag über das Hafengebiet abgeschlossen, den die preußischen Juristen natürlich nicht anerkannten.
Der Danziger Historiker Rudolf Damus, der in einer umfassenden Forschungsarbeit über jene Zeit auch den Briefwechsel des Danziger Rats mit Warschau, Petersburg und Friedrich dem Großen in der Zeitschrift des Westpreußischen Geschichtsvereins veröffentlichte, schreibt zusammenfassend:
»Gestützt auf Beweisführungen seines Ministers von Hertzberg, nach denen ungefähr der ganze Landstrich am linken Ufer der unteren Weich-

sel Eigentum des Klosters Oliva war und demnach nicht zum eigentlichen Gebiete der Stadt Danzig gerechnet werden durfte, ließ er (Friedrich der Große) im September 1772 zugleich mit der Besetzung des übrigen Westpreußen die Ortschaften Langfuhr, Altschottland, Stolzenberg, Schidlitz, St. Albrecht und, was das Wichtigste war, den Hafen Neufahrwasser militärisch besetzen. Das so verkleinerte Danziger Territorium wurde mit einer Kette von Akziseposten umgeben und in Neufahrwasser eine preußische Hafenbehörde eingesetzt, die die dort üblichen Schiffsabgaben für preußische Rechnung erhob. Die ganze Einrichtung war mit verblüffender Schnelligkeit in den wenigen Tagen vom 14. bis 18. September zur vollständigen Überraschung sowohl der Danziger als auch der beiden Vertragsmächte, Österreichs und namentlich Rußlands, durchgeführt worden. Der König wußte eben sehr gut, daß nach der Besetzung des Hafens die Übergabe der Stadt nur noch eine Frage der Zeit sein konnte und daß die Proteste der Danziger seiner Machtstellung gegenüber ohnmächtig bleiben würden. Er schreibt selbst darüber: ›Comme il était évident, que le possesseur de la Vistule et du port de Danzig assujettirait cette ville avec le temps‹«.
Da Danzig sich auch weiterhin weigerte, den Schutz des preußischen Königs anzunehmen, verstärkte Friedrich seinen Druck und ließ die vorerwähnten Vororte zu einer preußischen Immediatstadt zusammenschließen. Er gab ihr starke finanzielle Unterstützung, um sie zu einer Konkurrenz Danzigs zu machen. Auch das war ein vergeblicher Versuch, Danzig in die Knie zu zwingen. Denn die dort produzierten Erzeugnisse konnten nur in Danzig abgesetzt werden, dieses verschloß aber seine Tore. Als der preußische Kriegsrat Bohlius in Berlin vorschlug, den Danziger Vorort Ohra auch noch zu besetzen, um eine direkte Verbindung zwischen Altschottland und St. Albrecht herzustellen, ließ Friedrich ihm antworten, »... der Gegenstand sei ihm zu unbedeutend, um wiederum das Geschrei von halb Europa wachzurufen« (ZWG, Heft 20, S. 86).
Diese Rücksicht auf das »Geschrei von halb Europa« nahm der Preußenkönig jedoch nur dann, wenn er auf gute Beziehungen zu Rußland (und manchmal auch England) Wert legte, was zwar häufig, aber keineswegs immer der Fall war. Je älter Friedrich wurde und je weniger sich ihm die Möglichkeit bot, Danzig als preußische Stadt unter seine Fittiche zu nehmen, um so härter wurden seine Maßnahmen. So schritt er, als Danzig

seine Tore für die Waren aus den Vorstädten verschloß, zur Blockade der Stadt. Am 17. Oktober 1783 erfolgte ihre völlige Einschließung; am 18. Oktober gingen Danzigs Kuriere ab nach Warschau und Petersburg, um dies Ereignis dort zu melden und um die notwendige Unterstützung und Hilfe zu bitten.
Mit der Blockade der Stadt war dem Rat eine Forderung des Königs, bestehend aus fünf Artikeln, überreicht worden, die erfüllt werden müßten, um Danzig die Freiheit zurückzugeben:
Erste Forderung: Danzig solle Abbitte wegen Beleidigung der preußischen Geschäftsträger leisten (einem preußischen Regierungsrat Meyer waren von jungen Burschen Schimpfworte nachgerufen worden).
Antwort Danzigs: Es sei sich keiner Schuld bewußt.
Zweite Forderung: Freie Passage für die königlichen Schiffe auf allen Armen der Weichsel.
Antwort Danzigs: Die Freigabe der Weichselstraße würde den Ruin Danzigs bedeuten, da die preußischen Untertanen den Fordoner Zoll von 10% nicht zu zahlen brauchten.
Dritte Forderung: Alle mit königlichen Pässen versehenen Schiffe ungehindert Danziger Gebiet hin- und herpassieren zu lassen.
Antwort Danzigs: Dadurch würde die »Preußische Seehandlung« einen solchen Nutzen haben, daß Danzig daneben nicht bestehen könne.
Vierte Forderung: Den Contrebande-Handel aus der Stadt Danzig in das königliche Preußen zu verhüten.
Antwort Danzigs: Die Contrebande (Schmuggelware) sei schwer zu kontrollieren, auch sei es jedes Staates eigene Sache, dasjenige, was er für Contrebande erkläre, von sich fernzuhalten.
Fünfte Forderung: Die Convention von 1771 über die Kantonisten solle von nun an auch auf die Provinz Westpreußen angewendet werden, weil die Stadt sonst in der Lage sei, »die Provinz zu entvölkern«.
Antwort Danzigs: Der geringe Umfang des Danziger Gebiets und die unbedeutende Zahl ihrer Bürger und Einwohner stünden in keinem Verhältnis zu der Größe des preußischen Staates.
Diese Antwort Danzigs konnte den Zorn Friedrichs des Großen auf Danzig natürlich nur noch steigern. Die rege diplomatische Tätigkeit, die jetzt von Berlin und Petersburg entfaltet wurde, zeigt, wie nahe die Möglichkeit eines Krieges zwischen Rußland und Preußen Danzigs wegen heranrückte. Darauf konnte es der Preußenkönig in seinem Alter nicht

ankommen lassen, aber auch Katharina war nicht unbedingt daran gelegen, auch wenn sie die Freiheit Danzigs 1756 nochmals ausdrücklich garantiert hatte. So schlug die Zarin unverzüglich die Einberufung einer gemischten Kommission vor. Die Vertreter Rußlands, Preußens, Polens und Danzigs sollten gemeinsam die Möglichkeiten zur Beendigung des preußischen Konflikts mit Danzig beraten.
Der Vertreter der russischen Kaiserin, General von Peterson, der Vertreter des preußischen Königs, von Buchholtz, der Vertreter Polens, Graf von Unruh, und die Vertreter Danzigs, die Ratsherren A. Groddeck und W.J. Weikhmann, traten in Danzig zusammen und einigten sich vorerst auf ein Einlenken Danzigs. Die Hauptverhandlungen wollte man auf preußischen Wunsch in Warschau führen. Die Blockade der Stadt wurde aufgehoben. Hofrat Wewer aus Berlin berichtet, daß »die schleunige Aufhebung der Blockade gegen den Willen der Cabinettsminister durch russischen Einfluß direkt beim König durchgesetzt war« (ZWG, Heft 20, S. 116).
Diese Verhandlungen in Warschau begannen im März 1784 unter Vorsitz des russischen Großbotschafters, Graf Stackelberg. Der preußische Vertreter war der Gesandte von Buchholtz, der polnische Graf Dzieduzcyski. Danzig hatte außer den Ratsherren Groddeck und Weikhmann als Protokollführer die Sekretäre Kahlen und Werndorff entsandt. Verhandlungsgegenstand waren die vorerwähnten fünf Forderungen des Preußenkönigs. Danzig nahm sie zum Anlaß, vorerst einmal alle Beschwerden gegen den König vorzubringen einschließlich der unrechtmäßigen Besetzung Fahrwassers (Neufahrwasser). Diesen Punkt zum Verhandlungsgegenstand zu machen, ließ Stackelberg jedoch nicht zu. Preußen machte gewisse Zugeständnisse, zumal im Handel mit polnischen Waren. Doch gerade dies erschien den Danziger Vertretern »als ein ganz absonderliches Vorgehen, daß hier eine fremde Macht über den Handel und die Zollbelastung Polens Verfügungen träfe: »Ist hierinnen ein Gesetz, so führten sie aus, was über fremde Güter und über die polnische Nation soll gemacht werden, zu deren letzteren Beschwer der königlich preußische Hof der unter dem Könige von Polen stehenden Stadt Danzig das Recht erlaubet, Zölle und Auflagen verfügen zu können? Sie kamen zu dem Schluß, daß die preußischen Zugeständnisse undurchführbare oder nur scheinbare seien, bei ihrer Annahme aber Danzigs Existenz aufhören müsse« (ZWG, Heft 20, S. 120).

Danzig wandte sich noch während der Verhandlungen in gesonderten Schreiben an London und Petersburg und hoffte auch auf Unterstützung durch Wien. Diese wurde ihm insofern zugesagt, als Kaiser Joseph an Kaiserin Katharina schreiben wolle, was er auch tat. Katharina nahm diesen Brief zum Anlaß, erneut in Berlin zu intervenieren. In dem schließlich von Stackelberg zustande gebrachten Vertrag mußte Danzig in einer Reihe von Punkten nachgeben, aber auch Preußen hatte einige bittere Pillen zu schlucken. Kurz vor der Abreise der Danziger Delegierten aus Warschau hatte »Stackelberg ihnen ans Herz gelegt, die Annahme des Tractats (durch die drei Ordnungen) ernstlich zu betreiben: ›Es ist gewiß‹, äußerte er, ›daß der Plan des preußischen Hofes ist, so lange die Stadt zu chicanieren und zu pressen, bis sie mürbe wäre, selbst zuletzt wünschen und andere Höfe einwilligen müßten, sich dem Könige von Preußen zu übergeben‹«. (ZWG, Heft 20, S. 130).
Der Tod Friedrichs des Großen am 17. August 1786 brachte vorübergehend eine Milderung der Haltung Hertzbergs, der in erster Linie die Triebfeder in Berlin gegen Danzig darstellte. Da aber Friedrich Wilhelm II. Hertzberg nicht nur in seiner Position bestätigte, sondern auch noch in den Grafenstand erhob, machte sich bald wieder eine härtere Haltung Berlins bemerkbar.
In Danzig, wo man zuerst alle Hoffnung auf diesen Thronwechsel gesetzt hatte, schlug nun langsam die Stimmung um. Zwar gab es in den drei Ordnungen keine unterschiedliche Auffassung in der Ablehnung der Einverleibung, doch in der freien Kaufmannschaft wurde sie vereinzelt erörtert. Um das Jahr 1790 herum machten sich schon häufiger Stimmen bemerkbar, die einen Anschluß an Preußen zumindest nicht mehr für den Untergang der Stadt hielten. Dies um so mehr, als Elbing und Marienburg einen wirtschaftlichen Aufschwung nahmen, der Danziger Kaufleute, aber auch einzelne Handwerker veranlaßte, ihre Betriebe dorthin zu verlegen. So entwickelte sich die Frage, ob man unter der Krone Polens verbleiben oder sich unter die Krone Preußens begeben solle, was zu einem immer breiter werdenden Riß in der Gesellschaft führte. In Vereinigungen und Gewerken wurden auch Abstimmungen vorgenommen, die allerdings durchweg die Ablehnung der Einverleibung in Preußen brachten. Es tauchte hingegen erneut eine früher schon vereinzelt erörterte Variante auf, ob nicht eine Freie Stadt Danzig von Preußen akzeptiert werden könnte.

Obwohl die Danziger ihre Augen keineswegs vor den Nachteilen verschlossen, die ihnen aus der Umklammerung durch preußisches Gebiet erwuchsen, konnte und wollte man sich zu einem klaren Ja für Preußen nicht entschließen. Man spürte die Not am eigenen Geldbeutel; hatten die Gewerke 1772 noch mehr als 500 Gesellen beschäftigt, so waren es 1790 kaum noch einhundert.
Danzig aber stand um diese Zeit nicht mehr im Mittelpunkt der Gespräche zwischen Berlin und Petersburg. Die Politik der Großmächte in Europa war inzwischen ausschließlich auf die Vorgänge in Frankreich ausgerichtet. Und da Napoleons Schatten bereits am Horizont auftauchte, beeilten sich Preußen und Rußland, ihre eigenen Sicherheitsmaßnahmen zu ergreifen. Hierzu gehörte dann auch die Verständigung über die zweite Teilung Polens, an der Österreich nicht teilnahm. Der Vertrag zwischen Preußen und Rußland vom 23. Januar 1793 besiegelte das Schicksal der Stadt, und am 5. März 1793 wußte man in Danzig aus einem Brief Wewers, daß in den nächsten Tagen die Aufforderung Preußens zur Übergabe erfolgen werde.
Der russische Geschäftsträger in Danzig, Sokolowski, übergab wenige Tage später den Ordnungen ein Schreiben, in dem die Bürger ermahnt wurden, den Einmarsch der preußischen Truppen ruhig über sich ergehen zu lassen. Dann aber kam es doch »zu Aufläufen vor dem Rathaus und dem Zeughaus, man verlangte Waffen, um den Feind abzuwehren, und nur durch fortwährende Patrouillen, durch die Aufstellung von Bürgerwachen und gütliches Zureden der Gewerksherren wurden die Einwohner einigermaßen beschwichtigt. Die geheime Deputation, welche zur Behandlung der ganzen Angelegenheit eingesetzt war, kam nach langer Überlegung zu dem Beschlusse, man solle dem General mitteilen, daß sich die Stadt ganz dem Könige ergeben wolle, da man ja doch nur die Wahl habe, sich dem General zu ergeben oder sich unter dem Schutt der Stadt begraben zu lassen ... Als die Besetzung der Außenwerke aber am 28. März vor sich ging und dabei auch ein preußisches Commando, um dem Hohen Tore gegenüber eine Wache zu errichten, bis zum Krebsmarkt vordrang, war die Bürgerschaft nicht mehr im Stande, das sehr erregte niedere Volk (in einer anderen Quelle ist von ›Volksmassen‹ die Rede), unter das sich auch Soldaten der Danziger Garnison gemischt hatten, zu zügeln. Gerade diese Leute fürchteten, in die preußischen Regimenter gesteckt und gegen Frankreich geführt zu werden. Ohne auf die

20 *Ansicht der Mottlau von der Kuh-Brücke. Handzeichnung von Friedrich Lohrmann, Kupferstich von Matthäus Deisch, 1765.*

21 *Die Mottlau am Krantor. Handzeichnung von Friedrich Lohrmann, Stich von J. Schuster 1770.*

23 *Speicherinsel. Milchkannenturm.*

22 *Speicher an der Alten Mottlau.*

24 *Das Hohe Tor ist 1558 von Wilhelm von dem Block erbaut worden, bildete einst den Zugang zur Stadt von der Danziger Höhe her und hat daher auch seinen Namen.*

25 *Danzig, Ansicht von SW., vom Bischofsberg aus. Lithographie von Eduard Meyerheim, 1832.*

26 *Danzig, Ansicht von NW. Aquatintablatt von Matthäus Deisch (vor 1765), nach Zeichnung von Friedrich Anton Lohrmann.*

Offiziere der Wachen zu hören, fing ein Haufen vom Hohen Thore aus auf die anrückenden Truppen zu schießen, während andere Schaaren, unter denen man viele Matrosen sah, sich der Kanonen auf den Wällen bemächtigten, und nachdem Munition aus dem Zeughause herbeigeschafft war, von dort eine Kanonade gegen die Preußen eröffneten« (ZWG, Heft 20, Damus S. 162 ff.).
Daraufhin zog der preußische General Raumer seine Truppen zurück und eröffnete aus sicherer Position vom Hagelsberg aus das Feuer. »Nur durch zahlreiche Patrouillen der Kaufgesellen, Brauer und Brenner, die zu diesem Zwecke bewaffnet wurden, gelang es, die Sicherheit in der Stadt einigermaßen herzustellen. Unter solchen Umständen wünschten die Danziger Behörden selbst, daß die Preußen bald einrückten und verhandelten dieserhalb mit General Raumer« (ZWG, ebd.).
Das Ergebnis war ein Erlaß an die Bürger und Einwohner der Stadt, in dem versprochen wurde, daß niemand, der früher aus königlichen Diensten oder Landen gegangen, irgend etwas zu befürchten haben sollte. Durch diese Vereinbarung wurde die städtische Bevölkerung offenbar beruhigt. Ohne Störung konnten nun zuerst das Hohe und Leege Tor und am 4. April 1793 dann die Stadt Danzig den preußischen Truppen übergeben werden. Der Einmarsch ging ohne weitere Störung vonstatten.
Infolge der »freiwilligen Unterwerfung« drückte der König von Preußen der Stadt seine Befriedigung aus und »sicherte allen Danzigern Enrolementsbefreiung (Wehrdienstbefreiung) und den aus dem preußischen Staatsgebiet in die Stadt Ausgewanderten volle Amnestie zu«.
An diesem 4. April 1793 starb das freie Danzig. Das Danzig, das sich einst ebenbürtig an die Seite Venedigs hatte stellen können, welches lange Zeit hindurch gleichrangig mit Amsterdam und Antwerpen, Hamburg und Bremen genannt wurde, war tot.
Dreihundertneununddreißig Jahre hatte es als freie Stadt zum polnischen Staatsverband gehört, nach jedem Thronwechsel dem König gehuldigt und ist, wie Lengnich sagt, »von seiner Unterwürfigkeit nicht abgetreten, sondern in derselben standhaft geblieben«.
Jetzt brach eine neue Zeit unter Preußen an.

Danzig unter dem preußischen Adler
(1793–1920)

Gottfried Bartholdy

Lärm und Aufregung unter der Danziger Bevölkerung verflogen verhältnismäßig rasch, denn die Anwesenheit der preußischen Gendarmerie und Truppen genügte, um Ruhe und Ordnung, Gehorsam und Disziplin auch in den Reihen der sehr freiheitsbewußten Regierungsmitglieder aufrechtzuerhalten. Dennoch ist es nicht nur dem Rat, sondern auch der III. Ordnung nicht leicht gefallen, bei der Führung der Danziger Verwaltung ausgeschaltet zu bleiben. Man trauerte im stillen Kämmerlein zwar seiner Freiheit nach, doch die preußische Kuratel war weniger schlimm als allgemein befürchtet.

Die Haltung der Danziger Preußen gegenüber kann man mit abwartend bezeichnen. Stolz, preußischer Untertan zu sein, war natürlich das letzte, was die eingesetzten preußischen Kommandanten und Beamten von den Danzigern erwarten durften. Die Erinnerung an Friedrich den Großen und der Ingrimm ihm und seinen Zöllnern gegenüber hafteten stark. Es bedurfte schon eines großen Feingefühls der »Besatzungsmacht«, denn als solche wurde Preußen auch weiterhin von den Danzigern empfunden, die Stadt langsam und »mit lockeren Fäden« an Preußen zu binden. »Man kann wohl mit Recht von einer nationalen Gleichgültigkeit unter den mehr wirtschaftspolitisch denkenden Danziger Bürgern jener Zeit sprechen, eine Gleichgültigkeit der Staatszugehörigkeit gegenüber, wie sie sich durch die jahrhundertealte eigene Entwicklung herausgebildet hatte« (ZWG, Heft 65, 1925, Millack).

Friedrich der Große hatte nach der ersten Teilung Polens die »Westpreußische Kriegs- und Domänenkammer« zu Marienwerder eingerichtet, der nun auch Danzig durch das »Reglement für den Magistrat der

Kgl. Westpreußischen See- und Handlungsstadt Danzig« vom 3. Juni 1794 unterstellt wurde. Künftig erhielt also das einst so mächtige, stolze und hart umkämpfte Danzig seine Verwaltungsanweisungen aus dem rund 80 km entfernt gelegenen kleinen Marienwerder. Ob dies eine bewußte Demütigung Danzigs war, bleibe dahingestellt.

Danzig kassierte allerdings für sich von den zusätzlichen Geldern, die Berlin für die wirtschaftliche Entwicklung Westpreußens zur Verfügung stellte, den Löwenanteil. Dies wirkte sich schon nach recht kurzer Zeit positiv für Danzigs Handel und Wirtschaft aus. Die Rechnung der Spekulanten, die bereits Anfang der siebziger Jahre viele der in Danzig leer stehenden Häuser und baufälligen oder unbebauten Wohngrundstücke aufgekauft hatten, ging auf.

Ein Ereignis aus jenen ersten Jahren der Zugehörigkeit Danzigs zu Preußen ist in irgendeiner Art doch typisch für die junge Danziger Generation, die nur noch den letzten Hauch der städtischen Freiheit zu spüren bekam und zu der auch Schopenhauer gehörte. Doch sein Vater zog die Konsequenz aus dem Verlust der Freiheit und ging mit seiner Familie in das artverwandte Hamburg. Die ersten Erlebnisse der jungen Danziger Gymnasiasten, die fest in der Erinnerung haften blieben, waren Begegnungen mit den seit 1772 bestehenden Grenzen vor Danzigs Stadttoren. Diese Grenzen waren sehr eng, und die in jungen Menschen zumeist lebende Sehnsucht nach der Ferne konnte nur gestillt werden, wenn sie ein Schiff bestiegen. Wenn sie zu den nahe gelegenen Vororten Stolzenberg oder Langfuhr wandern wollten, gab es Hindernisse. Nicht, daß es ihnen verboten gewesen wäre, aber die Schikanen durch die preußischen Zöllner schienen unerträglich, eben wie Johanna Schopenhauer sie sehr bildhaft schildert.

Solch eine Sehnsucht mag auch den jungen, am 28. November 1778 geborenen Gottfried Bartholdy erfaßt haben. Er stammte aus einer Handwerkerfamilie und war ein begabter Schüler des Danziger Gymnasiums. Er glaubte, die preußische Besetzung Danzigs nichts ertragen zu können. Beflügelt von den Ideen der französischen Revolution, wollte er Danzig befreien und die preußische Monarchie in eine Republik umgestalten. Leider fand das französische Demokratieverständnis in dem nun preußisch regierten Danzig keinen guten Nährboden. So bemühte Bartholdy sich vergeblich, Gesinnungsfreunde im Gymnasium zu finden. Lediglich zwei Schüler zeigten einiges Verständnis für seine freiheit-

lichen Gedankengänge. Durch seine elterlichen Verbindungen zu handwerklichen Kreisen vertrat er auch hier mit glühender Begeisterung seine demokratischen Ideen. So hatte er schließlich im Frühjahr 1797 einen kleinen Kreis Gleichgesinnter beisammen. Es wurde ein »Aufruf an die Danziger und überhaupt an die Nation Preußen« verfaßt, der mit folgenden Sätzen begann: »Brüder! Lange schon, nur zu lange seht ihr euern Nacken unter ein elendes Joch gebeugt. Schon sind vier Jahre verflossen, seitdem eben der eiserne Zepter auf Danzig gefallen ist, der schon tausende unserer Brüder seit Jahrhunderten drückt. Woher nur diese schimpfliche Untertänigkeit? O Menschen! Alle mit gleichen Rechten geboren, habt ihr so sehr eure Rechte, so sehr eure Würde vergessen, daß ihr es nicht fühlt, wie sehr ihr eure Ehre verletzt, wie sehr ihr Ursache habt, euch eurer Unentschlossenheit zu schämen? ...« Mit solchen doch recht schwülstigen Worten schreibt Bartholdy weiter, um dann am Schluß zum eigentlichen Freiheitskampf aufzurufen: »Wohlan denn! Wir sind alle von gleichen Rechten. Laßt uns auch alle Teilnehmer eines Schicksals sein. Sieg oder Tod! Dies ist eure Losung. Mit diesen Worten eröffnet das Gefecht, meine Brüder!«
Am Morgen des Gründonnerstag, des 13. April 1797, ging Bartholdy morgens um 6 Uhr zum Grünen Tor, »wo sich die Sackträger und Soldaten, die während ihrer dienstfreien Zeit Arbeiten zu übernehmen bereit waren, zur Ausbietung ihrer Dienste zu versammeln pflegten!« (Keyser, ZWG, Heft 62, S. 81). Mit dem Hinweis auf zu verrichtende Arbeit bat er einen der stärksten von ihnen, mit ihm zu kommen, und führte ihn zu seiner elterlichen Wohnung in der Beutlergasse. Hier warteten bereits drei Freunde von Bartholdy mit Degen und Säbel umgürtet. Der Sackträger wurde mit Branntwein bewirtet und in das Geheimnis eingeweiht. Er erklärte sich nach kurzem Zögern bereit, dem Bunde beizutreten, versprach außerdem, »zwei andere ihm befreundete Sackträger anzuwerben«. Dies geschah zwar, doch distanzierten sich diese beiden, als sie von dem Vorhaben erfuhren. Den am Grünen Tor verbliebenen Sackträgern war die lange Abwesenheit ihrer Berufsgenossen aufgefallen, und ein Trupp von ihnen zog zu dem Hause von Bartholdy. Dies wiederum erregte in der stillen Beutlergasse einiges Aufsehen, und ein Nachbar setzte das Polizeidirektorium in Kenntnis. Zwei Polizisten begaben sich zur Beutlergasse. Während der eine auf der Straße verblieb, ging der andere in das Haus und fand hier nun im Hausflur die kleine Versamm-

lung. Der Polizist merkte, daß irgend etwas nicht in Ordnung war, und bat einen gerade vorübergehenden Leutnant um Beistand. Als nun diese beiden Staatsdiener im Hausflur standen, glaubte Bartholdy sich verraten, zog eine Pistole und feuerte zuerst einen Schuß auf den Polizisten ab. Die Pistole jedoch versagte. Dann spannte er die Pistole nochmals und schoß auf den Leutnant; dieser Schuß ging fehl.
Inzwischen hatte sich vor dem Hause eine starke Ansammlung von Menschen gebildet, Polizeiverstärkung erschien, und die jugendlichen Verschwörer flüchteten über mehrere Dächer, so daß sie erst einige Tage später verhaftet werden konnten.
Dieser sogenannten Verschwörung maß man politisch eine über Gebühr große Bedeutung bei. Es wurde eine aus Militär- und Zivilpersonen zusammengesetzte Untersuchungskommission gebildet, zumal man offenbar fremde oder gar auswärtige Einflüsse vermutete. Es ließ sich jedoch nichts Derartiges feststellen; dennoch wurde aus Berlin durch Kabinettsorder verfügt, daß die aus 12 Bänden bestehenden Akten »dem Großkanzler und Justizminister von Goldbeck in Berlin einzuschicken wären« (Keyser, ebd.).
Bereits am 15. Juni 1797 unterzeichnete König Friedrich Wilhelm II. das Urteil, »das für Bartholdy auf Enthauptung mit dem Schwerte« lautete. Die 14 Mitangeklagten erhielten hohe Freiheitsstrafen, von denen eine sogar lebenslänglich betrug.
Dieses drakonische Urteil stand in keinem Verhältnis zu dem Vergehen, dessen sich die jungen Leute schuldig gemacht hatten, und stieß in der Danziger Bevölkerung auf hellste Empörung. Die Strafe mußte sofort angetreten werden. Die Verurteilten wurden auf die Festungen Danzig, Graudenz und Thorn verteilt. Bei Bartholdy erwirkte ein inzwischen eingereichtes Gnadengesuch, daß die Vollstreckung des Urteils einstweilen nicht stattfand. Die Strafe wurde dann in lebenslange Festung umgewandelt, doch sollte dies dem Verurteilten erst an der Richtstätte mitgeteilt werden. So geschah es denn auch.
Der Tag der Hinrichtung war auf den 2. August 1797 angesetzt. Viel schaulustiges Volk hatte sich auf dem Danziger Stadtwall versammelt, um dem makabren Schauspiel beizuwohnen. Bartholdy erschien völlig gefaßt an der Hinrichtungsstätte und lehnte auch das Verbinden der Augen sowie den Zuspruch eines Geistlichen ab. Als dann die königliche Begnadigung, die streng geheim geblieben war, verlesen wurde, »gab

Bartholdy kein Zeichen der Verwunderung oder der Freude zu erkennen, sondern ließ sich, wie es in dem amtlichen Bericht über diesen Hergang heißt, mit dreister Miene wieder dem Gefängnis zuführen« (Keyser, S. 84).

Sehr bald wurden nach und nach Gnadengesuche für alle Verurteilten eingereicht, denen der König in unterschiedlicher Weise stattgab. Noch vor der Thronbesteigung Friedrich Wilhelms III. waren bis auf Bartholdy alle frei. Nach dem Thronwechsel wurde das Urteil gegen Bartholdy auf 10 Jahre gemildert. Als vier Jahre seiner Haft verstrichen waren, wurde einem erneuten Gnadengesuch stattgegeben und Bartholdy in die Freiheit entlassen. Er begab sich »in französischen Militärdienst und kehrte erst nach Beendigung der Freiheitskriege nach Danzig zurück, ... wo er als Privatlehrer lebte«, aber bereits im Alter von 40 Jahren verstarb.

Politisch dürfte dieser jugendlichen Verschwörung keine Bedeutung beizumessen sein. Das strenge Vorgehen der preußischen Justiz hat sicherlich nicht dazu beigetragen, die Liebe der Bevölkerung für das preußische Königshaus zu steigern. Daher konnte der wenige Jahre später erfolgende Zusammenbruch des preußischen Staates infolge der Siege der Armeen Napoleons in Danzig auch keinen besonderen Schrekken hervorrufen.

2 *Freistaat von Napoleons Gnaden*

Der Marsch der napoleonischen Armeen in Richtung Osten und Nordosten erfolgte nach den schweren Niederlagen bei Jena und Auerstedt rasch. Im Frühjahr 1807 näherten sich unter Marschall Lefèvre die ersten französischen Truppen Danzig. Die preußische Besatzung in einer Stärke von etwa 15.000 Mann brannte in der Nacht vom 10. zum 11. März die Vorstädte Altschottland, Stolzenberg und Schidlitz nieder. Soweit Petershagen und Neugarten nicht innerhalb des Festungsbereichs lagen, wurden sie ebenfalls zerstört.

Die Danziger Bürger brauchten sich an der Verteidigung ihrer Stadt nicht zu beteiligen. Dennoch meldeten sich einige Dutzend Freiwilliger, deren Anzahl mit 89 angegeben wird. Jeder gute Wille, Danzig zu halten, und alle Tapferkeit waren vergebens. Am 24. Mai 1807 kapitulierte die

Garnison, und am 27. Mai zogen die französischen Truppen unter Lefèvre in Danzig ein. Zwei Tage später erhob Napoleon Lefèvre in den Herzogstand mit dem Titel »Herzog von Dantzig«. Im Frieden von Tilsit wurde Danzig von Preußen abgetrennt und mit einem mehrfach erweiterten Landgebiet zur »Freien Stadt« erklärt. Der französische Minister Talleyrand hatte bereits früher durch seine Äußerung: »Wenn der Kaiser die Stadt einnimmt, so behält er sie für sich, um von hier aus Herr der Ostsee zu sein«, keinen Zweifel an dem Schicksal Danzigs gelassen.
Die Danziger Bevölkerung war anfangs dem glänzenden Frankreich Napoleons durchaus freundlich gesonnen. Der Danziger Förstemann schreibt in seinen Erinnerungen aus jener Zeit, daß die Erinnerung »an freireichsstädtische Herrlichkeit keineswegs erloschen war« (Millack, ZWG. Nr. 65, S. 97).
Der französische Graf Rapp erhielt den Gouverneursposten und setzte für den Freistaat eine neue Regierung – einen Senat – ein, der mit vier Bürgermeistern, 14 Senatoren, 12 Schöppen und der III. Ordnung der früheren scheinbar entsprach. In Wahrheit jedoch regierte in Danzig nur der französische Gouverneur Rapp, gegen dessen Anweisungen und ohne dessen Genehmigung nichts durchgeführt werden durfte.
Über das »Siebenjährige Leiden Danzigs von 1807 bis 1814« ist allseits so ausführlich berichtet, die Not und Ausbeutung durch die Besatzungsmacht in allen Schattierungen geschildert worden, daß es sich erübrigt, hierauf einzugehen. – Besatzung durch feindliche Truppen in Kriegszeiten ist noch nirgendwo für die Bevölkerung Anlaß zur Freude gewesen.
Historisch viel wichtiger ist die Ernennung eines Danziger Vertreters in Paris. Auf diesen Posten wurde Nicolaus Kahlen berufen, der seine Heimatstadt vor der Einverleibung durch Preußen schon so erfolgreich in Warschau vertreten hatte. Der »Syndic et Député de Danzig«, so war seine offizielle Bezeichnung, wurde vom Senat für dringend notwendig gehalten, »um gegenüber der Militärdespotie des Gouverneurs sich bei den höchsten Behörden möglichste Rücksichtnahme zu erwirken« (Panten in ZWG, Heft 14, S. 106, 1885). In der Tat war denn auch dieser Vertreter Danzigs in Paris dem französischen Gouverneur Rapp ein Dorn im Auge. Daher verlangte Rapp, daß sämtliche Anweisungen an Kahlen seiner Genehmigung bedürften, woran sich der Senat jedoch nicht hielt. Leider verstarb Kahlen im Oktober 1811, doch trat an seine Stelle sein

Freund Dr. Keidel. Keidel war gebürtiger Bremer und wurde von den Hansastädten zur Reklamierung von Prisen in Paris gebraucht. Er hatte sich in dieser Aufgabe bewährt, so daß ihn der Senat am 4. November 1811 bevollmächtigte, »den Nachlaß Kahlens und die Geschäfte Danzigs zu übernehmen« (ebd.).

Als nach dem Untergang der Grande Armee Ende November 1812 an der Beresina General Yorck die Neutralitätskonvention von Tauroggen mit den Russen schloß und die ostpreußischen Stände selbständig eine Landwehr aufstellten, rechnete der Senat mit einer Belagerung Danzigs. Am 21. 1. 1813 trat dieser Fall ein. Russische und später auch preußische Truppen lagen vor Danzig. Fast ein Jahr lang verteidigte Rapp unter unsäglichen Leiden und Opfern der Bevölkerung die Stadt. Nach der Kapitulation Ende November 1813 übernahm der Kommandeur der russischen Truppen, Herzog Alexander von Württemberg, ein Onkel von Zar Alexander I., Danzig für »seinen Kaiser«.

Als Friedrich Wilhelm III. den Grafen Dohna zum Kommandanten und General von Massenbach zum Gouverneur in Danzig ernannte und diese das Schreiben des Königs Herzog Alexander von Württemberg vorlegten, erklärte dieser, »daß er von seinem Kaiser noch keine Befehle erhalten habe, und da das Schicksal Danzigs mit dem Schicksal Polens in Verbindung stehe, darüber aber noch nicht entschieden sei, so könnte dies auch mit Danzig der Fall sein. Er könne also zunächst von der Anordnung des Königs keine Kenntnis nehmen und er werde den Fürst Wolkonski zum Gouverneur, den General Rochmanoff zum Commandanten ernennen« (Panten, ebd. S. 102).

Damit hatte Danzig nun einen russischen (allerdings noch nicht eingetroffenen) und einen preußischen Gouverneur wie auch einen russischen und einen preußischen Kommandanten. Die Russen hatten die Oberhand, denn Herzog Alexander von Württemberg hatte die Kapitulation des französischen Generals Rapp entgegengenommen und nicht Graf Dohna, der die wesentlich geringeren preußischen Truppen kommandierte. Damit »trat nun der von Anbeginn ihres Zusammenwirkens an bestehende Gegensatz der (russischen und preußischen) Führer schroff und offenkundig vor aller Welt und namentlich vor den Augen der befreiten Danziger hervor« (ebd. S. 97).

Für den Danziger Senat war diese Situation nicht nur unangenehm, sondern geradezu prekär. Als Massenbach am 7. Januar 1814 vom Senat verlangte, er möge sich am Nachmittag um 4 Uhr bei ihm einfinden, und der russische Kommandant General Rochmanoff gleichzeitig die Übergabe der Steuerkasse forderte, wies der Senat »in seiner Antwort an Massenbach auf die große Verlegenheit hin, in welche ihn die beiderseitigen Anforderungen versetzen müssen. Er bat, ihm mit Zumuthungen von Particulararrangements zu verschonen, da er das Schicksal der Stadt in staatsrechtlicher Hinsicht noch nicht eher für entschieden ansehen könne, bis durch öffentliches Patent Danzigs sowohl von Rußland als Preußen garantierte Staatsverfassung aufgelöst, und auf herkömmlichem Wege kund gethan, wem künftig die Oberherrschaft gebühre« (ebd. S. 108).

Der Senat hatte sich bereits vor der Kapitulation Gedanken über die Zukunft Danzigs gemacht. Bei strengster Geheimhaltung trat unter Bürgermeister Wernsdorf eine geheime Kommission zusammen, der die Senatoren Döring, Trendelenburg, Soermanns und von Weickhmann angehörten. Unter Joachim Heinrich von Weickhmanns Federführung wurde eine Denkschrift entworfen, die noch am 8. Januar 1813 an den Pariser Vertreter Keidel abging. In dieser Denkschrift wurden zwei Möglichkeiten für Danzigs Zukunft erörtert:

Erstens der Fall, daß Danzig nach einem Friedensschluß einen eigenen Staat bilden und

zweitens, daß Danzig einem größeren Staat einverleibt werden würde.

Für den ersten Fall verschloß sich der Senat keineswegs der Einsicht, »daß Danzig als freier Staat, auch mit allen Hoheitsrechten versehen – und dies wäre unbedingt notwendig – ohne Vertretung durch eine größere Macht sich nicht behaupten könne; man erwog, daß diese Macht eine solche sein müsse, welche in der Erhaltung seines Schützlings und der Rechte desselben die meisten Vortheile für sich selbst sehen müsste; das könnte Polen sein, wenn es ein mächtiger selbständiger Staat würde« (ebd. S. 107).

Für den zweiten Fall, so wurde Keidel mitgeteilt, gingen Danzigs Wünsche vornehmlich dahin, daß der betreffende Staat, dem Danzig einverleibt würde, die Schulden übernehmen möchte, welche die Stadt während der letzten Kriegsjahre hatte machen müssen.

Etwa zwei Wochen, nachdem diese Denkschrift an Keidel nach Paris abgegangen war, wurde Danzig von den russischen und preußischen Truppen eingeschlossen. Damit gab es keine weitere Verbindung mehr zu Keidel, der nun in Paris die Schritte unternahm, die er glaubte, im Auftrage Danzigs einleiten zu müssen. Keidel erfuhr in Paris nichts davon, daß sich Zar Alexander I. und König Friedrich Wilhelm III. nach äußerst schwierigen Verhandlungen über die Rückkehr Danzigs in den preußischen Staatsverband einigten und am 19. Februar 1814 erneut die preußische Verwaltung eingeführt wurde. Als Oberbürgermeister trat von Weickhmann an die Spitze der Stadt.

Am Petersburger Hof gab es eine einflußreiche Partei, die Zar Alexander bedrängte, Danzig trotz der Reichenbacher Konvention (27.6.1813) für Rußland zu beanspruchen. In der Reichenbacher Konvention hatten Österreich und Rußland die preußischen Wünsche anerkannt. Darin war auch der Besitz von Danzig und Thorn eingeschlossen. Das Schicksal Danzigs hat in der Zeit von Ende November 1813 bis Mitte Februar 1814 buchstäblich auf des Messers Schneide gestanden.

In Paris hatte Keidel nun aufgrund der empfangenen Instruktion aus Danzig eine eifrige diplomatische Tätigkeit begonnen und legte das Schwergewicht seiner Verhandlungen auf den ersten Punkt seiner Anweisung, um dessen Erfüllung es ihm ging, weil er glaubte, Danzigs Interessen damit am besten zu dienen. Da mag auch ein gemeinsames hansisches Bewußtsein unterschwellig eine gewisse Rolle gespielt haben. Keidel wandte sich zuerst an Hardenberg, doch ließ dieser ihn wissen, »Danzig sei unter Preussisches Scepter zurückgekehrt, die Danziger Mission gehe jetzt auf die preußische Gesandtschaft über« (ebd. S. 110). Keidel gab sich jedoch mit diesem Bescheid nicht zufrieden. Dank seiner guten Verbindungen gelang es ihm, Zar Alexander eine Denkschrift zuzustellen, »in welcher er sich ganz geschickt auf das geschichtlich bekundete Wohlwollen Rußlands für Danzig beruft, hervorhebt, wie Danzig als Freistaat, aber nicht als Gemeinde seine Kriegscontributionen gegen Frankreich geltend machen könnte, wie es als solcher für Polen von großem Vorteil sein werde, wie die Convention der Alliierten mit Frankreich den 1. Januar 1792 als Maßstab des Besitzstandes festsetze, Danzig aber erst 1793 an Preussen gekommen sei. Tags darauf wendet er sich in ähnlicher Weise an Lord Castlereagh« (ebd. S. 110).

Keidel entfaltete also in Paris eine äußerst rege Betriebsamkeit und hatte offenbar auch zu höchsten Stellen Zutritt, denn »er verhandelte mit allen Großen, die sich damals in Paris aufhielten, und zu denen auch Metternich und Talleyrand gehörten. Der eine gibt ihm weniger, der andere mehr offene Aussichten auf seine Unterstützung, auf seine Sympathien für Danzigs Selbständigkeit. Vor allem setzt er seine Hoffnung auf England« (ebd. S. 111).

Bevor Keidel nach London ging, wo er glaubte, für Danzigs Wünsche das größte Entgegenkommen zu finden, übergab er die »ausführlichen Berichte über seine bisherige Arbeit dem französischen Legationsrath Graf de la Moussaye, der sich mit den Dokumenten über Danzig nach Rußland begab, um diese dem früheren Senator Döring einzuhändigen.« So erfuhr man in Danzig etwa Mitte August 1814 zuerst wieder von dieser, doch offenbar gegen das Interesse Preußens gerichteten emsigen Tätigkeit seines fast vergessenen diplomatischen Vertreters. Es sind dann noch später Briefe Keidels aus London von Ende August bis Ende September nach Danzig gekommen, in denen er von seinen Bemühungen bei den englischen Staatsmännern, seinen schriftlichen und mündlichen Auseinandersetzungen mit denselben berichtet und wie er schließlich »von Lord Castlereagh sowohl wie von dem französischen Gesandten in London Schutzbriefe und Pässe erhalten habe, um zum Congress nach Wien zu reisen, damit er auch hier das Interesse Danzigs vertreten könne; er legte bereits den Entwurf eines Paragraphen bei, wie er für Danzig in den definitiven Friedenstractat aufgenommen werden könnte« (ebd.).

In Danzig war man von diesem Eifer Keidels keineswegs angetan, sondern vielmehr in arger Verlegenheit. Im Einverständnis mit den noch lebenden ehemaligen Mitgliedern jener geheimen Kommission, die Keidel seinen Auftrag erteilt hatte, gab man das ganze Paket der Keidelschen Dokumente mit einer ausführlichen Darstellung an Hardenberg. Dieser bat Weickhmann, der inzwischen Oberbürgermeister geworden war, »Keidel aufs bestimmteste zu untersagen, sich irgendwo als Bevollmächtigter oder Geschäftsträger Danzigs zu gerieren«.

Auf diese Tätigkeit Keidels und die in der Danziger Denkschrift dargelegte erste Möglichkeit bezog sich Oberst Beck in Warschau, als er am 31. Oktober 1938 seinem Botschafter Lipski in Berlin eine Instruktion übermittelte, in deren Punkt 5 der bereits erwähnte Satz steht: »Es ist angebracht, darauf hinzuweisen, daß die Danziger Delegation am Wiener Kongreß als Hauptaufgabe hatte, die Bindungen zwischen Danzig und dem polnischen Staat, welche Form der Kongreß ihm auch geben möge, aufrechtzuerhalten« (Burckhardt, Meine

Danziger Mission, S. 248/49).
Es bleibt ein Streit, den die Völkerrechtler auszutragen haben, ob der Auftrag an Keidel auch in Wien seine Rechtswirksamkeit behielt. Es wäre müßig, dies abzustreiten, denn der Auftrag galt ausdrücklich auch für Friedensverhandlungen, nur war der Auftraggeber als handelndes Subjekt der Völkerfamilie inzwischen verschwunden und existierte als Teil eines anderen Staates weiter. Da sich aber auf dem Wiener Friedenskongreß das Schicksal Danzigs endgültig zugunsten Preußens entschied, ohne daß sich Keidel einzuschalten vermochte, blieb die Angelegenheit nur eine Episode. Aber doch eine Episode, die nicht nur zeitgeschichtliche Bedeutung erlangen sollte.

3 *Die Provinzstadt*

In der europäischen oder gar Weltpolitik spielte Danzig während der folgenden einhundert Jahre keine Rolle mehr. Es hatte sich nach der gescheiterten kurzen Eigenstaatlichkeit, die nur Not und Bedrückung gebracht hatte, leicht mit dem Schicksal einer preußischen Provinzstadt abgefunden, zumal der Wohlstand langsam wieder stieg und auch die Zahl der Einwohner wuchs.
Am 28. August 1850 wurde als Sohn eines Bernsteinhändlers in der Breitgasse Carl Fürstenberg geboren. Es gibt im neunzehnten Jahrhundert keinen Sohn der Stadt Danzig, der es zu ähnlichem Ansehen brachte und auf finanziellem Gebiet eine solche Kapazität darstellte wie eben er. Für sein Wirken aber war ihm Danzig zu klein. Dies merkte er schon in ganz jungen Jahren. Es zog ihn mit Gewalt nach Berlin, wo er die »Berliner Handelsgesellschaft« zur größten Privatbank Deutschlands machte. Er übte einen maßgeblichen Einfluß in der Berliner Finanzwelt in der Zeit zwischen dem deutsch-französischen und dem Ersten Weltkrieg aus. Ihm verdanken wir eine hübsche Schilderung Danzigs, seines kaufmännischen und gesellschaftlichen Lebens zur Zeit der Mitte des vergangenen Jahrhunderts. Aus seinen gedruckten Erinnerungen sollen einige Passagen folgen:
»Die alte freie und Hansestadt Danzig war in der ersten Hälfte des neunzehnten Jahrhunderts in einen ruhigen Schlummer versunken und

träumte nur noch selten von den Tagen ihrer einstigen Größe. Einige Jahrhunderte lang hatten Danzigs Schiffe die östlichen Meere beherrscht, und Danziger Bürger hatten den benachbarten Ländern oft genug ihren Willen aufgezwungen. Manche Denkmäler legten von den ruhmreichen Zeiten der Unabhängigkeit Zeugnis ab. Trotz neuer Geschäftsbauten, die seither errichtet worden sind, zeigt die alte Innenstadt Danzigs noch heute jenes Bild, das ich als Kind kennenlernte und das deutsche Kaufherren seit dem Mittelalter hatten erstehen lassen ...
In der Hafenstadt Danzig war in fast jedem Hause irgendein Handelsunternehmen anzutreffen. Die Kontore waren meist im unteren Stockwerk untergebracht, während die Inhaber gewöhnlich im ersten Stockwerk ihre Wohnräume hatten und die oberen Etagen nicht selten vermieteten ...
Die Art, in der der bürgerliche Kaufmannstand in einer preußischen Provinzstadt damals lebte, scheint mir, gemessen an heutigen Maßstäben (die Erinnerungen wurden Ende der zwanziger Jahre d. Jahrhunderts geschrieben) einer weit entlegenen Vorzeit anzugehören. Eine der wenigen Sensationen, die in meiner Erinnerung fortbestehen, war das Auftauchen der ersten Petroleumlampe. Bis dahin hatte man sich mit Kerzen begnügen müssen, die nur ein geringes Licht ausstrahlten. Im Vergleich hierzu war die Neuerung trotz ihrer zahlreichen Defekte und des entsetzlichen Geruchs, den sie zunächst noch verbreitete, eine technische Verbesserung ersten Ranges ...
Immer schwerer legte sich die Danziger Atmosphäre auf meine Lunge. Wenn an einem grauen Wintertag der Ostwind blies, machten die vermummten Gestalten auf den Straßen auch einen gar zu trübseligen Eindruck. In Pelze, Decken, Halstücher gehüllt, eilten sie, so schnell, wie es anging, durch die Gassen der Innenstadt. Brauchte man einen Handlanger, so begab man sich an eine Straßenecke, wo die Arbeitslosen als Eckensteher sich ansammelten. Die Feuerung für die großen Öfen, die mit ihren praktischen Wölbungen den gemütlichen Schwerpunkt der Wohnräume bildeten, wurde in Form von Reisigbündeln über die Straße getragen und Quellwasser mußte an einer bestimmten Stelle der Stadt, dem sogenannten Springbrunnen, eingekauft werden ...
Manche Nachkommen der stolzen Patrizierfamilien, die besonders im siebzehnten und achtzehnten Jahrhundert geblüht hatten, behaupteten ihre vorherrschende Stellung in der alten Handelsstadt. Da gab es zum

Beispiel die Uphagens, an deren herrlichem Wohnhaus mich mein Weg häufig vorbeiführte. Wie oft habe ich damals den vornehmen Schmuck dieser Fassade betrachtet. Ich hätte aber wohl niemandem geglaubt, der mir gesagt hätte, daß ich einst als Werkzeug dienen würde, um der Stadt Danzig diesen Schatz zu erhalten ...«

Das Uphagenhaus war Fürstenberg durch Erbschaft zugefallen. Er liebte es sehr, richtete es ganz im alten Stil als Museum ein und stiftete es in den zwanziger Jahren der Stadt Danzig mit erheblichen Mitteln. Eine Steinplatte am Eingang rühmte seine Großzügigkeit. Als die Nationalsozialisten auch in Danzig an die Regierung kamen, wurde diese Gedenkplatte raschest entfernt.

Fürstenberg erwähnt dann in seinen Erinnerungen als den reichsten Mann Danzigs in jener Zeit den Reeder Link, aber auch Klawitter, der auf seiner Werft das erste Segelschiff neuer Bauart vom Stapel laufen ließ. »Soli Deo Gloria« wurde das Schiff benannt, »das einen großartigen Anblick bot, wenn es in vollem Schmuck seiner Segel ins Meer hinaussteuerte«.

»Fehlte es also auch nicht an Größen in Danzig«, heißt es weiter, »so war der Zuschnitt des Lebens im ganzen doch so kleinbürgerlich wie nur möglich. Dieses Leben in einer preußischen Provinzstadt hatte in der Tat nicht mehr viel mit den bewegten und großartigeren Zeiten der Danziger Vergangenheit zu tun.« Fürstenberg schildert kurz das bescheidene gesellschaftliche Leben in seinem Elternhaus und berichtet dann von seiner Lehre in dem späteren Bankhaus R. Damme am Langen Markt.

»Der alte Damme war einer der tüchtigsten Kaufleute, die Danzig damals hervorgebracht hatte. Er betrieb das, was man zu jener Zeit ein Comptoiregeschäft nannte, das heißt eine Art Mischung zwischen Handels- und Bankgeschäft. Die Haupttätigkeit bestand darin, Vorschüsse auf zu konsignierende Waren zu geben. Der Schwerpunkt lag bei dem sogenannten »Weichselgeschäft«, das heißt bei der Verwertung der mit Hilfe der Weichselflöße hereinkommenden polnischen Holz- und Getreidebestände. Der Reichtum Polens und der angrenzenden russischen Gebiete, die das natürliche Hinterland Danzigs bildeten, beruhte ja in erster Reihe auf diesen Naturprodukten. Polen verfügte damals kaum über Landstraßen, die die Beförderung größerer Warenmengen gestattet hätten. Die spärlichen Eisenbahnlinien, die allmählich entstehen sollten, wurden überdies in der Hauptsache nach strategischen Gesichtspunkten angelegt, so daß dem Lande noch bis zum heutigen Tage manche wichtige Verkehrsader fehlt. In der Zeit, über die ich hier berichte, kam für die Transporte nach der Ostsee aber überhaupt nur das Netz der Weichsel in Frage. Gab es für russisches Holz und Getreide nur diesen einzigen Weg nach dem westlichen Ausland, so war auch die Art ihrer Versendung aufs engste miteinander verquickt. Die gewaltigen Baumstämme, deren Ausfuhr in so bedeutendem Umfange erfolgte, wurden zu Flößen zusammengezimmert und auf diesen wurde das Getreide nach Danzig befördert. So erklärt es sich, warum diese Teile Europas in wirtschaftlicher Hinsicht häufig ganz und gar vom Wasserstande der Weichsel abhingen.«

Als bezeichnend hierfür bringt Fürstenberg dann dieses Beispiel aus seiner Lehrzeit:

»Eine entsetzliche Dürre ließ das Wasser der Weichsel und ihrer Nebenflüsse versickern, so daß die Lebensader Danzigs zu pulsieren aufhörte. Nicht selten geschah es, daß Damme mir im Kontor zurief: ›Carl, Sie haben ja im Augenblick nichts zu tun. Wir wollen ein wenig spazierengehen.‹ Dann führte der Weg regelmäßig zur Weichsel, wo die Holzflöße aus Polen infolge des Wassermangels rettungslos auf dem Grund festsaßen und auch mit Hilfe von zehnfachen Pferdegespannen nicht weiterbewegt werden konnten. Das waren schweigsame Wanderungen. – Inzwischen rückte die Fälligkeit der von Damme unterzeichneten Wechsel heran, und die Sorgenfurchen auf der Stirn des tüchtigen Mannes wurden tiefer. Vorwürfe brauchte er sich nicht zu machen, denn er hatte stets nach dem mir eingeprägten Grundsatz gehandelt, sich niemals über den Rahmen der eigenen Mittel hinaus zu verpflichten. Aber da seine Gelder in unerreichbaren und daher unverwertbaren Waren angelegt waren, so wurde die Lage trotzdem von Stunde zu Stunde unangenehmer. Eines schönen Tages rief er mir aber zu: ›Wer aus Angst stirbt, hat nicht verdient, gelebt zu haben.‹ Und in der Tat sollte bald eine Wendung zum Besseren eintreten. Die Weichsel gewann an Wasser.«

Eine hübsche Begebenheit berichtet Fürstenberg noch über die Schwierigkeiten, die es beim Bau der Ostbahn nach Danzig gab: »... Damals war nämlich die direkte Strecke Schneidemühl–Dirschau der Ostbahn in Angriff genommen worden, und es handelte sich darum, ob die Linie durch Danzig hindurchgeführt werden sollte oder nicht. Weit entfernt, eine solche direkte Verbindung anzustreben, steckten die Danziger Lokalgrößen ihre Köpfe zusammen, um dies mit allen Mitteln zu verhindern. Was heute als kurzsichtig erscheint, mochte um jene Zeit freilich den auf Traditionen aufgebauten Erfahrungsgrundsätzen der Danziger Kaufmannschaft entsprechen. Man fürchtete vor allen Dingen, daß das Lohnfuhrgeschäft rettungslos ruiniert werden könnte, womit man ja zweifellos auch nicht im Unrecht war. Eine Eingabe zwecks Abwendung der drohenden Gefahr wurde im Kontor Dammes, der sich mit diesen Bestrebungen identifiziert hatte, aufgesetzt. Ich verfügte über eine klare und feine Handschrift ..., daher wurde ich mit der Ausführung des kalligraphischen Meisterwerks betraut und erhielt dann den ehrenvollen Auftrag, die Unterschriften einiger der maßgebenden Danziger Bürger einzuholen. Daß auch der Danziger Oberbürgermeister von Winter seinen Namen unter dieses Schriftstück setzte, mag überraschen. Aber in dieser Frage herrschte eben in Danzig eine seltene Einmütigkeit. Die Eingabe war denn auch von Erfolg gekrönt. Die Ostbahn wurde über Dirschau—Marienburg geführt, und Danzig mußte sich mit einem Pendelverkehr nach Dirschau begnügen. Noch heute leidet die Verbindung mit meiner Vaterstadt unter den eigenartigen Vorstellungen der ehemaligen Stadtväter über Verkehrsfragen.«

So sehr die Danziger Holz- und Getreidegroßhändler darum bangten, daß die Weichsel auch in den Sommermonaten ausreichend Wasser führte, so sehr fürchteten die Bauern in den Niederungsgebieten rechts und links der Weichsel das berüchtigte Frühjahrshochwasser, denn nicht immer hielten die Dämme der Wucht der geborstenen Eisschollen und des schnell strömenden Wassers stand. In der Neujahrsnacht 1840 durchbrach die Weichsel die Nehrung und schuf sich bei Neufähr einen Zugang zur See. Zu einer ausgesprochenen Katastrophe führte das Frühjahrshochwasser 1888, als der starke rechte Weichselarm bei Montau nur wenige Kilometer nördlich von der Stelle, wo sich die Nogat von der Weichsel trennt, brach. Das fruchtbare Werder wurde weitgehend überflutet, und es bedurfte intensivster bäuerlicher Arbeit, ehe man nach etwa einem Jahrzehnt den früheren Wohlstand wieder erreichte. Diese Dammbrüche veranlaßten schließlich die Regierung, 1896 bei Schiewenhorst einen Durchstich in genau nördlicher Richtung vorzunehmen. Seit dieser Zeit ist der Danziger Mündungsarm die sogenannte Tote Weichsel. Für Danzig bedeutete dies, daß künftig keine Hochwassergefahr mehr bestand und der Danziger Hafen stets einen ausgeglichenen

Wasserstand aufwies, den das Frühjahrshochwasser nur noch geringfügig beeinflußte.
Cholera und Typhus, die in der zweiten Hälfte des vorigen Jahrhunderts oftmals noch seuchenartig auftraten, fanden in Danzig wegen der eng bebauten Gassen einen guten Nährboden. Beide Krankheiten wurden aber durch die von Oberbürgermeister Leopold von Winter ergriffenen Maßnahmen nahezu ausgerottet. Er setzte den Bau einer Be- und Entwässerungsanlage durch, die es bis dahin nicht gegeben hatte. Wasserleitungen wurden in Straßen und Häusern verlegt, und also klares Quellwasser von der Danziger Höhe bis in die obersten Geschosse geleitet. Als erste Stadt Europas erhielt Danzig zur gleichen Zeit eine unterirdische Kanalisation zur Ableitung des in den Häusern anfallenden Schmutzwassers.
Leider wurde bei dieser Gelegenheit aber auch der größte Teil der Danziger Beischläge beseitigt, wodurch sich die engen Gassen zwar beträchtlich verbreiterten, aber auch ein typisches städtebauliches Wahrzeichen Danzigs verschwand. Erhalten blieben lediglich die meisten Beischläge in der Frauengasse wie auch einige an der Nordseite des Langen Markts und vereinzelt in anderen Gassen.
Oberbürgermeister von Winter, ein ehrgeiziger preußischer Beamter, war sehr bemüht, Danzig zu einem neuerlichen großstädtischen Eigenleben zu führen. Seinem persönlichen Einsatz in Berlin gelang es, die preußische Regierung zu bewegen, die Provinz Preußen in ein selbständiges Ost- und Westpreußen zu teilen. Damit wurde Danzig am 1. April 1878 Provinzhauptstadt, was den Zuzug neuer Beamter zur Folge hatte, die auf einem eigenen Gymnasium bestanden. Ein wenig nahm nun diese ehemalige bedeutende Hafen- und Handelsstadt den Charakter einer Beamtenstadt an.
Auf kulturellem Gebiet ist von Winter zu verdanken, daß das völlig zerfallene Franziskanerkloster in seiner alten Form neu erstand und hier das St.-Johannes-Gymnasium und ein Museum mit Zeugnissen aus Danzigs Geschichte untergebracht wurden. Ihm ist auch zu verdanken, daß das Zeughaus völlig renoviert wurde und eine beträchtliche Anzahl alter Patrizierhäuser nicht der Spitzhacke der Gründerzeit zum Opfer fiel.
Allmählich kehrte auch neuer kaufmännischer Unternehmungsgeist in Danzig ein. Klawitter baute seine kleine Werft zu einem beachtlichen Betrieb aus, und die kaiserliche Marine erweiterte ihren Schiffsreparatur-

betrieb zur Kaiserlichen Werft, der es bald der Industrielle Ferdinand Schichau aus Elbing nachtat, indem er hier an der Weichsel seine große Werft errichtete. Damit verbunden war ein großzügiger Ausbau des Danziger Hafens, der wiederum die Gründung einer Waggonfabrik im Hafengelände nach sich zog.

Auf diesem Gebiet, wo sich nun die Werften und andere Industrieanlagen erhoben und neue Wohnviertel entstanden, war vor Jahrhunderten die vom Deutschen Orden gegründete Jungstadt gelegen, die die rechtstädtischen Danziger 1454 zerstörten.

Diese zuerst weitgehend durch die Bedürfnisse des Militärs bedingte Industrialisierung zog dann fast zwangsläufig die Gründung einer Technischen Hochschule 1904 nach sich, die sich rasch einen guten Ruf erwarb. So erreichte Danzig zu Beginn unseres Jahrhunderts nicht nur einen beträchtlichen Wohlstand, sondern auch wieder eine kulturelle und geistige Bedeutung. Wenn auch wegen der russisch-polnischen Grenze unmittelbar südlich Thorn nicht mehr die engen Verbindungen zu seinem natürlichen Hinterland im früheren Umfange erhalten blieben, so konnte es doch als weltoffene Handels- und Industrie- wie auch Provinzialhauptstadt von Westpreußen eine ständig wachsende Bedeutung erlangen. Zeitweise Versuche Rußlands, den Getreideexport aus Polen ausschließlich über Riga zu leiten, mußten aus verkehrstechnischen Gründen scheitern. So blieb Danzig der Ausfuhrhafen für das polnische Holz und Getreide aus dem gesamten Einzugsgebiet der Weichsel, das immerhin rund 200.000 qkm umfaßt und damit nur 20% unter dem des Rheins liegt.

Eine grundlegende Änderung für Danzig brachte der Ausgang des Ersten Weltkrieges, den die Mittelmächte verloren. Der Friedensvertrag von Versailles bestimmte, daß Danzig mit einem Landgebiet von knapp 2000 qkm die Freie Stadt Danzig werden sollte.

Die Freie Stadt Danzig
(1920–1939)

1 *Die Trennung vom Deutschen Reich*

Die Novemberrevolution in den großen Städten des Deutschen Reichs im Jahre 1918 griff auch auf Danzig über, doch nahm sie hier einen recht ruhigen Verlauf. Dies war in erster Linie das Verdienst des Führers der Sozialdemokratischen Partei, Julius Gehl, »der durch sein besonnenes Wesen von Anfang an die Revolution in ruhige Bahnen leitete. Er hat in der folgenden politischen Entwicklung Danzigs eine hervorragende und, wie ich hinzufüge, eine verdienstvolle Rolle gespielt«, schreibt der zweite Danziger Präsident des Senats, Dr. Ziehm, in seinen Erinnerungen (S. 32). Ein Kuriosum aus den unruhigen letzten Monaten des Jahres 1918 verdient, erwähnt zu werden. Wie überall hatten sich auch in Danzig Arbeiter- und Soldatenräte gebildet. Die in Danzig zahlreich vertretenen Beamten glaubten, das gleiche Recht für sich in Anspruch nehmen zu dürfen. Daraufhin entschlossen sich auch die Gewerbetreibenden, ihrerseits Bürgerräte zu schaffen, und so schlossen sich die ehemaligen Gewerke wie Bäcker, Fleischer usw. zu Bürgerräten zusammen. Das alles ging in beachtlicher Ruhe vor sich, denn auf dem Hagelsberg befand sich noch eine Kompanie, die infolge ihrer militärischen Disziplin ein Hort der Ruhe und Ordnung war, was sich auf die ganze Stadt auswirkte. Als aber nun der Arbeiter- und Soldatenrat den Hagelsberg stürmen und die Kompanie auflösen wollte, beschloß der Bürgerrat einen Generalstreik, sofern der Arbeiter- und Soldatenrat von seinem Vorhaben nicht abließ. Hier schaltete sich der Beamtenrat als Vermittler ein, und es gelang, den Arbeiter- und Soldatenrat zu bewegen, nichts gegen die Kompanie zu unternehmen. Daraufhin erklärte sich der Bürgerrat bereit, nicht in den geplanten Generalstreik zu treten und Bäckereien, Fleischereien, Lebens-

mittelläden usw. nicht zu schließen.
Die deutsche Reichsregierung hatte unter Berufung auf die 14 Punkte, die der amerikanische Präsident Woodrow Wilson als Grundlage für sein Friedensprogramm der Weltöffentlichkeit vorlegte, den Waffenstillstand beantragt und den Waffenstillstandsvertrag unterzeichnet. Im Punkt dreizehn wurde die Errichtung eines unabhängigen polnischen Staates unter Einschluß aller Gebiete mit unzweifelhaft polnischer Bevölkerung und mit einem freien Zugang zur See gefordert.
Aus polnischer Sicht konnte dies nur heißen, daß das Mündungsgebiet der Weichsel, die die Hauptschlagader des neuen Polen sein würde, an Polen fiel. Es war allein dem britischen Premierminister Lloyd George zu verdanken, daß Polen den zugesicherten freien Zugang zur See durch die Schaffung der Freien Stadt Danzig und einen schmalen Korridor mit der Kaschubei als Zentrum zwischen dem vorgesehenen Danziger Territorium und Pommern erhielt. Dem britischen Premierminister widerstrebte es, daß eine zu große Anzahl von Deutschen innerhalb der Grenzen Polens verblieb, da er darin bereits damals den Keim zu einem neuen Kriege erblickte. Die Enttäuschung in Polen war infolge dieser Lösung beträchtlich, denn Danzig hatte immerhin 339 Jahre zum alten Königreich Polen gehört, wenn auch mit erheblichen Privilegien ausgestattet. »In den Artikeln 100–108 des Versailler Vertrags wurde die Begründung der Freien Stadt Danzig mit einem Territorium von 1893 qkm (ohne Haffanteil von 58 qkm) und 366 730, zu 96% deutschsprachigen Einwohnern im Jahre 1923 (407 500 im Jahre 1938) festgelegt. – Die Artikel 100–108 des Versailler Vertrages verfügten die Begrenzung des Gebiets der zu gründenden Freien Stadt, den Schutz des Völkerbundes für diese und die Einsetzung eines Hohen Kommissars des Völkerbundes, der bei der Ausarbeitung der Verfassung mitwirken und alle zwischen Polen und der Freien Stadt Danzig auftretenden Streitigkeiten erstinstanzlich entscheiden sollte. Danzig sollte zum polnischen Zollgebiet gehören und von Polen in den auswärtigen Angelegenheiten vertreten werden. Polen sollte eine Freihafenzone sowie die Verwaltung des ganzen Eisenbahnnetzes und freie Benutzung der Wasserstraßen, Docks usw. sowie das Recht zu deren Ausbau und Verbesserung erhalten. Die Einzelheiten waren in einem von den Alliierten zu vermittelnden Vertrag zwischen Polen und der Freien Stadt Danzig zu regeln« (Rhode, »Die Freie Stadt Danzig 1920–1939« in Europa im Zeitalter der Weltmächte, Handbuch

der europäischen Geschichte, Bd. 7, S. 607).
Mit dem Inkrafttreten des Versailler Vertrages am 10. Januar 1920 erfolgte die Abtrennung des Danziger Gebiets vom Deutschen Reich. Die Bevölkerung hatte es anfänglich nicht für möglich gehalten, daß dies jemals Wirklichkeit werden könnte, doch fand sie sich dann verhältnismäßig rasch mit der neuen Lage ab. Im Februar 1919 wählte nach dem Tode des jung verstorbenen Oberbürgermeisters Heinrich Scholtz die Stadtverordnetenversammlung den Geschäftsführer des Deutschen und Preußischen Städtetages in Berlin, Dr. Heinrich Sahm, zum Oberbürgermeister von Danzig.
Fast zur gleichen Zeit erschienen in der deutschen Presse die ersten Berichte darüber, daß die sich in Frankreich befindende polnische Armee unter General Haller in einer Stärke von etwa 50.000 Mann auf dem Seewege über Danzig nach Polen gebracht werden sollte. Sahm erkannte sofort die darin für Danzig liegende Gefahr und bemühte sich, zuerst vergeblich, in den verschiedenen Ministerien in Berlin, hierauf aufmerksam zu machen. Schließlich gelang es ihm, eine Unterredung mit Matthias Erzberger zu erreichen, dem er die Gefahr, in der Danzig sich befand, vor Augen führte. Erzberger nahm sich der Sache Danzigs an und erreichte in mühevollen zähen Verhandlungen mit dem französischen Marschall Foch die Vereinbarung vom 4. April 1919, derzufolge die Hallertruppen auf dem Eisenbahnwege durch Deutschland nach Polen befördert wurden. Wie berechtigt die Befürchtungen Sahms und anderer führender Politiker in Danzig waren, beweist der Artikel in dem »Kurjer Warszawski« vom 1. Mai 1939, in dem es u.a. heißt: »Das Danziger Problem würde heute nicht existieren, wenn der polnische General Haller im Jahr 1919 Danzig genommen hätte.«

2 *Englands Interesse an Danzig*

Der Kampf Lloyd Georges um die Erhaltung der Freiheit Danzigs war nicht nur durch die Rücksicht auf die deutsche Bevölkerung, sondern weitgehend auch durch die Interessenlage Englands bestimmt. »England hoffte«, so schreibt Ziehm, »daß der Danziger Hafen ein Stützpunkt für englische Interessen sein würde. Darum nahm England die Stellung des

Hohen Kommissars für sich in Anspruch. Als es später seine Hoffnungen auf englisch-polnische Handelsbeziehungen über Danzig nicht erfüllt und Konflikte mit Deutschland voraussah, verzichtete es auf diese Stellung.«

Dieser Haltung Englands ist es zuzuschreiben, daß britische Truppen Anfang Februar 1920 Danzig besetzten, um die Lösung aus dem deutschen Reichsverband in Ruhe und Ordnung zu gewährleisten. Kommandeur der englischen Truppen war General Haking. Die Verwaltung lag in den Händen des hohen britischen Beamten Sir Reginald Tower, »der diktatorische Vollmachten hatte. Dieser berief zu seiner Unterstützung einen Staatsrat, der unter seiner Aufsicht die Staatsgeschäfte zu führen hatte, dessen Vorsitz dem Danziger Oberbürgermeister Sahm übertragen wurde« (Ziehm, S. 36).

Schon wenige Monate nach der Besetzung Danzigs gab es ernsthafte Unruhen, die sich zwar nicht gegen die britische Besatzung, sondern gegen Polen richteten. Am 22. April hatte der Vertreter der Alliierten, Sir Reginald Tower, im Namen der Freien Stadt Danzig ein vorläufiges Abkommen mit der Republik Polen unterzeichnet, das die Verhältnisse zwischen Danzig und Polen regelte. Die Polen, deren Truppen sich zu jener Zeit noch in kriegerischen Auseinandersetzungen mit den Bolschewisten, so sagte man damals, befanden, erhielten den Nachschub ihres Kriegsmaterials weitgehend über Danzig. Ein Teil der Danziger Arbeiterschaft, der mit den Bolschewisten sympathisierte, wollte verhindern, daß der polnischen Armee dieses Material zukam.

Wenn auch die Anwesenheit der britischen Soldaten im allgemeinen genügte, um die Autorität der Danziger Polizei zu sichern, konnte diese nicht verhindern, daß eines Nachts mehrere auf dem Danziger Bahnhof befindliche polnische Flugzeuge zerstört wurden. Kurze Zeit später sollten zwei Schiffe mit Kriegsmaterial für die polnische Armee im Danziger Hafen gelöscht werden. Obwohl Sahm und die Führer der politischen Parteien mit Ausnahme der Kommunisten die Arbeiter beschworen, die Löscharbeiten ordnungsgemäß durchzuführen, traten sie, verhetzt durch eine Gruppe bolschewistischer Agitatoren, in den Streik. Die britischen Soldaten führten dann die Löschung durch.

Der spätere Senatspräsident Sahm schreibt als Ergänzung hierzu in seinen Erinnerungen: »... Unglückseligerweise faßt die Verfassunggebende Versammlung am 20. August 1920 den Beschluß, an den Völkerbundkommissar die Bitte zu richten, für das Gebiet der künftigen Freien Stadt die Neutralität (in dem polnisch-sowjetischen Krieg) zu erklären«. Daraufhin erschien Sir Reginald Tower in der Sitzung des Staatsrats am 26. August und verlas eine Erklärung, in der er, ohne es direkt auszusprechen, damit drohte, daß Großbritannien sich am Schicksal Danzigs desinteressieren würde, falls auch nur noch ein einziges Mal die geringste Kleinigkeit vorfallen würde, die die alliierten Verhandlungen über Danzig stören könnten. Diese Verhandlungen über das Danziger Statut und die staatsrechtliche Stellung Danzigs waren nämlich zu dieser Zeit noch keineswegs abgeschlossen. Ein Desinteresse Englands aber hätte für Danzig katastrophale Folgen haben müssen. – Sahm wies die Vorwürfe Towers in einer mannhaften Erwiderung zwar zurück, war aber im Herzen der gleichen Meinung wie dieser.

Die Weigerung der Danziger Hafenarbeiter, das für Polen bestimmte Kriegsmaterial zu löschen, sollte noch schwerwiegende Folgen haben. In einem Brief des Leiters der Danziger Werft, Professor Noé, an Sahm wird von einem Treffen zwischen Noé und dem während des Streiks amtierenden polnischen Handelsminister Kiedron berichtet. Dieser habe später zu Noé gesagt, daß er nach Eintreffen der Nachricht über den Danziger Streik in Warschau von seiner Regierung sofort beauftragt worden sei, zur Botschafterkonferenz, die über das Schicksal Danzigs beriet, nach Paris zu reisen und dort zu berichten. Wörtlich heißt es dann in dem Brief: »Die französischen und englischen Staatsmänner hätten auf Grund seines Vortrages die schwierige Lage Polens erkannt und dem polnischen Ministerium durch Kiedron sagen lassen, es müßten Mittel und Wege gefunden werden, damit durch Schaffung eines eigenen Hafens Polen in Zukunft nicht mehr von dem guten Willen Danzigs abhängig bleibe« (Sahm, S. 18).

Mag dieser Danziger Hafenarbeiterstreik für Polen auch nur der Vorwand gewesen sein, sich den eigenen Hafen in Gdingen, einem kleinen Fischerdorf nur wenige Kilometer von der Danziger Grenze bei Zoppot entfernt gelegen, zu bauen, so läßt sich nicht bestreiten, daß die Begründung zum Bau dieses Hafens weltweit auf Verständnis stieß. Für seine geplante Kriegsflotte hätte Polen in jedem Falle eines eigenen Hafens bedurft, denn Danzig konnte Polen nicht als Marinestützpunkt dienen. Auf die Rolle, die die Westerplatte, eine schmale Landzunge an der Mündung der Weichsel in die Ostsee, für Polen spielte, wird noch eingegangen werden. Der sehr gerecht denkende und handelnde Tower verließ Danzig leider nach wenigen Monaten. Der erste Hohe Kommissar des Völkerbundes in Danzig wurde der britische Generalleutnant Sir Richard Haking. »Er war für Danzig durch seine Tätigkeit als Hoher Kommissar von grundlegender Bedeutung. In einer großen Anzahl von Entscheidungen hat er die Stellung Danzigs als selbständiger Staat gefestigt. Als besonderes Verdienst konnte Danzig es ihm anrechnen, daß er es davor bewahrte, daß es eine polnische Garnison erhielt, welche die polnische Regierung hartnäckig anstrebte« (Ziehm, S. 99/100).

3 *Danziger Grundgesetze*

Sahm hatte als Vorsitzender des vorläufigen Staatsrats zur Durchführung seiner Aufgaben Wahlen zu einer Verfassunggebenden Versammlung auf den 16. Mai 1920 ausschreiben lassen, die nachstehendes Ergebnis brachten:

	Mandate	Prozent
Deutschnationale Volkspartei (DNVP)	34	28,3
Sozialdemokraten (SPD)	19	15,8
Deutschdemokratische Partei	10	8,3
Zentrum	17	14,3
USPD/Kommunisten	21	17,5
Freie Wirtschaftsvereinigung	12	10,0
Polen	7	5,8
Gesamt	120	100

Den Anteil von 7 Mandaten hat die polnische Partei bei den späteren Wahlen nie wieder erreicht.

Diese Verfassunggebende Versammlung tat sich mit der Verfassung sehr schwer, und ihr erster Entwurf wurde vom Völkerbund abgelehnt. Aber während noch an einer zweiten Fassung gearbeitet wurde, erklärte sich die Versammlung im Dezember 1920 zum Volkstag und wählte einen Senat, dessen Präsidentenamt Heinrich Sahm als Parteiloser erhielt. Er sollte es zehn Jahre hindurch bekleiden. In seiner ersten Regierungserklärung am 10. Dezember 1920 betonte er das Deutschtum Danzigs und die enge Verflochtenheit der deutschen Danziger Bevölkerung mit dem deutschen Reich. Dann führte er weiter aus: »Die unter dem Schutz des Völkerbundes stehende Freie Stadt Danzig erblickt in ihm die unbedingte und sichere Bürgschaft für ihre Freiheit und Selbständigkeit ... Neben dem Vertrag von Versailles und der Verfassung erkennt die Freie Stadt den am 9. November 1920 abgeschlossenen Pariser Vertrag als das dritte Staatsgesetz an. Danzig hofft, daß dieser Vertrag die Grundlage zur Herbeiführung eines freundnachbarlichen Verhältnisses zu Polen bilden werde, mit dem Danzig gemeinsame wirtschaftliche Interessen eng verbinden« (Sahm, S. 33).

Dieser sogenannte Pariser Vertrag war nach langwierigen und nicht immer leichten Verhandlungen zwischen Danzig und Polen am 9. 11. 1920 geschlossen worden und nannte sich »Vertrag zur Ausführung der Bestimmungen des Artikels 104 des Vertrages von Versailles«.

»Er regelte die Vertretung der auswärtigen Angelegenheiten des Freistaats durch Polen, das sich verpflichtete, keine die Interessen Danzigs berührende Verträge ohne Konsultation mit diesem zu schließen, machte auswärtige Anleihen von polnischer Zustimmung abhängig und ließ die Errichtung auswärtiger Konsulate in Danzig sowie die Führung einer eigenen Danziger Flagge durch Danziger Schiffe zu. Die besonders schwierige Frage der Hafenbenutzung wurde durch die Einsetzung eines paritätisch besetzten Hafenausschusses unter einem im Einvernehmen zu wählenden Präsidenten gelöst. Polen erhielt das Recht, im Hafenbereich einen eigenen Post- und Telefondienst zu errichten und entsandte einen diplomatischen Vertreter nach Danzig, dem es später den Titel ›Generalkommissar‹ gab. – Die für Danzig relativ günstigen Bedingungen – vor allem bezüglich des Hafenausschusses – waren dem Einfluß Großbritanniens zu verdanken, das auch sonst Danzigs Interesse vor dem Völkerbund wahrnahm« (Rhode, ebd. S. 608).

Im Artikel 36 dieses Vertrages war eine Vereinheitlichung der Währung vorgesehen, was polnischerseits so ausgelegt wurde, daß der Danziger Senat sich dem polnischen Währungssystem mit dem Zloty (Gulden) anschließen sollte. Danzig aber wollte auch auf diesem Gebiet seine Selbständigkeit gewahrt wissen und pflegte die Erinnerungen an die Zeit, da Danzig im Königreich Polen zumindest zeitweilig den Vorteil der eigenen Münzhoheit genoß. Wie wenig ein solcher Standpunkt aber in das Industriezeitalter des zwanzigsten Jahrhunderts paßte, leuchtete auch so klugen Köpfen wie Sahm und dem Danziger Finanzgenie Volkmann nicht ein. Daher wurde mit Polen am 22. September 1923, als die deutsche Mark, die bis dahin noch in Danzig galt, ins Bodenlose fiel, ein Übereinkommen über eine Währungsreform in der Freien Stadt Danzig erzielt. Der Danziger Gulden wurde eng an das britische Pfund gebunden und sein Wert auf 4% des Pfundes festgesetzt. Fünfundzwanzig Danziger Gulden entsprachen also einem britischen Pfund. Dies war auch der Grund, weshalb es anfangs in Danzig 25-Gulden-Noten gab. Später nach der weltweiten Abwertungswelle verschwanden diese Noten dann wieder.

4 *Streitpunkte mit Polen*

Ständiger Streitpunkt zwischen Danzig und Polen war in den Anfangsjahren das polnische Verlangen, im Danziger Hafen ein Munitionsdepot zu errichten. Zuerst verlangten die Polen hierfür die im Hafen gelegene Insel Holm, doch konnte Danzig dies mit Unterstützung des Hohen Kommissars verhindern; nicht verhindern konnte Danzig, daß Polen als Ausgleich die schmale Landzunge an der Weichselmündung, die Westerplatte, erhielt. Die militärische Besetzung der Westerplatte durch Polen erfolgte dann später vertragswidrig, doch wurde sie vom Völkerbundsrat durch Beschluß vom 9. 12. 1925 sanktioniert.
Ein anderer Streitpunkt war die eigenmächtig durch die polnische Post vorgenommene Erweiterung ihrer Briefkastenanzahl über das ganze Stadtgebiet. Zwar erreichte Danzig vor dem Völkerbundsrat nicht, daß alle am 5. Januar 1925 zusätzlich angebrachten Briefkästen wieder beseitigt wurden, aber Polen mußte doch die außerhalb einer bestimmten Markierungslinie – der sogenannten Grünen Linie – angebrachten Briefkästen wieder entfernen.
Weniger an die Öffentlichkeit getragen wurde der Konflikt, der die Danziger Bürger katholischen Glaubens betraf. Knapp 40% der Bevölkerung der Freien Stadt Danzig waren katholisch. Die rechts der Weichsel wohnenden Katholiken gehörten zum Bistum Ermland, die links der Weich-

sel wohnenden unterstanden dem Bischof von Pelplin. Der überwiegende Teil der Danziger Katholiken links der Weichsel wünschte, nachdem die Grenze zwischen Danzig und Polen festgelegt worden war, dem Bistum Ermland zugeteilt zu werden. Hiergegen wandten sich die Katholiken, die sich dem polnischen Volkstum zugehörig fühlten. Der Vatikan fand eine salomonische Lösung, »indem er am 22. 1. 1922 eine Apostolische Administratur für das Staatsgebiet errichtete und den früheren Bischof von Riga, den Iren Graf O'Rourke zum Administrator ernannte. O'Rourke wurde auch Bischof des am 3. 1. 1926 errichteten Bistums Danzig, das entgegen polnischen Wünschen nicht der Kirchenprovinz Gnesen-Posen unterstellt, sondern exemt wurde. Die Sonderstellung des Freistaats war somit vom Vatikan bestätigt worden« (Rhode ebd. S. 611).
»Während Volkstag und Senat einschließlich Sahms die Erhaltung des Deutschtums der Freien Stadt als vornehmste Aufgabe betrachteten und deren Existenz nur als Povisorium auffaßten, war Polen bestrebt, die Stadt zu polonisieren und politischen wie wirtschaftlichen Druck auszuüben« (Rhode ebd. S. 609). Zu welchen Auswüchsen diese gegenteiligen Zielsetzungen führten, zeigt eine Rede des polnischen Staatspräsidenten Wojciechowski im Mai 1923, die er in Karthaus unweit der Danziger Grenze hielt, und in der er u.a. ausführte: »Polen ist bereits drei Jahre bemüht, Danzig durch Wohlwollen und Zugeständnisse zu gewinnen. Diese Zeitperiode ist als beendet zu betrachten. Man muß Danzig all diejenigen lebenswichtigen Säfte unterbinden, die es Polen entnimmt, und dies solange, bis in Danzig eine andere dauerhafte Richtung die Oberhand gewinnt, die keinen Kampf noch Entgegensetzung von Schwierigkeiten will, sondern eine loyale Zusammenarbeit sucht und Polen als Großmacht anerkennt, die an Danzig nicht nur geschriebene, sondern natürliche Rechte hat« (Sahm, ebd. S. 79).
Hierauf erwiderte Sahm im Danziger Volkstag, wobei er auf die wirtschaftlichen Rechte und gegenseitigen Verpflichtungen hinwies. Sahm schloß dann mit den Worten: »Wir müssen uns dagegen wenden, daß man uns die lebenswichtigen Säfte unterbinden will, und wir müssen nachdrücklich und mit allem Ernst darauf hinweisen, daß ein solches Kampfmittel einen Verstoß gegen die bestehenden Verträge bedeutet. An der Loyalität der Danziger Regierung und der Erfüllung der geschlossenen Verträge ist ein Zweifel nicht berechtigt« (Sahm ebd. S. 80).
Nachdem diese im nationalen Geltungsdrang begründeten Streitpunkte

im wesentlichen aus der Welt geschafft waren, kam es in der zweiten Hälfte der zwanziger Jahre zu einem relativ normalen Verhältnis zwischen Danzig und Polen, wenngleich der Hafenausbau in Gdingen natürlich immer wieder Anlaß zu Reibereien gab.

Im Februar 1929 hatte der polnische Ministerpräsident Kazimierz Bartel in Begleitung des Verkehrsministers Kühn Danzig einen Besuch abgestattet, und es »wurden viele schöne Worte über die Verständigungspolitik ausgetauscht«, schreibt Sahm. Er fährt dann fort: »In diese hoffnungsfrohe Stimmung fiel wie ein kalter Wasserstrahl die Veröffentlichung einer polnischen Denkschrift über Danzig ... Die darin bekanntgegebenen Leitsätze enthüllten in rücksichtsloser Schärfe die polnischen Wünsche und Ziele.« Ohne auf die Einzelheiten in dieser 12 Punkte umfassenden Denkschrift einzugehen, soll doch nachstehend der erste Punkt zitiert werden:

»1. Mit der wachsenden Macht Deutschlands wird der Druck der deutschen Politik auf Polen zwecks Wiedergewinnung des Korridors und der Freien Stadt Danzig wachsen. Diesen Druck muß Polen zu parieren suchen durch eine psychologisch fundierte, in ein wirtschaftliches Gewand gehüllte Politik, durch die die Bevölkerung des Korridors und der Freien Stadt Danzig dazu gebracht wird, die deutschen Absichten auf Revision der in Frage kommenden Bestimmungen des Versailler Vertrages als für sich selbst unvorteilhaft abzulehnen« (Sahm ebd. S. 142).

Diese Denkschrift war von der Deutschen Telegraphenunion in einer Genfer Meldung vom 28. Februar 1929 publiziert worden und erregte nicht nur in Danzig, sondern auch in Deutschland erhebliches Aufsehen. Dies um so mehr, als es im Punkt 10 dann noch heißt: »Jede Danziger Rechtsregierung ist scharf zu bekämpfen. Jede Danziger Linksregierung ist unmittelbar, nachdem sie die Geschäfte übernommen hat, sehr wohlwollend zu behandeln ...«

Polnischerseits ist stets bestritten worden, daß diese Denkschrift von einer polnischen Dienststelle verfaßt worden sei, schon gar nicht sei sie von der Danziger polnischen Vertretung erarbeitet worden, wie der Senat vermutete.

5 *Danzigs politische Entwicklung*

Der Volkstag setzte sich ursprünglich aus 120 Abgeordneten zusammen, die auf vier Jahre gewählt wurden und ihrerseits mit Mehrheit den Senatspräsidenten sowie 7 hauptamtliche Senatoren ebenfalls für vier Jahre und 13 nebenamtliche Senatoren auf unbestimmte Zeit wählten. »Da der Volkstag nicht vorzeitig aufgelöst werden konnte, war die Regierung wesentlich stabiler als im Deutschen Reich. Eine von der SPD und DNVP betriebene Verfassungsänderung vom 4. Juli 1930, die die Zahl der Volkstagsabgeordneten auf 72 und die der Senatoren auf 12 herabsetzte, unterwarf auch die nunmehr sechs hauptamtlichen Senatoren dem Vertrauensvotum des Volkstages, so daß die Regierung nunmehr rein parlamentarisch wurde. Damit wurde ungewollt die Bildung eines nationalsozialistischen Senats im Mai 1933 erleichtert«. (Rhode, S. 608) Aufgrund der geänderten Danziger Verfassung war es möglich, eine rein parlamentarische Regierung zu bilden, aber leider auch, bereits vor Ablauf der Vierjahresfrist neue Wahlen auszuschreiben. Dies geschah für den 16. November 1930 und brachte folgende Sitzverteilung:
Wahl am 13.11.1927

	16.11.1930		13.11.1927	
Partei	Mandate	Prozentsatz	Mandate	Prozentsatz
Deutschnationale	12	16,7	25	20,8
Sozialdemokraten	19	26,4	42	35
Zentrum	11	15,3	18	15
Polen	2	2,8	3	2,5
Kommunisten	7	9,7	8	6,7
Liberale	3	4,2	9	7,5
Nationalsozialisten	12	16,7	1	0,8
Splittergruppen	6	8,2	14	11,7
	72	100	120	100

Die Parteienzersplitterung war annähernd so groß wie im Deutschen Reich, und bei den Splittergruppen verfügte fast jede nur über ein Mandat.

Sahm schreibt, daß das starke Anwachsen der Nationalsozialisten für ihn völlig überraschend gekommen sei, und entschuldigt dies damit, »in Danzig wie auf einer Insel gelebt zu haben«. Für politisch denkende Menschen, die die Entwicklung in Danzig beobachteten, war das Ergebnis nach den Reichtagswahlen vom September 1930 in Deutschland keineswegs eine Überraschung. Überraschend war lediglich, daß der prozentuale Anteil der polnischen Mandate nur von 2,5 auf 2,8% stieg. Der polnische Mandatsanteil hatte in der Wahl vom 18. 11. 1923 noch 4,2% betragen. Hierin zeigt sich eindeutig, daß Polen in all diesen Jahren keine ernsthaften Versuche unternahm, um den polnischen Bevölkerungsanteil zielbewußt zu fördern und zu vermehren.

Ein klares Ergebnis hatten die Wahlen vom 16. 11. 1930 nicht gebracht. Das Zentrum unter Prälat Sawatzki mag möglicherweise einen Wink aus Berlin bekommen haben, wo Brüning als Reichskanzler amtierte und eine Mitte-Rechts-Regierung führte. Jedenfalls wandte sich Sawatzki an den Führer der Deutschnationalen, Dr. Ernst Ziehm, Verhandlungen zur Bildung einer Koalitionsregierung zwischen Deutschnationalen, Zentrum, Liberalen und Nationalsozialisten aufzunehmen.

Die Entscheidung, wie sich die NSDAP zu verhalten habe, fällte Göring persönlich, der eigens nach Danzig zu einer Großkundgebung der Nationalsozialisten kam. Göring sagte die Tolerierung einer Regierung unter Ziehm zu, an der sich auch das Zentrum und die Liberalen beteiligen sollten. Für die Nationalsozialisten, so erklärte er ausdrücklich, käme eine Regierungsbeteiligung nicht in Frage. Für den bisherigen Senatspräsidenten Dr. Heinrich Sahm bedeutete das, Abschied von Danzig zu nehmen, doch wurde er bereits wenige Monate später zum Oberbürgermeister von Berlin gewählt.

Maßgeblich zum Sturz Sahms hat auch beigetragen, daß er einen am 4./5. Mai 1929 geplanten großen Stahlhelmtag in Danzig verbot. Der Stahlhelm plante eine Großkundgebung, die die Treue der Danziger Bevölkerung zum Deutschen Reich demonstrieren sollte. Da mit vielen Tausenden von Teilnehmern nicht nur aus Ostpreußen, sondern auch aus dem Reichsgebiet zu rechnen war, fürchtete Sahm, daß es zu unkontrollierbaren Ausschreitungen kommen könnte. Diese aber hätten Polen die Möglichkeit gegeben, gegebenenfalls militärisch in Danzig einzugreifen, um Ruhe und Ordnung wiederherzustellen. Hierzu war Polen auf Grund eines Völkerbundsratsbeschlusses befugt, da es sich in seiner eigenen Sicherheit hätte bedroht fühlen können.

6 *Danzigs Konkurrenz Gdingen*

Der Umschlag im Danziger Hafen hatte sich in den Jahren von 1925 bis 1929 erfreulich entwickelt, doch bereits ab 1930 machte sich die Konkurrenz des neuen polnischen Hafens Gdynia (deutsch: Gdingen) in erschreckender Weise bemerkbar. Sahm bringt in seinen Erinnerungen folgende Zahlen:

	Ausfuhr		Einfuhr	
	Danzig	Gdingen	Danzig	Gdingen
1925	2.031.969	9.086	690.778	1.586
1926	5.659.604	413.826	640.695	179
1927	6.380.419	889.439	1.517.194	6.702
1928	6.783.273	1.767.058	1.832.409	192.711
1929	6.766.699	2.492.858	1.792.951	329.644
1930	7.122.462	3.121.629	1.090.631	504.117
1931	7.576.205	4.741.565	754.300	558.549

Die Importe, bei denen für die Danziger Wirtschaft die eigentlichen Verdienstmöglichkeiten lagen, sanken 1932 sogar auf unter 400.000 t, während das Gesamtvolumen auf 5,48 Millionen Tonnen zurückging und damit seinen tiefsten Stand seit 1925 erreichte. »Das bedeutete Nichtausnutzung der für den gesamten seewärtigen Handel Polens ausreichenden Danziger Hafenkapazität, sinkende Einnahmen und vermehrte Arbeitslosigkeit, die Ende 1932 auf über 40.000 = 20% der Beschäftigten anstieg. Die Krise wurde noch verstärkt durch polnische Zollmaßnahmen vom Februar und März 1932, die deutsche Importwaren auch für Danzig mit dem Höchstzoll belegten und in Danzig veredelte und verarbeitete Waren wie Importe behandelten. Die Danziger Wirtschaft war weitgehend ruiniert und brauchte die Hilfe des Reichs noch stärker als Mitte der zwanziger Jahre« (Rhode ebd. S. 612/13). Diese finanzielle Hilfe des Deutschen Reichs belief sich 1927 auf 2,5 Millionen, 1928 auf 3,25 Mill. und 1929 sowie 1930 auf jeweils 4 Mill. Reichsmark, womit die Lücken im Danziger Haushalt jedoch nicht gedeckt werden konnten.

Im Sommer 1929 traf als neuer Hoher Kommissar des Völkerbundes in Danzig der Italiener Graf Gravina ein. Bei der Objektivität, die er in den strittigen Fällen zwischen Danzig und Polen wahrte, merkte man ihm sein Bestreben an, sein Amt mit großer Sorgfalt und Umsicht wahrzu-

nehmen. Weder Danzig noch Polen haben jemals Grund gehabt, den Hohen Kommissaren mangelndes Verantwortungsbewußtsein vorzuwerfen. Sie haben sich alle stets bemüht, gerecht zu entscheiden.
Graf Gravina aber kam im Sommer 1929 zu einer Zeit nach Danzig, als sich die Konkurrenz des neuen Hafens von Gdingen immer stärker spürbar machte. Da aber die Freie Stadt Danzig geschaffen worden war, um Polen den benötigten Hafen an der Ostsee zu geben, stellte der Hohe Kommissar rasch fest, daß Polen seiner Verpflichtung, die Kapazität des Danziger Hafens voll auszuschöpfen, nicht nachkam. Die einseitige Bevorzugung Gdingens bedrohte den Lebensnerv Danzigs.
So zeigte sich Graf Gravina in seinen Gesprächen mit dem Senatspräsidenten keineswegs abgeneigt, eine Beschwerde Danzigs infolge dieser wirtschaftlichen Bedrohung durch Gdingen beim Völkerbund entgegenzunehmen. Mit Datum vom 9. 5. 1930 richtete daher Sahm ein Schreiben an den Hohen Kommissar des Völkerbundes, in dem es u.a. heißt: »... Danzig war in der Zeit vor dem Kriege das Ideal eines in sich in der Einfuhr und Ausfuhr ausgeglichenen Hafens mit dem Verkehr hochwertiger Güter, deren Umschlag wie Handel in der Hand des Danziger Kaufmanns lagen ... Bei der Mehrzahl der Umschlagsgüter des Danziger Hafens hat der Danziger Eigenhandel (jetzt) seine führende Stellung verloren. Der Danziger Hafen ist vom Handelshafen zum Speditionshafen herabgesunken. Die zahlenmäßige Vervierfachung seines Warenverkehrs beruht auf einer außerordentlichen Zunahme des Verkehrs geringwertiger Massengüter ..., deren Handel sich außerhalb Danzigs vollzieht, deren Umschlag kostspielige risikoreiche Neueinrichtungen des Hafens bedingt hat und deren für gewisse mit der Spedition und der Schiffahrt zusammenhängende Wirtschaftszweige bestehender Nutzen in keiner Weise die Schädigungen der Ausschaltung des Danziger Hafens auf vielen Gebieten des Warenverkehrs auszugleichen vermag, ist das Kennzeichen des Wirtschaftslebens Danzigs in der Nachkriegszeit. Diese für Danzig in der Nachkriegszeit erwachsenen Schwierigkeiten sind in der letzten Zeit katastrophal verschärft worden, und es sind für den Danziger Handel und das gesamte Wirtschaftsleben schwere Depressionen eingetreten, deren Rückwirkung auf die Grundlagen des Danziger Staates gefahrdrohend sind. Die Ursachen hierfür sind nach Auffassung der Regierung der Freien Stadt Danzig darin zu erblicken, daß ein großer Teil des polnischen Handels von dem Wege über Danzig

abgelenkt wird, da Polen die nach Danzig führenden Eisenbahnen und Wasserwege nicht in genügendem Maße ausbaut, da es den Ausbau des Danziger Hafens unzureichend fördert und da Polen unmittelbar neben Danzig einen eigenen Hafen in Gdingen mit allen Mitteln unter Hintansetzung des in Danzig geschaffenen freien Zugangs fördert ... In Anbetracht dessen, daß der Hohe Kommissar des Völkerbundes am 15. August 1921 entschieden hat, daß einerseits die polnische Regierung verpflichtet ist, den Hafen von Danzig voll auszunutzen, welche anderen Häfen sie in Zukunft auch an der Ostseeküste errichten mag, und andrerseits die Danziger Regierung verpflichtet ist, die Interessen Polens bezüglich des freien Zugangs zum Meere zu allen Zeiten zu wahren, bitten wir zu entscheiden, daß ...« (Sahm S. 165/66).
Es folgen nun drei ausführlich dargelegte Punkte, in denen die Danziger Regierung die von ihr geforderten Verpflichtungen Polens erläutert. Diese Punkte beziehen sich ausschließlich darauf, daß Polen die Ausnutzung des Danziger Hafens gewährleisten, sich an den notwendigen Investitionen in einem angemessenen Umfange beteiligen und alle Maßnahmen unterlassen solle, durch welche der Waren- oder Personenverkehr von Danzig abgelenkt würde.
Natürlich erzielte Danzig keine nennenswerten Erfolge, aber es erreichte doch, daß das Thema Danzig den Völkerbund ständig beschäftigte, was die polnische Regierung vergeblich zu verhindern suchte. Danzig stand durch den Vertrag von Versailles unter dem Schutz des Völkerbundes und verlangte nun eben auch immer wieder dessen Schutz.

7 *Interregnum Ziehm*

Eigentlich ist das Wort Interregnum nicht berechtigt, denn Ziehm war ordnungsmäßig, wenn auch mit den Stimmen der Nationalsozialisten gewählt worden. Dennoch blieb seine Regierungszeit ein kurzes Zwischenspiel von etwa eineinhalb Jahren. Ziehm war Parteivorsitzender der Deutschnationalen. Nach dem Punkt zehn der polnischen Denkschrift über Danzig vom Februar 1929 war »jede Rechtsregierung scharf zu bekämpfen«. Mit der Wahl Ziehms zum Senatspräsidenten nahm »die Verständigungsära«, wie Rhode schreibt, »ein Ende«. (S. 612)

Dennoch, Polen und Danzig waren aufeinander angewiesen, und so blieben die Probleme für Ziehm die gleichen wie für Sahm, nur verschärften sie sich jetzt beträchtlich. Ziehm selbst führt in seinen Erinnerungen folgende vier Hauptpunkte auf:

1. Der Streit um den Hafen Gdingen
2. Kampf um die Danziger Währung
3. Minderheitenstreit
4. Die polnische Besetzung der Westerplatte

Der Streit um Gdingen konnte praktisch nicht beigelegt werden, denn Polen hatte sich Gdingen für seine freilich sehr langsam wachsende Kriegs- und Handelsflotte gebaut. Außerdem hatte Frankreich Polen für den Ausbau dieses Hafens derartig hohe Kredite eingeräumt, daß Polen allein aus Rentabilitätsgründen die Förderung dieses Hafens betreiben mußte. Dennoch war trotz aller Gegensätzlichkeiten ein leichtes Einlenken Polens Danzig gegenüber auf wirtschaftlichem Gebiet spürbar. Hinsichtlich der polnischen Präsenz in Danzig verstärkten sich jedoch die Gegensätze.
Bei dem Streit um die Danziger Währung handelte es sich darum, daß sich die polnische Staatseisenbahn plötzlich weigerte, »in Danzig für die Beförderung von Personen und Gütern den in Danzig geltenden Danziger Gulden anzunehmen, und Bezahlung in polnischen Zlotys forderte« (Ziehm S. 158). Diese Auseinandersetzung wurde vom Völkerbundsrat zugunsten Danzigs entschieden.
Zu der Minderheitenklage Polens vor dem Völkerbund schreibt Ziehm: »(Hier) wurde der Anspruch auf volle Gleichstellung aller Angehörigen des polnischen Staates mit den Danziger Staatsangehörigen in wirtschaftlicher, sozialer und kultureller Beziehung erhoben. Dieser Anspruch lief im Ergebnis auf eine Polonisierung hinaus« (Ziehm S. 158). In der Minderheitenklage lehnte der Völkerbundsrat »nach Einholen eines Gutachtens des Internationalen Haager Gerichtshofs die polnische These ab und entschied, daß in Danzig die Deutschen das Staatsvolk bildeten und die Polen nur die in den Minderheitenverträgen festgelegten Minderheitsrechte besitzen, und daß die polnische Minderheit in Danzig nur in demselben Umfange Rechte in Danzig habe, wie Polen sie der deutschen Minderheit in Polen gewährte« (Ziehm S. 161/2).

Der zweifellos schwierigste Fall ergab sich aus der am 6. März 1933 durch Polen vorgenommenen Verstärkung der polnischen Garnison auf der Westerplatte. In einem gewissen Zusammenhang mit diesem Problem steht ein Vorfall im Sommer des Jahres zuvor, der der Vollständigkeit halber erwähnt werden muß, da er die wachsende Spannung zwischen Danzig und Polen schlagartig beleuchtet. Ziehm erwähnt ihn in seinen Erinnerungen nicht, aber Rhode führt dazu aus:
»Als aber am 15. VI. 1932 drei englische Zerstörer den Hafen besuchten, glaubte sich Marschall Pilsudski berechtigt, für die Begrüßungszeremonien auch seine eigenen Kriegsschiffe in den Hafen einlaufen lassen zu können, und benutzte die Frage zur Prüfung der Reaktion der Regierungen von Papen (in Berlin) und Ziehm. Der Kommandant des polnischen Zerstörers Wicher erhielt den Befehl, vor der Westerplatte zu ankern und das nächste öffentliche Gebäude zu beschießen, falls die polnische Flagge beleidigt würde, was dem Senat ausdrücklich mitgeteilt wurde. Der erwartete – vielleicht sogar gewünschte – Zwischenfall blieb jedoch aus, und am 13. VIII. 1932 wurde ein neues Danzig-polnisches Abkommen geschlossen, das den Aufenthalt polnischer Kriegsschiffe im Hafen genauestens regelte, im wesentlichen im Sinne Polens« (Rhode, S. 613).
Die Verstärkung der Garnison auf der Westerplatte konnte Danzig nicht stillschweigend hinnehmen. Begründet wurde diese militärische Verstärkung durch den polnischen diplomatischen Vertreter in Danzig dem Hohen Kommissar Rosting gegenüber damit, daß der polnischen Regierung Nachrichten vorlägen, denen zufolge die Danziger SA (Hitlers Sturmabteilungen) die auf der Westerplatte lagernde Munition in Brand stecken wolle. »Ich (Ziehm) erklärte, eine solche Dummheit, die Stadt Danzig und sich selbst der Gefahr der Zerstörung auszusetzen, sei den Nazis nicht zuzutrauen und könne ernstlich nicht geglaubt werden« (Ziehm S. 164).
Nun, was man den Nazis alles zutrauen konnte, hat Ziehm noch persönlich erfahren. – Vorerst jedoch ging es darum, das Verlangen Danzigs, die polnische Garnison wieder auf die ursprüngliche Stärke zu reduzieren, in Genf zur Geltung zu bringen. Ziehm besprach sich hinsichtlich seines Vorgehens in Berlin mit Außenminister von Neurath und anderen führenden Männern der gemäßigten Richtung.
»Für den Erfolg in Genf«, so schreibt Ziehm, »wurde als sehr wichtig ge-

halten, daß in Danzig Ruhe und Ordnung aufrechterhalten werde, um Polen jeden Grund für den Vorwand zu nehmen, daß seine Maßnahmen im Interesse seiner Sicherheit nötig seien, zumal Polen, wie ich dargelegt hatte, nach einem Ratsbeschluß in erster Linie berufen sein sollte, in Danzig eine gestörte Ordnung wiederherzustellen, wenn die Danziger Regierung selbst dazu nicht in der Lage wäre« (Ziehm S. 166).
In Genf wurde die ganze Angelegenheit mit großer Diskretion behandelt und mehr oder weniger hinter den Kulissen erledigt. Polen mußte feststellen, daß selbst die französische Presse, die zumeist als Verfechter der polnischen Wünsche und Ansprüche auftrat, in diesem Falle Partei für Danzig nahm. Bevor es im Völkerbundsrat zur Verhandlung des Danziger Falles kam, erteilte der britische Außenminister Eden als Präsident dem polnischen Außenminister Beck, der ihn darum gebeten hatte, das Wort. Dieser richtete nun an Ziehm die Frage, ob er »versichern könne, daß die Danziger Regierung in der Lage sei, unter allen Umständen für die Aufrechterhaltung der Ruhe, Ordnung und Sicherheit in Danzig zu sorgen. Ich versicherte, mir sei zwar der Grund dieser Frage nicht klar, ich hätte aber keine Bedenken, die Frage zu bejahen. Darauf Beck: Nach dieser Erklärung des Herrn Präsidenten Ziehm bin ich in der Lage, im Namen meiner Regierung zu erklären, daß sie die zur Verstärkung der Wache aus Sicherheitsgründen herangeführten Truppen zurückziehen werde« (Ziehm S. 171). Damit war dann auch das Thema Westerplatte vom Ratstisch.
Die Praxis stellte sich jedoch anders dar. »Der Abtransport der polnischen Truppen verzögerte sich. Beck erklärte mir, er habe Weisung aus Warschau, geltend zu machen, daß in Danzig, wie aus Vorgängen der letzten Tage erkennbar sei, ein Umsturz durch die Nazis nach dem Muster des Reiches drohe. Die Ursache war, wie sich herausstellte, eine nationalsozialistische Demonstration mit Hissen der Hakenkreuzfahne auf dem Gebäude des deutschen Generalkonsulats sowie Reden des Gauleiters Forster hierbei und in einer öffentlichen Versammlung, worin er die Machtergreifung Hitlers in Deutschland feierte und erklärte, in Kürze werde auch auf der Regierung und auf dem Rathause in Danzig das Hakenkreuz wehen. Die Regierung Ziehm müsse verschwinden und einer nationalsozialistischen Regierung weichen. Der Senat, mit dem ich von Genf aus täglich in telefonischer Verbindung stand, bestätigte diese Vorgänge. Ich empfand dieses Verhalten der Danziger Nazis wie einen

Dolchstoß in den Rücken, während ich im Kampf um die Freiheit Danzigs stand. Das mit vieler Mühe errungene Ergebnis war gefährdet« (Ziehm S. 173).
Ziehm stand natürlich mit den Herren der deutschen Delegation in Genf in engem Kontakt und bat diese, in Berlin dahingehend vorstellig zu werden, daß derartige Demonstrationen sofort unterbleiben möchten, was denn auch geschah. Gauleiter Forster hatte ohne Rücksprache mit Berlin diese Machtentfaltung in Danzig demonstriert, zumal Hitler ihm und Rauschning, seinem Vertreter, noch vor gar nicht langer Zeit erklärt hatte: »... vorerst gilt es, festen Fuß zu fassen, alles andere ergibt sich mit der nötigen Rücksichtslosigkeit dann von selbst« (Rauschning, Gespr. mit Hitler).
Nachdem Hitler in Deutschland an die Regierung gekommen war und seine Stellung durch die Wahl vom 6. 3. 1933 hatte bestätigen lassen, begannen die Nationalsozialisten in Danzig Ziehm anzugreifen. Es wurde in unflätigster Weise über ihn hergefallen. An allen Reklameflächen und Litfaßsäulen erschien ein Plakat: »Ziehm muß weg«.
Am 10. und 22. März 1933 sprach Ziehm mit Hitler und konnte ihm, soweit das bei Hitlers Mentalität überhaupt möglich war, ein wenig von den Problemen in Danzig berichten. Offenbar aber glaubte Hitler, daß diese Probleme durch seine Parteigenossen in Danzig besser gelöst werden könnten. So wurden Ziehm schon wenige Tage nach seiner Rückkehr aus Genf und Berlin weitere Schwierigkeiten bereitet.
Nach eingehender Rücksprache mit seinen Senatskollegen entschloß Ziehm sich, Neuwahlen durchzuführen, die am 28. Mai 1933 stattfanden. Sie brachten der NSDAP mit 50,03% der abgegebenen gültigen Stimmen die absolute Mehrheit, wenngleich es knapper kaum möglich gewesen wäre. Für den Volkstag bedeutete dies eine Mehrheit von zwei Sitzen. Die DNVP erreichte nur noch vier Mandate, das Zentrum konnte sich jedoch mit 11 Sitzen behaupten.

8 Hermann Rauschning

Als erster auf der Liste der Danziger Nationalsozialisten stand Dr. Hermann Rauschning. Er war 1887 in Thorn geboren und mit den Problemen des deutsch-polnischen Grenzbereichs eng vertraut. Der letzte Hohe Kommissar des Völkerbundes in Danzig, der Schweizer Historiker Dr. Carl J. Burckhardt, schreibt in seinem Buch »Meine Danziger Mission« über Rauschning u.a. folgendes: »Rauschning ist ursprünglich Vertreter aus dem Kreise jener Rechtspolitiker gewesen, die kurze Zeit wähnten, der Nationalsozialismus werde eine große konservative Revolution einleiten, ein preußischer Konservativismus mit seiner strengen ethischen Forderung werde auferstehen, Preußentum und Sozialismus, straffer Beamtenstaat und strafferzogene Staatsdiener würden sich aus dem Zerfall, den sie in den ersten Jahrzehnten des zwanzigsten Jahrhunderts erlitten hatten, neugestählt erheben. Als einer der ersten sollte er den tiefgreifenden Irrtum einsehen. In der Folge schrieb er ein bedeutendes Buch über das Zusammenwirken frevelhafter Überheblichkeit und schwindelhafter sozialer Demagogie, das Buch trägt den Titel: Die Revolution des Nihilismus ... Kein Zweifel, Rauschning hatte durch seine publizistische Tätigkeit und als politischer Redner die Autorität des Völkerbundes in Danzig zerstört, und er ist vorerst die starke Persönlichkeit, die dem Nationalsozialismus in der Freien Stadt zum Siege verhalf. Dennoch kann man seiner Wirksamkeit nur mit Hochachtung gedenken. Rauschning war Ostdeutscher, er stammte aus Thorn. Dort war er in der deutschen Minderheitsbewegung tätig gewesen. Sein Patriotismus besaß die kämpferische Spannung, die für Grenzbewohner charakteristisch ist. Nachdem er seinen Irrtum eingesehen hatte, ist er als ein Mann von Überzeugung vor keinen Konsequenzen zurückgeschreckt. Er besaß Mut und ausgesprochen staatsmännische Züge« (Burckhardt, S. 33/34). Burckhardt schreibt dann über die Regierungstätigkeit Rauschnings, den er gut kannte, weiter: »Als Rauschning das Amt des Senatspräsidenten übernahm, ließ er sich von der Partei die Zusicherung geben, daß man die Verfassung respektieren werde. Dieses Versprechen wurde gebrochen, sofort wurde die Auflösung der sozialdemokratischen Partei vorbereitet, und bereits erfolgten Verhaftungen katholischer Geistlicher und jüdischer Redakteure. Spontane Ausschreitungen gegen die polnische Minorität lähmten die Politik des Senatspräsidenten, er war von Gegnern und Verrätern umstellt ... Rauschning arbeitete nicht auf einen taktischen, sonden auf einen andauernden Ausgleich mit Polen hin, gerade dies aber wurde als untragbar bezeichnet, denn Außenpolitk hatte gegenüber dem Nachbarstaat scheinhaft und taktisch zu bleiben.

Rauschning wurde nach Berlin befohlen, Hitler machte ihm eine seiner bekannten Szenen, begann zu schreien: einzig die Partei sei Richter und Maß, Rauschning erlaubte sich, für seine Person Blancovollmacht zu verlangen. In seiner Regierungserklärung betonte Rauschning immer wieder, England könne am Schicksal Danzigs nur dann interessiert werden, wenn in der Freien Stadt wirklich verfassungsmäßige Zustände herrschten, die dem Völkerbund garantierte Verfassung sei zur Zeit überhaupt die einzige Garantie Danzigs« (Burckhardt, S. 37/39).

9 *Die Nationalsozialisten an der Regierung*

Die vom Gauleiter Forster versprochenen Programme zur Beseitigung der Arbeitslosigkeit konnten nicht verwirklicht werden, weil dazu die Währungsreserven der Bank von Danzig hätten in Anspruch genommen werden müssen. Dem widersetzte sich Rauschning, wodurch es dann zum endgültigen Bruch zwischen ihm und dem Gauleiter kam. Rauschnings Bericht nach Berlin wurde verworfen.
»Kaum war der Posten des Senatspräsidenten durch Arthur Greiser besetzt, schmolzen die Danziger Goldreserven zusammen, im August 1933 betrugen sie noch 35 Mill. Gulden, zwei Jahre später 13,5 Mill.«
Der Danziger Senat, Befehlsempfänger der Gauleitung der NSDAP, sah sich zu radikalen Sparmaßnahmen genötigt. Von den 2.000 zum Arbeitsdienst einberufenen Danzigern wurden 1.500 nach Deutschland in Arbeitslager verbracht, Pensionäre mußte ihren Wohnsitz nach Deutschland verlegen, Studienräte, Direktoren und andere höhere Beamte erhielten entsprechende Stellen in Deutschland, während in Danzig junge Assessoren und Referendare mit entsprechend niedrigen Gehältern den Dienst versahen. Die Arbeitslosen wurden im Rahmen des Möglichen nach Deutschland abgeschoben.
Doch trotz dieser Maßnahmen konnte ein Währungsschnitt nicht verhindert werden, und der Danziger Gulden mußte am 2. Mai 1935 um 42% abgewertet, die Golddeckungspflicht von 40% auf 30% herabgesetzt werden. Der Danziger Gulden entsprach in seiner Bewertung damit wieder dem polnischen Zloty.
»Nur allmählich durchführbar«, schreibt Rhode, »war die vor allem von

Gauleiter Forster betriebene Umgestaltung des Freistaats in ein totalitäres Staatswesen mit einer Einheitspartei. Den Weg dazu sollte eine für Verfassungsänderungen nötige Zweidrittelmehrheit der NSDAP im Volkstag bereiten, die nur durch Neuwahlen möglich war. Unter dem Eindruck der Saarabstimmung löste sich der Volkstag am 21. II. 1935 auf, doch brachten die am 7. IV. durchgeführten Wahlen trotz eindeutiger Bevorzugung der NSDAP und trotz Diffamierung der Oppositionsparteien als ›Separatisten‹ und trotz Einsatz mehrerer Reichsminister als Redner zwar eine Verstärkung des Stimmenanteils der NSDAP auf 59,3%, aber nicht die angestrebte Zweidrittelmehrheit, was unter den gegebenen Umständen eine Niederlage war. Die NSDAP hatte nun 43 von 72 Sitzen, SPD, Zentrum und DNVP 25 statt 27. – Eine Wahlanfechtungsklage der Oppositionsparteien beim Danziger Obergericht hatte insofern Erfolg, als durch Urteil vom 14. XI. 1935 der NSDAP über 10.000 Stimmen und ein Mandat aberkannt wurden, das die SPD erhielt. Jedoch wurden die Wahlen nicht, wie beantragt, für ungültig erklärt. Die regierende NSDAP ging danach das Risiko von Neuwahlen nicht mehr ein« (Rhode S. 615/16).

Die Danziger Oppositionsparteien aber hatten sich bereits vorher erfolgreich gegen die totalitären Methoden der herrschenden Kräfte gewehrt und waren in einer Eingabe an den Völkerbundsrat herangetreten. Der mehrheitlich nationalsozialistische Volkstag hatte den Paragraphen zwei des Danziger Strafgesetzbuches geändert. Dieser lautete in seiner ursprünglichen Fassung »Eine Handlung kann nur dann bestraft werden, wenn diese Strafe gesetzlich bestimmt war, bevor die Handlung begangen wurde«. Die neue Fassung lautete, indem sie sich an das umgestaltete deutsche Strafrecht anlehnte: »Bestraft wird, wer eine Tat begeht, die das Gesetz für strafbar erklärt oder die nach dem Grundgedanken eines Strafgesetzes und nach gesundem Volksempfinden Bestrafung verdient. Findet auf die Tat kein bestimmtes Strafgesetz unmittelbar Anwendung, so wird die Tat nach dem Gesetz bestraft, dessen Gedanke auf sie am besten zutrifft.«

»Der Völkerbundsrat unterbreitete am 23. 9. 1935 das Problem dem Internationalen Gerichtshof in Den Haag. Dieser verurteilte den Begriff ›gesundes Volksempfinden‹, weil er keine Objektivität gewährleistete. Mit neun Stimmen gegen die Stimmen Italiens, Japans und auch Polens erklärte der Gerichtshof den Paragraphen für verfassungswidrig.«

Daß Polen sich nicht auf die Seite der Oppositionsparteien stellte, mag verwundern, doch darf nicht vergessen werden, daß Hitler am 26. I. 1934 ein auf zehn Jahre befristetes deutsch-polnisches Nichtangriffsabkommen geschlossen hatte. Maßgeblich beteiligt am Zustandekommen dieses Vertrages war der Danziger Senatspräsident Rauschning, der dann so rasch in Ungnade fiel. Polen hatte daher zu jener Zeit gar kein Interesse, sich in die inneren Danziger Angelegenheiten zu mischen, oder sich gar durch Unterstützung der Danziger Oppositionsparteien in ein zwiespältiges Licht Deutschland gegenüber zu bringen. Dieses Abkommen Hitlers mit Polen »leitete eine Ära deutsch-polnischer Zusammenarbeit ein, die in Polen teils gedämpfte Zustimmung, teils Ablehnung fand, in Deutschland aber propagandistisch betont wurde« (Rhode, Gesch. Polens, S. 492).

10 *Wirtschaftliche Entspannung*

Eingeleitet war von Rauschning diese Entspannung mit Polen seit Beginn seiner Präsidentschaft. Sie brachte auch Erfolge und führte zu einem Abkommen zwischen der Freien Stadt Danzig und Polen vom 5. 4. 1934. In wirtschaftlicher Beziehung, und das bedeutete für Danzig immer die Ausnutzung seines Hafens, machte Polen einige Zugeständnisse. Hinsichtlich der polnischen Minderheit in Danzig ging der Senat weit hinter den bis dahin vertretenen Standpunkt zurück. »Der polnischen Minderheit wurde der Gebrauch der polnischen Sprache bei den Behörden und die Anerkennung polnischer Examina zugestanden ... Eine Reihe von wirtschaftlichen Verständigungsabkommen, die am 6. 8. 1934 geschlossen wurden, bewirkte vor allem die Beseitigung der seit Anfang 1932 bestehenden Zollbestimmungen, beteiligte Danzig an der zentralen Einfuhrkommission in Warschau und kontingentierte die für die Danziger Landwirtschaft bedrohliche Einfuhr polnischer Agrarprodukte nach Danzig« (Rhode, S. 615).
Die zwischen Danzig und Polen abgeschlossenen Abkommen, aber auch die weltweit einsetzende wirtschaftliche Erholung (New Deal durch Roosevelt in den USA) bewirkten allmählich auch eine Besserung der Danziger Situation. Der Danziger Hafen erreichte 1937 und 1938

wieder Umschlagziffern von 7 bis 8 Mill. t. Wichtig und gewinnbringend blieb für Danzig stets die Einfuhr, und diese erklomm 1937 mit 1,51 und 1938 mit 1,56 Mill. t wiederum Höhen, von denen Danzig nicht mehr zu träumen gewagt hatte.
Gdingen war für die Danziger Öffentlichkeit kein Thema mehr, wenn auch die Presse dessen Wirtschaftszahlen laufend veröffentlichte.

11 *Hohe Kommissare des Völkerbundes*

Der Artikel 103 des Vertrages von Versailles setzte fest, daß die Verfassung der Freien Stadt Danzig unter der Garantie des Völkerbundes stehe.
Das aber bedeutete, daß der Völkerbund in Danzig präsent war, und aus diesem Grunde wurde die Stelle eines Hohen Kommissars des Völkerbundes geschaffen. Burckhardt schreibt hierzu:
»... die Freie Stadt Danzig, die nicht frei, sondern in jeder Beziehung bedingt, wohl eines der kompliziertesten Gebilde darstellte, die jemals dem theoretischen Denken improvisierender Völkerrechtler entsprungen ist ... In Momenten geschichtlicher Entscheidungen ist die Kanzleiperspektive die gefährlichste« (Burckh. S. 23/24 u. 31).
Da die Schaffung der Freien Stadt Danzig für die Polen eine große Enttäuschung und die Abtrennung Danzigs vom Deutschen Reich für die Danziger nicht minder deprimierend war, hatten es beide Regierungen schwer, das rechte Verhältnis zueinander zu finden. Danziger Beschwerden über polnische Anmaßungen von Rechten, die der Regierung in Warschau nicht zustünden, standen auf jeder Tagesordnung des Völkerbundsrats und wurden auch oft genug in den Vollversammlungen des Völkerbunds verhandelt. Burckhardt schreibt: »Auch geringe, ja geringste Schwierigkeiten, die sich auf Danziger Gebiet ergaben, nahmen stets unverhältnismäßig weittragende Folgen an. Meist handelte es sich um Quisquilien« (Burckh. S. 28).
Dies ist sicher überspitzt ausgedrückt, aber aus der Sicht anderer mit den inneren Verhältnissen Danzigs und Polens weniger vertrauter Staatsmänner mußte sich dieser Eindruck tatsächlich ergeben. Hinzu kam die Überempfindlichkeit insbesondere der polnischen Seite, die eifersüchtig darauf bedacht war, als Großmacht anerkannt zu werden. Gerade das

Wort Großmacht konnte aus polnischem Munde häufig vernommen werden. Aus alledem ist jedoch ersichtlich, wie notwendig der Posten eines Hohen Kommissars des Völkerbundes in Danzig blieb. Als nach dem Weggange Lesters selbst seitens des Völkerbundes erwogen wurde, die Stelle nicht neu zu besetzen, haben Danzig, Polen und das Deutsche Reich einstimmig beschlossen, unbedingt hierauf zu bestehen. So wurde denn der Schweizer Historiker Professor Dr. Carl J. Burckhardt berufen, diesen Posten auszufüllen. Er war mit dem germanischen wie romanischen Kulturkreis bestens vertraut und hat sich in bewundernswerter Weise bemüht, seiner Aufgabe gerecht zu werden. Dieses Bemühen soll jedoch auch keinem anderen der Hohen Kommissare abgesprochen werden.

Über den ersten Hohen Kommissar Sir Richard Haking wurde bereits berichtet.

Sein Nachfolger wurde Mac Donnell, der dem britischen diplomatischen Dienst angehörte. In seine Amtszeit fällt der Briefkastenstreit, in dem er mit großer juristischer Kenntnis vor dem Völkerbundsrat Danzig vertrat. Wenn auch der Ausgang dieses Streits für Danzig nicht ganz den gewünschten Erfolg brachte, so ist es doch Mac Donnell zu verdanken, daß er mit klaren juristischen Argumenten eine noch stärkere Erweiterung der polnischen Posthoheitsrechte verhinderte.

Ihm folgte der Holländer van Hamel 1925, der diesen Posten bis 1929 ausfüllte. Weder der Senatspräsident Sahm noch die Danziger Presse fanden den rechten Kontakt zu ihm. Auf Grund einer Bitte der Danziger Regierung wurde sein Mandat nicht verlängert.

Es wurde dann der Italiener Graf Gravina berufen, der von 1929 bis 1932 in Danzig weilte. Als ehemaliger italienischer Marineoffizier kümmerte er sich intensiv um die Belange des Danziger Hafens. Ihm gelang es häufig, Differenzen zwischen Danzig und Polen beizulegen, ohne daß dieselben in Genf der Weltöffentlichkeit präsentiert zu werden brauchten. Gravina erfreute sich in Danzig großer Beliebtheit, und als er dort an Magenkrebs starb, wurde er auf eigenen Wunsch auf dem Friedhof von St. Albrecht beerdigt. Als seine Leiche später nach Italien überführt und in der dortigen Familiengruft beigesetzt wurde, nahm der Danziger »Senat die Grabstelle in St. Albrecht in seinen Schutz und setzte dem Toten dort ein würdiges Denkmal« (Ziehm, S. 110).

Polen wünschte keinen Engländer oder Angehörigen einer anderen

Großmacht als Nachfolger Gravinas, und so fiel die Wahl auf Helmer Rosting, einen Dänen, der im Völkerbundssekretariat die Abteilung »Danzig und Saar« leitete. Er verfügte über eine ausgezeichnete Kenntnis der ganzen mit Danzig zusammenhängenden Probleme. Da er neben Englisch und Französisch auch die deutsche Sprache gut beherrschte und Senatspräsident Ziehm schon oft mit ihm zu tun gehabt hatte, war er auch den Danzigern willkommen. Nachdem in Danzig die Nationalsozialisten an die Regierung gekommen waren, bat er 1934 um seine Versetzung.

»Sein Nachfolger wurde der Ire Sean Lester«, schreibt Ziehm und fährt dann fort: »Was Rosting durch seinen Weggang von Danzig erspart geblieben war, mußte Lester in Danzig erleben. Er wurde wegen seiner Berichte an den Rat, in welchen er der Danziger NS-Regierung Verfassungswidrigkeiten vorwarf, von den Nazis heftig angegriffen und erlag den Angriffen, da er vom Rat in Genf im Stich gelassen wurde« (Ziehm, S. 113/14).

Der Völkerbundsrat hatte es jetzt schwer, einen geeigneten Mann für Danzig zu finden. Da aber Deutschland und Polen auf Grund ihres Vertrages vom 26. 1. 1934 derzeit friedlich beieinder lebten und das Problem Danzig in Genf nicht mehr zu jeder Tagesordnung gehörte, galt es, den Danziger Posten mit einem Manne zu besetzen, der vorwiegend darauf achtete, daß die vom Völkerbund garantierte Danziger Verfassung in Kraft blieb. Mit dieser Aufgabe wurde Carl J. Burckhardt betraut.

Er hatte keinen leichteren, sondern eher einen schwierigeren Stand als seine Vorgänger, die äußere Konflikte schlichten mußten. Burckhardt durfte sich nicht in die inneren Danziger Angelegenheiten mischen und mußte auf sehr schmalem Grat wandern. Was es bedeutete, von den Nationalsozialisten die Einhaltung der Verfassung zu verlangen, kann nur der beurteilen, der die nationalsozialistische Auslegung von Völker- und Staatsrecht kennt.

Burckhardt hat es meisterhaft verstanden, das hinterhältige Spiel der Nationalsozialisten zu durchschauen. Mit Hofmannsthal eng befreundet, schrieb er diesem bereits 1922, als ihm in Bologna die ersten faschistischen Schwarzhemden begegnet waren: »Das ist Gegenwart in der aufsteigenden Linie. Das Ganze scheint mir nicht auf wirklich große Zeiträume hin angelegt zu sein, aber wir werden manches erleben, was von hier aus seinen Ursprung nimmt.« Er sollte nur zu sehr recht behalten.

Dies aber schon 1922 verspürt zu haben, zeigt den feinfühligen Menschen für geschichtsträchtige Ereignisse.
Ziehm schreibt über das Wirken Burckhardts in Danzig, daß dieser die Dinge habe laufen lassen; gerade das aber war nicht der Fall. Burckhardts Buch »Meine Danziger Mission« vermittelt einen ausgezeichneten Einblick in die Tätigkeit der Hohen Kommissare. In welcher schwierigen Situation sein Vorgänger Lester war oder – besser gesagt – durch die Nationalsozialisten gebracht wurde, läßt sich glänzend nachlesen in dem Bericht über die Besuche der deutschen Kriegsschiffe »Admiral Scheer« im August 1935 und »Leipzig« im Juni 1936:
»Als beispielsweise im August 1935 der deutsche Kreuzer ›Admiral Scheer‹ im Danziger Hafen einfuhr, lud Sean Lester zu dem im Protokoll vorgesehenen Empfang den Gauleiter Forster ein. Forster beantwortete die Einladung nicht. Wie von jeher üblich, waren auch Vertreter des Danziger Parlaments gebeten worden. Von denjenigen, die den Oppositionsparteien angehörten, wagten nur zwei anzunehmen. Aber die Anwesenheit dieser zwei genügte, um den Senatspräsidenten und die Senatoren zu veranlassen, die Salons von Mrs. Lester in brüsker Weise, gleich nach Eintreffen, wieder zu verlassen und zu erklären, der Hohe Kommissar habe durch die Einladung der Vertreter der Opposition Deutschland und seinen Führer Adolf Hitler vor den Kopf gestoßen. Forster griff in der Folge den Vertreter des Völkerbundes massiv in seiner Presse an. – Noch ungemütlicher verlief ein Jahr später der Besuch des deutschen Kreuzers ›Leipzig‹ am 25. Juni 1936. Auch jetzt wieder, immer dem vorgeschriebenen Protokoll entsprechend, versandte der Hohe Kommissar seine Einladungen. Wenige Minuten aber, bevor die zahlreichen Gäste erwartet wurden, sagte Senatspräsident Greiser für die deutschen Offiziere und sämtliche Danziger Offiziellen telefonisch ab, mit der Begründung, der Führer und oberste Befehlshaber der Wehrmacht habe den Offizieren das Erscheinen beim Völkerbundsvertreter verboten. Diesmal gingen die Angriffe der Forsterpresse noch weiter, unter anderem erklärte der Gauleiter, Lester sei indirekt für den Tod von drei SA-Männern verantwortlich, da er durch ›sein Verhalten die Opposition zur Gewaltanwendung anreize‹. Der Zwischenfall wurde auf die Genfer Tagesordnung vom 4. Juli gesetzt. Greiser wurde vor den Völkerbundsrat zitiert. Er überschüttete Sean Lester mit den heftigsten Vorwürfen und verlangte dessen Abberufung, oder noch besser, die endgültige Aufhebung der Völ-

kerbundsvertretung in der Freien Stadt. Seine Rede beendete der Senatspräsident mit ›Heil Hitler‹. Da man auf der Pressetribüne laut lachte, drehte er sich um und streckte den Journalisten die Zunge heraus. – In seiner Antwortrede meinte Lester, daß der Rat sich nun vielleicht eine Idee machen könne, was der Hohe Kommissar in Danzig alles auszustehen habe« (Burckh. S. 29/30).
Im Verlauf dieser Sitzung wurde dann ein Dreierkomitee eingesetzt, das sich fortan mit den Danziger Angelegenheiten zu befassen hatte. Es bestand aus den Außenministern Großbritanniens, Frankreichs und Portugals; später trat Schweden an Portugals Stelle.
Diesem Dreierkomitee hat dann der letzte Hohe Kommissar, Carl J. Burckhardt, laufend berichtet und über seine Tätigkeit in Danzig das Buch »Meine Danziger Mission« geschrieben. Dieses Buch ist von Erich Keyser in der »Zeitschrift für Ostforschung«, 10. Jahrgang, 1961 rezensiert worden.
Dabei wird dem Hohen Kommissar indirekt vorgeworfen, er habe den damaligen polnischen Standpunkt für den richtigen gehalten. Jedenfalls sind Keysers Worte: »Dem einmütigen Willen der Danziger Bevölkerung gerecht zu werden, war er nicht gewillt«, nicht anders zu verstehen. Daß Burckhardt als Historiker, aus einem Lande stammend, das sowohl zu Deutschland wie zu Polen gute Beziehungen zu halten sich bemühte, das Danzig-Problem mit ganz anderen Augen ansehen mußte als die betroffenen Parteien, berücksichtigt er nicht. Gerade diese Erinnerungen strahlen soviel Objektivität aus und bringen derart viele der deutschen Bevölkerung Danzigs nicht mehr bewußte historische Rückblicke, daß es bisher das einzige Buch über Danzig geblieben ist, welchem europäische Bedeutung zukommt. Wenn Keyser am Schluß seiner Rezension bedauert, »daß die verantwortlichen Danziger Persönlichkeiten zu den damaligen Vorgängen sich nicht äußern konnten oder noch nicht geäußert haben«, so kann darauf erwidert werden, daß es völlig genügt, die vorliegenden gedruckten Reden Hitlers und anderer Größen des NS-Regimes, die Abhandlungen der damaligen Zeit über die Freie Stadt, Danzigs Verhältnis zu Polen, seine kulturelle Bedeutung für das Deutschtum im Osten usf. zu lesen, um sich ein Bild von dem zu machen, was diese leitenden Persönlichkeiten anstrebten und zu bewirken beabsichtigten. Sie alle, diese leitenden Persönlichkeiten, zu denen auf kulturellem Gebiet auch Erich Keyser gehörte, sind mit schuld an dem Debakel, das dann im

Jahre 1939 über Danzig und seine deutsche Bevölkerung hereinbrach. Das Parteiblatt der »Danziger Vorposten« trug als Parole die Worte: »Wir wollen heim ins Reich«. Das wurde immer und immer wieder in den Versammlungen wiederholt. Als Hitler in Deutschland die allgemeine Wehrpflicht einführte, gab es auch eine Anzahl junger Danziger, die sich freiwillig zur deutschen Wehrmacht meldeten. Sehr bald kursierte unter diesen jungen Danzigern die NS-Parole abgewandelt in der Form: »Wir wollen heim, uns reicht's«.

Hitler dürfte sich nie Gedanken darüber gemacht haben, ob sich die »unglückselige Danziger Bevölkerung«, wie er sich Burckhardt gegenüber am 20. 9. 1937 ausdrückte, wirklich so »unglückselig« fühlte, wie er offenbar voraussetzte. Freie Wahlen unter dem Schutz des Völkerbundes im Jahre 1938 nach dem Anschluß Österreichs wagte die NSDAP nicht, obwohl sie verfassungsgemäß spätestens 1939 fällig waren.

Die zweite Unterredung zwischen Burckhardt und Hitler fand am 11. 8. 1939 auf Wunsch Hitlers auf dem Obersalzberg statt. Aus Hitlers Worten an Burckhardt geht deutlich hervor, wie empfindlich er gegenüber Äußerungen in der Weltpresse war. Um so bedauerlicher ist es, daß dieses geheime Treffen, das nach allen Seiten hin abgeschirmt schien, durch einen findigen jungen französischen Journalisten frühzeitig bekannt wurde. »Diese Nachricht machte die Hoffnungen, die ich an die Aussprache auf dem Obersalzberg geknüpft hatte, zunichte«, schreibt Burckhardt und fährt dann fort: »Diese Hoffnungen, gegen meine bessere Einsicht gehegt, waren tatsächlich der ganze Inhalt meiner Danziger Mission gewesen, jetzt waren sie zusammengebrochen!« (Burckh. S. 347).

In Danzig hat sich dann am 23. August 1939 Forster zum Staatsoberhaupt von Danzig erklärt, eine Stellung, die in der Danziger Verfassung nicht vorgesehen war. Die Danziger Bevölkerung hat diesen Vorgang praktisch kaum noch registriert. Jedermann wußte, daß es sich nur noch um eine ganz kurze Zeit, vielleicht Tage, vielleicht Stunden handeln konnte, bis die deutschen Truppen die polnischen Grenzen überschreiten würden. Vorwiegend, aber nicht nur, Danziger Soldaten aus der deutschen Wehrmacht waren bereits in erheblicher Stärke in den noch aus wilhelminischer Zeit stammenden Kasernen Danzig-Langfuhrs stationiert worden.

Es herrschte eine große und allgemein wahrnehmbare depressive Stimmung in der Danziger Bevölkerung. Darüber konnten auch die reiße-

risch aufgemachten Hauptseiten des »Danziger Vorposten« nicht hinwegtäuschen.
Danzig hatte bei Kriegsausbruch ohne die eingemeindeten Vororte, aber einschließlich Petershagen und Neugarten, etwa 225.000 Einwohner.

Krieg und Untergang Danzigs
(1939–1945)

1 *Stukas jagten über die Stadt*

Vom Tage des Kriegsausbruchs am 1. September 1939 schreibt Burckhardt:
»Geweckt wurde ich um 4 Uhr morgens durch die ersten Explosionen des zweiten Weltkriegs, die Stukas jagten über die Stadt, es wurde neben meinem Haus die kleine polnische Besatzung des Bahnhofs niedergekämpft, man kämpfte um das polnische Generalkommissariat, die schweren Schiffsgeschütze der ›Schleswig-Holstein‹ gaben ihre Salven auf die Westerplatte ab. Der Gauleiter erschien punkt 8 Uhr früh mit großem Gefolge. Er eröffnete mir in einer kurzen Rede, ›ich sei der Vertreter des Versailler Vertrages, den Versailler Vertrag habe der Führer zerrissen, in zwei Stunden würde die Hakenkreuzfahne auf der Residenz der gewesenen Hohen Kommissare aufgezogen werden, die polnischen Vertreter seien alle verhaftet, ich hätte das Territorium innerhalb von zwei Stunden zu verlassen‹. Ich antwortete, indem ich einen kurzen Protest formulierte, worauf der Gauleiter mir plötzlich erklärte: ›Persönlich habe ich nichts gegen Sie‹, was der Situation eine ganz bestimmte Lächerlichkeit verlieh. Ich drehte ihm den Rücken ...« (Burckh. S. 353)
»Mit der durch Danziger Staatsgrundgesetz vom 1. 9. 1939 vollzogenen Eingliederung in das Deutsche Reich«, so schreibt Rhode, »beendete die Freie Stadt praktisch ihre Existenz als Freistaat. Da dieses Gesetz mit der Verfassung der Freien Stadt und mit den Völkerbundsbeschlüssen unvereinbar war, wurde die juristische Existenz des Freistaates weder dadurch noch durch die schon am 30. 3. 1945, am Tage der Einnahme Danzigs durch die Rote Armee, erfolgte Schaffung einer polnischen Wojewodschaft Danzig beendet« (Rhode, S. 606).

Diese Zeitspanne vom 1. September 1939 bis zum 30. März 1945 umreißt auch die Dauer des zweiten Weltkrieges, in dem Danzig am Anfang und am Ende eine so tragische Rolle spielen sollte.
Als, wie Burckhardt schreibt, um 4 Uhr morgens die Stukas über Danzig jagten, und die »Schleswig-Holstein« ihre ersten Salven auf die Westerplatte abfeuerte, wußte in Danzig jeder, daß damit der zweite Weltkrieg begann. Hitler mag im Geheimen gehofft haben, die Westmächte würden nicht zu ihren Bündnisverpflichtungen Polen gegenüber stehen, doch er hatte sich geirrt. Burckhardt hatte ihn vor einem Kriege gewarnt, Hitler aber erwiderte ihm: »Dann soll es eben sein. Wenn ich Krieg zu führen habe, würde ich lieber heute als morgen Krieg führen« (Burckh. S. 341).
Die Danziger Bevölkerung war Hitler völlig gleichgültig; daß sie das Pech hatte, deutsch zu sein, gab Hitler nach seiner Meinung einen legitimen Anspruch auf diese Stadt. Burckhardt verwies Hitler eindringlich auf den Weg der Verhandlungen. Hitler erklärte ihm, er sei immer verhandlungsbereit gewesen, aber alle seine Angebote seien in den Wind geschlagen worden. So führte Hitler eben seinen Krieg, von dem er wußte, daß er ihn nicht umgehen konnte, um seine Pläne und Wünsche nach »Lebensraum im Osten« oder, wie er Burckhardt erklärte, nach »Getreide und Holz« zu verwirklichen. Den Krieg, von dem er wohl wußte, was es bedeutete, ihn zu führen. Vor Jahren schon hatte er zu Rauschning gesagt: »... Die große Probe wird uns nicht erspart. Wir müssen auf den härtesten Kampf gefaßt sein, den ein Volk je zu bestehen gehabt hat. Es wird meine Pflicht sein, diesen Krieg ohne Rücksicht auf Verluste zu führen. Die Blutopfer werden ungeheuerlich sein. Jeder von uns weiß, was der totale Krieg bedeutet. Ich fürchte keine Zerstörungen. Wir werden viel daran geben müssen, was uns heute lieb und unersetzlich erscheint. Städte werden in Trümmer zerfallen, edle Bauwerke werden für immer verschwinden. Diesmal wird unsere heilige deutsche Erde nicht verschont bleiben. Aber ich fürchte dies nicht. Wir werden die Zähne zusammenbeißen, wir werden weiter kämpfen. Deutschland wird schöner und größer als jemals ein Land der Welt aus diesen Trümmern erstehen ...« (Rauschning, Gespr. m. Hitler).
In einem engen Kreis bei Rosenberg, an dem auch Rauschning teilnahm, hatte sich Hitler über seine Ostpolitik geäußert. Diese Ausführungen Hitlers unterschieden sich nur wenig von denen, die auch in seinem Buch

»Mein Kampf« stehen, nur sind sie hier konkreter, und Rauschning schildert sie wie folgt:
»Wir werden niemals eine große Politik machen ohne einen festen, stahlharten Machtkern in Mitteleuropa. Ein Kern von 80 oder 100 Mill. geschlossen siedelnder Deutscher. Meine erste Aufgabe wird es daher sein, diesen Kern zu schaffen, zu dem nicht nur Österreich, sondern auch Böhmen und Mähren wie auch die Westgebiete Polens gehören. Es wird unsere Pflicht sein, die hier wohnenden fremden Stämme zu beseitigen, wenn wir unser Großreich für alle Zeiten begründen wollen. Wir werden die Tschechen und Polen in die sibirischen oder wolhynischen Gebiete verpflanzen, die Bevölkerung der baltischen Randstaaten werden wir germanisieren. Und um dies zu erreichen, bin ich bereit, das abermalige Blutopfer einer ganzen deutschen Jugend zu verantworten. Ist aber dies unser Preis, dann werde ich nicht einen Augenblick zögern, zwei oder auch drei Millionen toter Deutscher im vollen Bewußtsein der Schwere des Opfers auf mein Gewissen zu nehmen. Woran ich denke, ist, unsere Herrschaft für alle Zeit aufzurichten und so zu verankern, daß sie für ein Jahrtausend gesichert steht« (Rauschning, Gespr. m. Hitler).
Die Bevölkerung Danzigs wußte von derlei Gedankengängen Hitlers nichts, wenngleich auch vereinzelte Exemplare von Rauschnings Buch nach Danzig gelangten. Doch eines wußten die Danziger, daß es Jahre bis zum Kriegsende dauern würde. Mit dem Ausgang, den der Krieg dann nahm, hatten nur wenige gerechnet, doch diese wenigen gab es. Nicht ohne Grund wurde gleich nach Kriegsbeginn das Konzentrationslager bei Stutthof auf der Nehrung nahe dem Frischen Haff eingerichtet. Dort waren nicht nur Polen und Juden inhaftiert, auch Danziger fand man unter ihnen. Die Danziger sprachen nur vom »Lager«, jeder wußte, was damit gemeint war.

2 *Der Kampf um die Westerplatte*

Die Kämpfe um Danzig waren nicht so schnell beendet, wie Forster und vermutlich auch Hitler es glaubten. Die Polen leisteten überall äußerst tapferen Widerstand. Es mußte Artilleriegeschütz eingesetzt werden, um die Besatzung der polnischen Post in der Danziger Altstadt niederzuringen. Auch bei der Westerplatte genügten nicht die Geschützrohre der »Schleswig-Holstein«.

Die Deutschen waren beeinflußt durch die »großsprecherische Einstellung der Danziger Polizei«, die die Ansicht vertrat, man könne »die Polen in zehn Minuten von der Westerplatte vertreiben« (Westerplatte 1939, Freiburg 1979), und so wurden »Stärke und Widerstandswille der polnischen Verteidigung gröblich unterschätzt. Zwei Angriffe der Marinestoßtruppkompanie am 1. September wurden unter hohen Verlusten für die Deutschen zurückgeschlagen. Diese Rückschläge führten dazu, daß die Deutschen die Stärke der polnischen Verteidigung nun erheblich überschätzten. Zudem wurde jetzt das, was als Nebenoperation auf Kompanieebene begonnen hatte, für die politische Führung Deutschlands zu einer Frage des Prestiges. Am 2. September befahl Hitler ausdrücklich, die Westerplatte noch am selben Tage zu nehmen. Erst nach wiederholten eindringlichen Vorstellungen seitens des Oberkommandos des Heeres war er schließlich am 4. September bereit, den Angriff aufzuschieben und den örtlichen Befehlshaber den Zeitpunkt dafür bestimmen zu lassen« (ebd. S. 134).
Zu größeren Kampfhandlungen auf der Landzunge selbst kam es nach dem 1. September nicht mehr. Die deutsche Einsatzleitung befürchtete weitere zu starke Verluste. Daher wurden Stuka-Verbände aus Ostpreußen herangezogen, die mit ihrem pausenlosen Bombardement der polnischen Befestigungsanlagen deren Besatzung zur Übergabe zwingen sollten. Wenn die Kapitulation dann auch tatsächlich am 7. September erfolgte, so in erster Linie deshalb, weil der polnische Kommandant keine Möglichkeit mehr sah, die Verwundeten ordnungsgemäß zu versorgen.
Die polnischen Verluste waren verhältnismäßig gering. Sie beliefen sich auf 15 Gefallene, zu denen eine größere Anzahl Schwer- und Leichtverwundeter kam. Insgesamt befanden sich auf der Westerplatte nur 218 polnische Offiziere, Unteroffiziere und Mannschaften.
Der Kampf um die Westerplatte ist für Polen ein Symbol geworden, ein Symbol für Ehre und Freiheit, das in der polnischen Geschichte eine große Rolle spielt. Den »Helden der Westerplatte« wurde 1966 ein riesiges Denkmal gesetzt.

3 *Adolf Hitler in Danzig*

Von seiten der Gauleitung der NSDAP wurde die »Heimkehr in das Reich« groß bejubelt, und Hitler, der zum ersten Male nach Danzig kam, hielt hier am 19. September 1939 eine Rede, in der er sich mit Danzig zwar auch, aber nur am Rande beschäftigte. In erster Linie ging es ihm darum, seinen Krieg zu rechtfertigen und die Schuld an diesem Kriege in hohem Maße den Engländern zuzuschieben. Natürlich begann er wieder mit dem Versailler Vertrag. »Bar jeder Kenntnis der geschichtlichen Entwicklung der europäischen Lebensräume, bar auch jedes wirtschaftlichen Verständnisses (haben) diese Menschen in Europa herumgewütet, Staaten zerrissen, Landschaften zerteilt, Völker unterdrückt und uralte Kulturen zerstört.«
»Auch dieses Land«, so fuhr Hitler fort, »war ein Opfer des damaligen Wahnwitzes, der polnische Staat als solcher ein Produkt dieses Unsinns! Was Deutschland für diesen polnischen Staat opfern mußte, ist vielleicht der Welt nicht genügend bekannt. Denn das eine muß ich aussprechen: Alle diese Gebiete, die damals Polen einverleibt worden sind, verdanken ihre Entwicklung ausschließlich deutscher Tatkraft, deutschem Fleiß und deutschem schöpferischen Wirken.«
Am 30. Januar 1934, als sich Hitlers »Machtergreifung« zum ersten Male jährte, hatte er vor dem Deutschen Reichstag unter Bezugnahme auf das mit Polen vier Tage zuvor abgeschlossene Nichtangriffsabkommen (26. 1. 1934) noch ganz andere Worte für Polen gefunden. Damals sagte er: »Deutsche und Polen werden sich mit der Tatsache ihrer Existenz gegenseitig abfinden müssen. Es ist daher zweckmäßiger, einen Zustand, den tausend Jahre vorher nicht zu beseitigen vermochten und nach uns genauso wenig beseitigen werden, so zu gestalten, daß aus ihm für beide Nationen ein möglichst hoher Nutzen gezogen werden kann.«
Doch jetzt hatte er Polen angegriffen, obwohl die Laufzeit des »Nichtangriffsabkommens« eben erst zur Hälfte verstrichen war. So war diese ganze Rede in Danzig nichts anderes als der Versuch einer Rechtfertigung seines Handelns, einer Rechtfertigung nicht nur dem Ausland, sondern auch dem eigenen Volke gegenüber. Daher kam er dann auch wieder auf seine alten Themen von der kulturellen Überlegenheit des deutschen Volkes zu sprechen:
»Dabei ist es noch ein Unterschied, ob ein Volk von einer minderen kultu-

rellen Bedeutung das Unglück hat, von einem kulturell bedeutenderen regiert zu werden, oder ob ein Volk von hohem Kulturstand dem tragischen Schicksal unterworfen wird, von einem kulturell minder entwikkelten vergewaltigt zu werden ... Die Deutschen sind seit nun bald zwanzig Jahren Opfer eines solchen Schicksals geworden. Ich brauche hier nicht im einzelnen das Los der Deutschen zu schildern. Es war über alles tragisch und schmerzlich.«
Hitler sprach von den Millionen Deutschen, die »im Vollzug des Versailler Diktats ihre frühere Heimat verlassen mußten«, und wandte sich dann kurz Danzig zu: »Es waren besonders zwei Zustände ganz unerträglich: 1. Eine Stadt, deren deutscher Charakter von niemandem bestritten werden konnte, wurde nicht nur daran verhindert, sich den Weg zum Reich zurückzusuchen, sondern es wurde versucht, sie planmäßig über tausend Umwege zu polonisieren, und 2. war der Verkehr einer vom Deutschen Reich abgetrennten Provinz abhängig von allen denkbaren Schikanen bzw. dem Wohlwollen des dazwischen liegenden polnischen Staates.«
Dann behauptete Hitler: »Ich habe nun versucht, Wege zu einer tragbaren Lösung auch dieses Problems zu finden. Ich habe diese Versuche in Form mündlicher Vorschläge den damaligen polnischen Machthabern unterbreitet.« – Hitler hat sich wohl gehütet, seine Vorschläge schriftlich zu fixieren, doch seien dieselben ernsthaft »in Besprechungen Becks (polnischer Außenminister) auf dem Obersalzberg und Ribbentrops in Warschau im Januar 1939« diskutiert worden. »Obwohl die Vorschläge von Beck schließlich klar abgelehnt wurden, ließ Hitler sie am 21. März 1939 in einer Unterredung zwischen Ribbentrop und dem polnischen Botschafter Lipski in nahezu ultimativer Form wiederholen« (Rhode S. 499). Zu seinem Angebot an Polen äußerte sich Hitler in Danzig nun folgendermaßen: »Danzig sollte zum Deutschen Reich. Eine exterritoriale Straße sollte – natürlich auf unsere Kosten – nach Ostpreußen gebaut werden. Dafür war ich bereit, den an sich für uns kaum tragbaren Zustand der Grenzen sogar noch zu garantieren und endlich Polen auch an der Sicherung der Slowakei teilhaben zu lassen.«
Nach der Ablehnung dieses Angebots durch die polnische Regierung wurde Hitlers Haltung Polen gegenüber immer drohender. Die antipolnische Propaganda in der deutschen Presse steigerte sich. Am 31. 3. 1939 kam es zu der von Hitler so böse angegriffenen britischen Garantieerklä-

rung für Polen. Diese Garantieerklärung Großbritanniens zugunsten Polens ist nur verständlich, wenn man die maßlose Enttäuschung begreift, die Hitler dem britischen Premierminister Chamberlain in München zugefügt hatte.
Am 26. September 1938 hatte Hitler in der berühmten Sportpalastrede erklärt: »... und nun steht vor uns das letzte Problem, das gelöst werden muß und gelöst werden wird. Es ist die letzte territoriale Forderung, die ich in Europa zu erheben habe. Aber von diesem Ziel werde ich nicht abweichen; ich werde es, so Gott will, erreichen ... In bezug auf das sudetendeutsche Problem ist meine Geduld jetzt am Ende. Ich habe Herrn Benesch das Angebot gemacht, das nichts anderes ist als die Realisierung dessen, was er selbst schon zugesichert hat. Er hat jetzt die Entscheidung in seiner Hand: Krieg oder Frieden. Wir sind entschlossen! Herr Benesch mag jetzt wählen!«
In diesem Zusammenhang ist es sehr anschaulich, sich Hitlers Rede vor dem Reichstag am 23. März 1933 ins Gedächtnis zu rufen, in der er sein »Ermächtigungsgesetz« einbrachte, und auch folgendes ausführte:
»Die Regierung beabsichtigt, von diesem Gesetz nur insofern Gebrauch zu machen, als es zur Durchführung der lebensnotwendigen Maßnahmen erforderlich ist ... Der Bestand der Länder wird nicht beseitigt. Die Rechte der Kirchen werden nicht geschmälert, ihre Stellung im Staate nicht geändert ...«, um dann mit den Worten zu schließen: »Mögen Sie, meine Herren, nunmehr selbst die Entscheidung treffen über Krieg und Frieden!«
Wieso über Krieg und Frieden bei einem Gesetz entschieden werden sollte, das sich nur auf innerdeutsche Angelegenheiten bezog, wird verständlich, wenn man diese fünf Jahre später gehaltene Sportpalastrede liest, die sich an die tschechoslowakische Regierung richtete. Am 23. März 1933 hatte Hitler die Vollmacht verlangt, über Krieg und Frieden zu entscheiden, und der Deutsche Reichstag hatte sie ihm mit Zweidrittelmehrheit gegen die Stimmen der Sozialdemokraten gegeben.
Durch die Vermittlung Mussolinis kam es wider aller Erwarten am 29. September 1938 zu der berühmt-berüchtigten Münchener Konferenz, in der das Sudetenland an Deutschland abgetreten, eine selbständige Tschechei jedoch garantiert werden sollte. Außerdem gab Hitler dem britischen Premierminister Chamberlain ein kurzes persönliches schriftliches Versprechen, den Frieden zu bewahren. Die Garantierung der

Resttschechei kam nicht zum Zuge. Im März 1939 erzwang Hitler durch ultimativen Druck die Unterwerfung der Tschechei und bildete das Protektorat Böhmen und Mähren. Das haben die Engländer Hitler nie verziehen, und so waren sie es, die jetzt im März 1939 Polen den Rücken stärkten.

Diese Haltung Englands, der sich Frankreich anschloß, führte zum deutsch-sowjetischen Vertrag vom 23. August 1939, der die Aufteilung Polens vorsah. Auch hierzu nahm Hitler in Danzig Stellung: »Unterdessen hat Rußland sich veranlaßt gesehen, auch seinerseits zum Schutz der Interessen weißrussischer und ukrainischer Volksteile in Polen einzumarschieren. Wir erleben nun, daß man in England und in Frankreich in diesem Zusammengehen Deutschlands und Rußlands ein ungeheuerliches Verbrechen sieht, ja ein Engländer schreibt: Das sei eine Perfidie. Die Engländer müssen das ja nun wissen. Ich glaube, die Perfidie sieht man in England darin, daß der Versuch des Zusammengehens des demokratischen Englands mit dem bolschewistischen Rußland mißlang, während umgekehrt der Versuch des nationalsozialistischen Deutschlands mit dem bolschewistischen Rußland gelungen ist. Ich möchte hier gleich eine Aufklärung geben: Rußland bleibt das, was es ist, und auch Deutschland wird das bleiben, was es ist ...«.

Hitler kam dann auf die künftige Gestaltung des Verhältnisses im östlichen Europa zu sprechen und bezeichnete diese als eine ausschließliche Angelegenheit Deutschlands und Rußlands. Zum Westen erklärte er: »Ich habe weder gegen England noch gegen Frankreich ein Kriegsziel. Die deutsche Nation desgleichen nicht. Seit ich zum Amt kam, bemühte ich mich gerade mit den früheren Weltkriegsgegnern allmählich ein enges Vertrauensverhältnis wieder herbeizuführen.« Er bringt als Beispiele die Lösung des Südtirolproblems und den Verzicht auf Elsaß-Lothringen, um sich schließlich wieder England zuzuwenden, das nach seinen Worten nicht nur wegen Polen in den Krieg getreten sei. Dieser Krieg richte sich vor allem »gegen das heutige Regime in Deutschland«. Hieran knüpft er nun die Worte:

»Es ist für mich die größte Ehre, in dieser Weise eingeschätzt zu werden. Grundsätzlich habe ich das deutsche Volk so erzogen, daß jedes Regime, das von unseren Feinden gelobt wird, als Gift betrachtet und deshalb vom deutschen Volke abgelehnt wird. Wenn also ein deutsches Regime die Zustimmung der Herren Churchill, Duff Cooper, Eden usw. bekom-

men würde, dann wäre dieses Regime höchstens von diesen Herren bezahlt und für Deutschland untragbar. Das kann für uns natürlich nicht zutreffen. Es ist daher für uns sehr rühmlich, von diesen Herren abgelehnt zu werden. Ich selbst kann ihnen dazu noch eines versichern: Wenn diese Männer mich loben würden, würde das der Grund zu meiner tiefsten Bekümmernis sein ... Die Herren mögen zur Kenntnis nehmen: ... heute haben sie wieder ein friderizianisches Deutschland vor sich!«
Aus den Unterredungen, die Hitler zweimal mit dem Hohen Kommissar des Völkerbundes in Danzig, Carl J. Burckhardt, führte, ging eindeutig hervor, wie empfindlich Hitler auf Äußerungen der Weltpresse reagierte. So wandte er sich in seiner Danzig-Rede auch gegen die in britischen und französischen Zeitungen festgestellte mangelnde Kriegsbegeisterung in Deutschland, die keinen Vergleich zu 1914 zulasse. Hierzu meinte Hitler: »Oh, es ist viel begeisterter! Nur ist diese Begeisterung heute eine Begeisterung, die im Innern lodert, die die Menschen hart macht. Es ist nicht der oberflächliche Hurra-Patriotismus, sondern es ist eine fanatische Entschlossenheit, es ist die ernste Begeisterung von Menschen, die wissen, was ein Krieg ist; die einen Krieg erlebt haben, die nicht leichtfertig in ihn hineingegangen sind; die aber, wenn dieser Krieg ihnen einmal aufgezwungen wird, ihn so führen werden, wie ihn einst die alte deutsche Front geführt hat.« Gegen Schluß rief er dann pathetisch aus: »Danzig war deutsch, Danzig ist deutsch geblieben und Danzig wird von jetzt ab deutsch sein, solange es ein deutsches Volk gibt und ein deutsches Reich.« Damit behielt Hitler dann soweit recht, daß Danzig deutsch blieb, solange es ein deutsches Reich gab. Das waren vom Zeitpunkt seiner Rede ab gerechnet nur noch reichlich fünf Jahre.
Die Danziger Bevölkerung ist wahrlich nicht leichtfertig in den Krieg hineingegangen. Sie hätte auf ihre Heimkehr in das Reich gern verzichtet, wenn dadurch der Krieg verhindert worden wäre. – Als im Winter 1940/41 Teile der Bevölkerung in Danzig bemerkten, daß Hitler Vorbereitungen für seinen Krieg gegen die Sowjetunion treffe, gab es in diesen Kreisen ehrliches Entsetzen.
Wenn Hitler wirklich geglaubt hatte, als Befreier in Danzig gefeiert zu werden, dann unterlag er nationalistischen Zwangsvorstellungen, die er in seinen Wunschträumen unentwegt nährte. Der Jubel, der Hitler bei seinem Triumphzug in Wien im Frühjahr 1938 entgegenbrandete, wiederholte sich in Danzig nicht. Zwar vermochte die Gauleitung der

NSDAP Massen auf die Beine zu bringen, die selbst aus Elbing und Marienburg herbeigeholt wurden, doch sie repräsentierten nicht die Danziger Bevölkerung in ihrer Ganzheit; sicher zu einem großen Teile, aber nicht zum größeren.

4 *Der Untergang Danzigs*

Den Krieg mit all seinen Schrecken lernte Danzig erst im März 1945 kennen. Bis dahin gehörte es zu den Oasen der Ruhe. Von Luftangriffen blieb es mit ganz geringfügigen Ausnahmen verschont. Wären nicht die ständig länger werdenden Listen der Gefallenen »Für Führer und Volk« im »Danziger Vorposten« erschienen, hätten die Nichtbetroffenen nur wenig vom Kriege verspürt, denn auch die Lebensmittelversorgung klappte einwandfrei.
Dies alles änderte sich schlagartig, als am Freitag, dem 12. Januar 1945, die Großoffensive der Roten Armee begann, deren nördlicher Flügel, die Zweite Weißrussische Front, unter dem Befehl des Marschalls Rokossowski stand. Er stieß nach Überschreitung der zugefrorenen Weichsel mit seinen Hauptkräften durch die Tucheler Heide auf die Oder und Stettin vor. Teile seiner Streitkräfte wandten sich in mehreren Keilen nach Norden, wo Stolp und Stolpmünde, Köslin und Kolberg bis zum 18. März in die Hände der sowjetischen Truppen fielen. Um Danzig und Gdingen, das damals den Namen Gotenhafen trug, schloß sich der Ring am 20.3.1945. Dennoch konnte Danzig nicht völlig abgeschnitten werden, weil die Weichseldämme durchstochen oder gesprengt waren. Infolge des Frühjahrshochwassers bildeten daher die nördlichen Teile des Danziger und Großen Werders eine einzige Wasserfläche, die jede Kampfhandlung verhinderte. Die etwas höher gelegene Binnen- und Frische Nehrung mit den Dörfern Neufähr, Bohnsack, Nickelswalde, Pasewark, Steegen und Stutthof, wo sich das KZ befand, wurde Zufluchtstätte Hunderttausender.
»In Danzig gab es genügend Lebensmittelvorräte, um eine militärische Besatzung zu ernähren. Aber es fehlte an Munition. Es gab nur einige wenige Flak, die unbeweglich war, weil die Zugmittel fehlten, und es gab

einige wenige tschechische und französische Geschütze, die vierzig oder fünfzig Schuß aus ihren Rohren jagen konnten. Dann war es aus ... Die »Kettenhunde« der Feldgendarmerie, die Sonderkommandos der SS und Stand- und Schnellgerichte hielten noch einmal eine fürchterliche Ernte ... Sie fällten erbarmungslos Urteile. Man sah die Gehängten an den Bäumen mit Schildern vor der Brust: ›Ich hänge hier, weil ich dem Befehl meines Transportführers nicht Folge leistete.‹ ›Ich bin ein Deserteur‹, ›Ich war zu feige zu kämpfen.‹ ›Ich hänge hier, weil ich ohne Erlaubnis meine Einheit verließ.‹ Es wurden Luftwaffenhelfer erhängt, halbe Kinder noch, weil sie einen kurzen Besuch bei ihren noch in Danzig lebenden Eltern machen wollten, ohne darum die Front zu verlassen« (Thorwald, »Es begann an der Weichsel«, S. 338/39).

Mit derartigen Methoden konnte die Danziger Bevölkerung nicht zum Widerstand ermutigt werden. Auch ohne Räumungsbefehl, der nur von der Gauleitung der NSDAP ausgelöst werden konnte, zog es die Danziger zur Küste, von wo sie hofften, evakuiert zu werden. Bereits Ende Januar verließ das KDF-Schiff »Wilhelm Gustloff« mit rund fünftausend Menschen an Bord Danzig. Von drei Torpedos des russischen U-Boots S-13 getroffen, versank die »Gustloff« auf hoher See nicht so sehr weit von Hela entfernt. Die herbeigeeilten Marineeinheiten retteten 937 Schiffbrüchige.

In Danzig herrschte ein unbeschreibliches Chaos, da die von den Russen überrollten Trecks aus Westpreußen umkehrten und nach Danzig drängten. Sie alle erhofften sich von dort aus Rettung über die See. Tatsächlich sind in den letzten Märzwochen noch Hunderttausende aus Danzig und seiner Umgebung mit Booten und Kähnen, Fähren und Schiffen nach Hela transportiert worden, doch nicht alle dort wartenden Flüchtlinge konnten weiter nach Dänemark und in die westlichen Ostseehäfen Deutschlands gebracht werden.

Bei der Aufnahme der Flüchtlinge auf den Schiffen spielten sich oftmals erschütternde Szenen ab. So, als in Neufahrwasser plötzlich »Feldgendarmerie mit gezogener Pistole etwa 70 Hitlerjungen den Weg auf ein Schiff bahnte, die im Emsland ausgebildet und einer Hitler-Jugend-Division zugeführt werden sollten« (Egbert Kieser, »Danziger Bucht 1945« Dokumentation einer Katastrophe, Bechtle Verlag, Esslingen 1978, S. 219).

Der Roten Armee gelang es, am 20. März zwischen Zoppot und Gdin-

gen zur Küste durchzustoßen und sich nun von Norden im Schutze der bewaldeten Höhenzüge Danzig zu nähern.
Am 21. März erteilte die Gauleitung in Danzig den Räumungsbefehl für Zoppot.
Ohne einen Räumungsbefehl gegeben zu haben, löste sich am Freitag, den 23. März, die Gauleitung in Danzig auf. Gauleiter Forster und Regierungspräsident Huth fuhren am Sonnabend, den 24. März, vormittags zusammen mit ihrem engeren Stab »mit dem in der Weichselmündung für sie bereitliegenden kleinen Dampfer ›Zoppot‹ nach Hela«. Es gab kein Reichsverteidigungskommissariat mehr in Danzig.
Doch unermüdlich und tapfer kämpften die Soldaten, so daß die sowjetischen Flieger Flugblätter über Danzig abwarfen, in denen die Offiziere und Soldaten der 2. deutschen Armee aufgefordert wurden, unverzüglich den Widerstand einzustellen. Die Flugblätter blieben erfolglos. Volksgrenadierdivisionen, die fast zu einem Nichts zusammengeschrumpft waren, und Einheiten der Marineflak verteidigten sich buchstäblich bis zur letzten Patrone. Es ging ja nicht nur um sie. Sie wußten, es war noch nicht die gesamte Zivilbevölkerung nach Hela abtransportiert, und unter den noch Wartenden konnten auch ihre Angehörigen sein.
Der Kommandeur der 4. Panzerdivision, General Betzel, fiel in den Straßen Danzigs; der Gefechtsstand wurde in die Schichauwerft verlegt.
Auf den 25. März fiel Palmsonntag. Für Danzig begann das Trommelfeuer. Die ersten Stalinorgeln schickten ihre heulenden Geschosse in die Stadt. Die letzten Schiffe hatten Neufahrwasser schon verlassen, da lief noch einmal die knapp 10.000 BRT große »Ubena« die Hafenmole an und nahm im Schutze der Nacht Flüchtlinge auf, die sich am Ufer befanden. Kurz nach ihrer Abfahrt flogen Munitionsschiffe in die Luft. Die dreißig im Hafen verbliebenen fertigen, aber von der Marine nicht oder noch nicht übernommenen U-Boote lagen bereit, um von der sowjetischen Marine eingesetzt zu werden.
Inzwischen hatten sich sowjetische Panzer und Infanterie von Langfuhr kommend durch den Steffenspark bis in die Nähe des Olivaer Tors vorgekämpft. Hier lieferten ihnen zwar mit Panzerfäusten versehene Volksgrenadiere erbitterten Widerstand, doch gelang es den Russen rasch, ihn zu überwinden. Die Gleisanlagen des Rangierbahnhofs wurden überquert, und die sowjetischen Einheiten erreichten durch die Schichaugasse über den Hansa-Platz den Hauptbahnhof. Es war bereits der 27. März.

An vielen Stellen brannte Danzig. Der Widerstand erlahmte, denn die Übermacht war zu gewaltig.
In der Dokumentenzentrale des Militärgeschichtlichen Forschungsamts in Freiburg befindet sich eine Studie mit der Signatur D-281. Sie ist ein handschriftlicher Bericht mit dem Titel »Letzte russische Offensive 1945 – XXVII. A.K. (Armee-Korps)«. Im 4. Teil auf den Blättern 23 und folgenden heißt es hierin wörtlich u.a.:
»Der Austritt aus dem Waldgebiet in das offene Gelände südlich Danzigs spielte sich dramatisch ab. Hatte der Wald trotz seiner Mühen doch in reichem Maße Schutz geboten und dem Feinde durch lebhafte, aktive Führung größere Kräfte vorgetäuscht als wirklich vorhanden waren, so waren diese in den großen Abschnitten im freien Gelände wegen ihrer geringen Zahl kaum mehr zu finden. Vom Aufbau einer wirklichen Kampffront konnte nicht mehr die Rede sein, es langte mit den geringen Kampfstärken (Batl. etwa 60 Mann) kaum zum Beziehen einer Sicherungslinie ... Dagegen hatte der Russe gegenüber der immer kürzer werdenden Front erhebliche Kräfte zusammengeballt, um im Sturm den Raum Danzig-Gotenhafen und damit die Ostsee zu gewinnen.
Vom 23.3. an entwickelte sich die Lage täglich schneller. Um 14.30 Uhr drang der Russe mit Panzern in Oliva ein, in dem von Straße zu Straße schwer gekämpft wurde ... Gegen Abend erfolgte ein Panzerdurchbruch, der bis nach Emaus gelangte, wo sich schwere Häuserkämpfe entwickelten ...
Am 27.3. setzte der Russe bei Schellmühl Truppen nach Holm über und um 22 Uhr folgte von Emaus ausgehend ein tiefer Einbruch, der bis in die innere Stadt führte. Der Nordteil der Stadt stand durch andauernde Bombenangriffe, die durch über 500 Flugzeuge geführt wurden, in Flammen. Reserven waren nicht mehr vorhanden. Munition gab es schon lange nicht. Die Panzer und Motfahrzeuge hatten kaum noch Brennstoff, Gegenmaßnahmen waren nicht mehr durchführbar.
Das AK gab Danzig, das ein brennender, glühender Trümmerhaufen war, auf und führte mühsam die spärlichen Reste seiner tapferen, opferwilligen und über alles Lob erhabenen Divisionen ostwärts über die Weichsel.«
Es hat vermutlich noch vereinzelte Reste von Volksgrenadieren gegeben, die hier und da kämpften, doch existierte kein regulärer Widerstand mehr.

Aus den widersprüchlichen Zeitangaben ist zu entnehmen, daß Danzig am 28. und 29. März der Roten Armee zur Plünderung freigegeben wurde.
Bereits am 30. März 1945 erfolgte die Schaffung einer polnischen Wojewodschaft Gdańsk.
Das deutsche Danzig existierte nicht mehr.

Danzig unter polnischer Herrschaft

Mit den Truppen der Roten Armee hatten auch geringe polnische militärische Einheiten von Danzig Besitz ergriffen.
Danzig war wieder polnisch! Der Wunsch, der die Polen seit 1793 mit nie erlöschender, immer brennender werdender Sehnsucht erfüllte, war Wirklichkeit geworden.
In welchem Zustande befand sich Danzig, als die polnische Regierung die Wojewodschaft Gdańsk am 30. März 1945 proklamierte? In einem Bildband »Gdańsk – Vergangenheit und Gegenwart« heißt es: »Durch Bomben und Geschosse zerrissene Häuser, zum Himmel ragende rauchgeschwärzte Brandruinen, verbogene Stahlkonstruktionen, gesprengte Brücken, schuttbedeckte Straßen, Barrikaden, Schützengräben, Wracks von Panzern und Autos, herumliegende Waffen und Kriegsgerät – das war das Bild, das Gdańsk im Jahre 1945 bot, als der Kampflärm verstummte. Dieser niederschmetternde Eindruck wurde durch die tödliche Stille mancher gänzlich menschenleerer Stadtteile verstärkt«.
Tödliche Stille ... Wie viele Menschen lebten denn noch in den Trümmern und Ruinen?
Hierauf gibt es keine Antwort.
Dennoch, die Anzahl ist vermutlich höher gewesen, als gemeinhin angenommen wird. Der Autor sprach im Frühjahr 1978, als er Danzig besuchte, mit einer alten Danzigerin, die mit ihrer Familie dort geblieben war. Ihre noch schulpflichtigen Kinder waren bereits Mitte April 1945 registriert worden. Sie trug einen rein polnischen Namen und war daher nicht zur Abwanderung gezwungen worden. Diese Danzigerin sagte: »Es waren schon noch viele Tausend hier, als wir polnisch wurden.«
In dem vorerwähnten Buch heißt es in dem Kapitel »Neues Leben erwacht«: »Auch ein Teil der deutschen Einwohner, vorwiegend Frauen

und bejahrte Personen, begann, die Stadt aus eigenem Antrieb zu verlassen. In der zweiten Hälfte des Jahres 1945 wurde nach der Potsdamer Konferenz die Umsiedlung der restlichen deutschen Bevölkerung durchgeführt, was jedoch keinen weiteren Bevölkerungsschwund verursachte, da dieser Abgang durch die Zuwanderung der polnischen Bevölkerung aufgefüllt wurde.«

Die Worte: »... die Umsiedlung der restlichen deutschen Bevölkerung durchgeführt ...« besagen nichts anderes, als daß die gesamte deutsche Bevölkerung, die sich nach Kriegsende noch in Danzig befand, ausgewiesen wurde.

Wenn es eine Stadt in Polen gab, in der die polnische Regierung keine Deutschen zu dulden gewillt war, so war es Danzig. Daher nimmt es auch nicht wunder, daß schon bis Ende 1945 etwa 70.000 Polen in Danzig eintrafen und sich dort seßhaft machten. Dies erfolgte allerdings nicht in der Rechtstadt, denn diese war zu nahezu 90% zerstört und darüber hinaus fast menschenleer. »Es ergab sich das Problem«, so heißt es in dem Buch weiter, »was mit der Innenstadt und anderen total zerstörten Stadtteilen geschehen solle. Angesichts des Riesenausmaßes der Zerstörungen und der aufkommenden Zweifel, ob es möglich sei, heute das wiederherzurichten, was in Jahrhunderten aufgebaut worden war, wurden sogar Stimmen laut, daß es besser wäre, die Ruinen als Dokument der alten Herrlichkeit der Stadt und der Barbarei des Krieges unberührt zu lassen.«

Doch davon konnte natürlich nicht die Rede sein, denn zu groß war der Stolz Polens, Danzig wieder in den Grenzen seines Reichs zu haben, dieses Kleinod zu besitzen, um dessen Verlust man immer getrauert hatte. – »Aber angesichts dieses Riesenausmaßes der Vernichtung stellte man sich nicht zu Unrecht die Frage, ob der Wiederaufbau möglich sei, ob sich – ganz abgesehen von finanziellen Erwägungen – Menschen finden lassen, die das wiederherzustellen vermögen, was die besten Meister verschiedener Epochen im Laufe der Jahrhunderte geschaffen haben. Es wäre eigentlich nicht verwunderlich, wenn ein durch den Krieg ausgezehrtes Volk, dem 6 Millionen Bürger ermordet und 38% des Nationalvermögens vernichtet wurden, sich dieser unsäglich schweren Aufgabe nicht unterzogen hätte. Aber diese Aufgabe wurde unternommen, und zwar unmittelbar nach Kriegsende.«

Der Wiederaufbau Danzigs war für Polen mehr als nur die Beseitigung von Trümmern und die Wiederherstellung historischer Gebäude sowie neuer Wohnsiedlungen. Der Wiederaufbau Danzigs war auch keine Frage des Prestiges, sondern eine Herzensangelegenheit des ganzen polnischen Volkes.

Der Wiederaufbau der Rechtstadt erfolgte nach alten Plänen und Vorlagen, so daß manch ein Gebäude in anderer Form erstand, als sie den Danzigern, die bis 1945 dort gelebt hatten, bekannt war. Eines der besten Beispiele hierfür ist der Turmaufbau des sechsgeschossigen von Antoni van Obbergen errichteten Bürgerhauses an der Langen Brücke neben dem Frauentor, das der »Naturforschenden Gesellschaft« gehörte. Der auf dem Turm später errichtete Kuppelbau der Sternwarte war sowieso zerstört, und es entstand der alte wunderschöne Turm in seiner ursprünglichen Form, wodurch sich wiederum das ganze Panorama der Langen Brücke in neuer Gestalt darstellte. Der Blick von der Spitze der Speicherinsel auf diesen Komplex Frauentor-Bürgerhaus gehört zu den schönsten im neuen Danzig.

»Bei der Rekonstruktion des historischen Aussehens«, heißt es ferner, »hielt man sich jedoch nicht an den Grundsatz der Wiederherstellung des Aussehens der Stadt in einer gewissen, ausgewählten Periode. Man wählte in jedem einzelnen Fall von einigen möglichen Formen die in architektonischer Hinsicht am wertvollsten erscheinende.« Das Schlagwort war: »Wir werden Gdańsk schöner aufbauen als je zuvor.«

Jetzt, da der Wiederaufbau nahezu vollendet ist, läßt sich beurteilen, ob dies gelang.

Der Kern des alten Danzig, das Gebiet zwischen Hundegasse und Altstädtischem Graben, ist tatsächlich in seiner historischen Form wiedererstanden. Nichts findet sich mehr von der Fülle der großen Kaufhäuser in der Langgasse, die es dort vor dem Kriege gab. Das Geschäftszentrum ist nach Langfuhr verlegt worden.

In der Langgasse und auf dem Langen Markt stehen die stolzen Bürgerhäuser aus der Blüteepoche Danzigs, und es befinden sich in ihren Erdgeschossen nur vereinzelt kleine Geschäfte. Die Häuser sind im Stil jener Jahrhunderte wiedererbaut worden, da Danzig, wenn auch mit weitgehenden Privilegien ausgestattet, zur polnischen Krone gehörte.

Bewußt sind Baulücken gelassen worden, um die architektonische Wirkung der Kirchen oder profanen Bauwerke zu erhöhen, so daß beispielsweise das Krantor völlig frei steht. An der südlichen Seite ist eine Grünfläche angelegt und an der nördlichen Seite das anschließende Haus so weit zurückgesetzt worden, daß die beiden wuchtigen Rundtürme des Krantors jetzt voll zur Geltung kommen. Die gegenüberliegende Speicherinsel wurde nur z.T. neu mit Speichern bebaut, diese jedoch nicht mehr in Fachwerkbauweise, sondern mit modernen Baumaterialien aus Beton, der vielfach verklinkert und in seiner architektonischen Form der alten Bebauung angepaßt wurde.

Polen hat sich beim Wiederaufbau Danzigs streng an die historische Vergangenheit dieser bedeutenden Stadt gehalten und sich auch nicht gescheut, deutsche Inschriften anzubringen, wenn sie dort hingehörten, wie beispielsweise auf der Stockturmseite des Langgasser Tors, während die Inschrift auf der Seite zur Langgasse hin, die lateinisch war, wiederum Lateinisch ausgeführt wurde.

Aber nicht an jeder Stelle gelang die Wiederherstellung des historischen Zustandes. So steht beispielsweise in der Gr. Wollwebergasse neben dem Zeughaus ein Neubau, der so gar nicht in den Stil des alten Danzig hineinpaßt, was allerdings von den Polen offen zugegeben wird. Dennoch kann ohne Vorbehalt anerkannt werden, daß der Wiederaufbau des historischen Stadtkerns eine Meisterleistung der polnischen Architekten und Handwerker darstellt.

Es bedarf nach diesen Ausführungen schon keiner besonderen Erwähnung mehr, daß Danzigs Kirchen, die fast sämtlich ausgebrannt waren, in ihrer alten Schönheit neu entstanden. Das Franziskanerkloster, in dem früher das Gymnasium St. Johann untergebracht war, beherbergt heute das Pomorskie-Museum, angefüllt mit wunderbar gearbeiteten Vitrinen, in denen die entsprechenden alten Fundstücke stehen.

Den Holzmarkt, auf den als Hauptstraße die Breitgasse mündet, schmückt eine prachtvoll angelegte Grünanlage, in deren Mitte ein Reiterstandbild mit König Johann III. Sigismund steht. Begrenzt wird der Holzmarkt zwischen Schmiede- und Töpfergasse durch den Komplex »Haus der Presse«, der zur Schauseite hin mit Giebeln geschmückt ist. Das Eckhaus an der Schmiedegasse ist ein sechsgeschossiges Giebelhaus, das durch besonders kunstvolle Gestaltung auffällt.

Eines der schönsten alten Danziger Bürgerhäuser, das Haus der Äbte von Pelplin, in der St.-Elisabeth-Kirchengasse am Radaunekanal, ist erhalten geblieben, doch die Ecke davor an der Weißmönchengasse war im Zuge der Kampfhandlungen zerstört worden. Hier ist ein viergeschossi-

ger Neubau entstanden, der sich architektonisch gut einfügt und eine technische Dienststelle beherbergt.
Auf der Pfefferstadt befindet sich vor dem originalgetreu wiederhergestellten Altstädtischem Rathaus eine große Grünanlage, so daß sowohl die breite Front des Rathauses als auch der Ostgiebel der Karmeliterkirche voll zur Geltung kommen.
Daß die drei Wahrzeichen Danzigs, die Marienkirche, das Rathaus mit seinem schlanken, jetzt 84 m hohen Turm und das Krantor zu den Erstwerken des Wiederaufbaus gehörten, versteht sich von selbst, und daß die Innenarchitektur der äußeren nicht nachsteht, braucht auch nicht hervorgehoben zu werden.
Dieses Wenige mag über die Wiederherstellung des historischen Danzig genügen, und so soll noch kurz ein Blick auf das heutige gewerbliche Danzig geworfen werden.
Danzig, Zoppot und Gdingen sind zu einer Verwaltungseinheit zusammengeschlossen, wobei jeder Ort sein eigenes Aufgabengebiet hat. Hier braucht nur von Danzig gesprochen zu werden, denn allein Danzig und das Schicksal dieser Stadt beschäftigen uns.
In Danzig leben heute etwa 400.000 Menschen, also weitaus mehr als vor dem Kriege. Hierbei sind zwar die Vororte eingerechnet, doch auch in dem uns interessierenden Danzig ist die Anzahl der Menschen größer als früher. Die Rechtstadt ist dünner besiedelt, sie wurde »verdünnt«. Ungefähr 20.000 Menschen weniger als ehedem leben auf ihrem Gebiet. Das bedeutet eine stärkere Besiedlung der übrigen Stadtteile. Dies konnte nur dadurch erreicht werden, daß sie nicht mehr in der alten Form erstanden.
In der Altstadt überwiegen zwar die viergeschossigen Wohnhäuser mit steilen ziegelgedeckten Dächern, aber am nördlichen Rand gibt es eine Anzahl von neun- bis elfgeschossigen Punkthäusern, die mit Grünanlagen umgeben sind. In der gleichen Form wurden auch Vorstadt und Niederstadt gestaltet, so daß sehr viel Wohnraum entstand. Am südlichen Rand der Altstadt, dort wo einst die hart verteidigte polnische Post stand, wurde die Siedlung »Verteidiger der polnischen Post« errichtet, die 4 vier- und 6 zehngeschossige Häuser mit sehr geschmackvollen Grünanlagen umfaßt.
Blickt man heute vom Bischofsberg auf Danzig, so erstreckt sich unmittelbar vor den Augen das historische Danzig – die Rechtstadt. Rechts

und links davon werden die Vorstadt und die Altstadt von den hohen Punkthäusern beherrscht, die auch das Bild der Niederstadt bestimmen. Es entsteht der Eindruck, als habe man eine mittelalterliche Stadt vor sich, die von modernen Hochhäusern umrahmt wird. Dazwischen aber erkennt man immer wieder die großen Gebäudekomplexe, die industrielle oder öffentliche Dienstleistungsbetriebe beherbergen.
Großer Wert wird auf die schulische und berufliche Ausbildung gelegt. So gibt es allein 9 Gymnasien und 34 berufliche Technika. Da ein großer Teil der Danziger Frauen beruflich tätig ist, bedurfte es einer ungewöhnlich großen Anzahl von Kindergärten. Besondere Aufmerksamkeit widmen die Behörden auch dem Gesundheitswesen. Acht Krankenhäuser und eine beträchtliche Anzahl von Spezialkliniken und Laboratorien erfüllen diesen Dienst. Nicht wiederaufgebaute Teile Danzigs sind mit Grünanlagen versehen, so daß man von einer Durchgrünung der Stadt sprechen kann.
Die Anzahl der Beschäftigten im Dienstleistungsgewerbe und in der Industrie dürfte sich heute die Waage halten. Das Dienstleistungsgewerbe entspricht dem aller anderen Städte, wobei in Danzig allerdings der Tourismus eine herausragende Rolle spielt.
Die Industrie in Danzig hat sich gewandelt. Vielleicht ist es besser zu sagen, sie ist ergänzt und erweitert. Nach wie vor stehen an erster Stelle die Werften, auf denen heute ungefähr 30.000 Menschen beschäftigt sind. Als Folge hiervon ist eine bedeutende Elektro- und Maschinenbauindustrie entstanden. Völlig neu ist die chemische Industrie, die einen beachtlichen Platz einnimmt. Heute wie früher aber nimmt die Nahrungsmittelindustrie den zweiten Platz ein, zu der sich Textil-, Leder- und Schuhindustrie gesellen. Darüber hinaus findet man eine Unzahl mittlerer und kleinerer Betriebe aller Branchen.
Ein Phänomen fällt jedem auf, der sich mit dieser Stadt Danzig beschäftigt. Es ist der »genius loci«, der sich in der Gestalt des Dranges nach Freiheit durch die ganze eintausendjährige Geschichte dieser ehrwürdigen Stadt zieht. Waren es einst die Pomoranen, die für ihre Freiheit kämpften, so wurden sie später abgelöst durch die deutschen Kaufleute, die nicht weniger hart für ihre freiheitlichen Privilegien bei Adel und König eintraten. Im heutigen polnischen Danzig ist dieser Freiheitsfunke auf die arbeitende Bevölkerung übergesprungen. Lech Walesa ist ihr Vertreter, und in seiner freiheitlichen Gewerkschaftsbewegung Solidarnośź lautet die

erste Forderung an die Regierung: »Zulassung freier, von der Partei und den Betriebsleitungen unabhängiger Gewerkschaften ...«
Ist es die Lage, sind es die Steine dieser alten Stadt, die den unbändigen Drang nach Freiheit erzeugen, so daß niemand sich ihm entziehen kann?

Kirchner, Deutsch-polnische Begegnungen, Schulfunk WDR, 1963.

Bibliographie

Beus, B.: »Der Große Kurfürst«

Blech, Ernst: »Altchristliche Glaubensboten in Westpreußen«

Burckhardt, Carl J.: »Meine Danziger Mission«, München 1960.

Burckhardt, Jacob: »Weltgeschichtliche Betrachtungen«, Stuttgart 1949.

Damus, Rudolf: Heimatbuch, Danzig 1911.

Domansky, Walter: Heimatbuch, Danzig 1911.

Faber, Walter: »Johann Raue«, ZWG, Heft 68, 1928.

Goldmann, Salka: »Verfassungskämpfe ...«, Leipzig 1901.

Günther, Otto: »Danziger Hochzeits- und Kleiderordnungen«, in: ZWG, Heft 42, 1900.

Hülsen, H. v. in: »Danzig«, Merian, Heft 7, Hamburg 1952.

Keyser, Erich in: ZWG, Heft 62

Keyser, Erich: »Baugeschichte der Stadt Danzig«

Keyser, Erich: »Geschichte Danzigs«, Danzig 1921.

Leinz, Josef: »Die Ursachen des Abfalls Danzigs ...«, in: Jahrbuch für die Geschichte Mittel- und Ostdeutschland, Berlin 1965.

Lengnich, Gottfried: »Geschichte der PreußischenLande Königlich Polnischen Anteils«.

Lengnich, Gottfried: »Jus Publicum Civitatis Gedanensis«.

Lengnich, Gottfried: »Jus publicum Regni Poloniae«.

Lingenberg, Heinz: »Die Anfänge des Klosters Olivia und die Entstehun der deutschen Stadt Danzig«, Kieler Historische Studien, Bd. 30.

Mannhardt, H.G.: »350 Jahre Mennonitengemeinde in Danzig«, Danzig 1919.

Millack, Walter, in: ZWG, Heft 65, 1925.

von Panten, in: ZWG, Heft 14, 1885.

Penner, Horst: »Ost- und westpreußische Mennoniten«, 1978.
Rauschning, Hermann: »Gespräche mit Hitler«
Renner, in: ZWG, Heft 20.
Reusch, A.: »Stanislaus Hosius«, in: Wpr. Gesch. Ver., Heft 2, 1880.
Rhode, Gotthold: »Die Freie Stadt Danzig 1920–1939«, in: Europa im Zeitalter der Weltmächte, Handbuch der europäischen Geschichte, Bd. 7.
Rhode, Gotthold: »Geschichte Polens«, Darmstadt.
Sahm, Heinrich: unveröffentlichtes Manuskript.
Schopenhauer, Johanna: »Jugendleben und Wanderjahre«, hrsg. v. Adele Schopenhauer,
Schuch, H.: »Kulturgeschichtliches über Pommerellen vor der Besitzergreifung durch den deutschen Ritterorden«, in: Heimatbuch, Danzig 1911.
Simson, Paul: »Geschichte der Stadt Danzig«.
Simson, Paul: »Ein neues Werk über Stanislaw Leszczynski«, in: ZWG, Heft 39, 1899.
Stark, Walter: »Lübeck und Danzig in der zweiten Hälfte des 15. Jahrhunderts«, Weimar 1973.
Thorwald, Jürgen: »Es begann an der Weichsel«, 1952.
Warschauer, A.: »Das Wappen und das Banner von Danzig«, Danzig 1916.
»Weinreichs Danziger Chronik«, Berlin 1855; Neudr. 1973.
Weise, E.: »Der zweite Thorner Vertrag«, in: Jahrbuch d. Alb. Univ. zu Königsberg, 1972, Bd. XXII.
Werminghoff, Albert: »Die Folgen der Schlacht bei Tannenberg«, in: Heimatbuch, Danzig 1911.
Ziehm, Ernst: unveröffentlichtes Manuskript.

Register

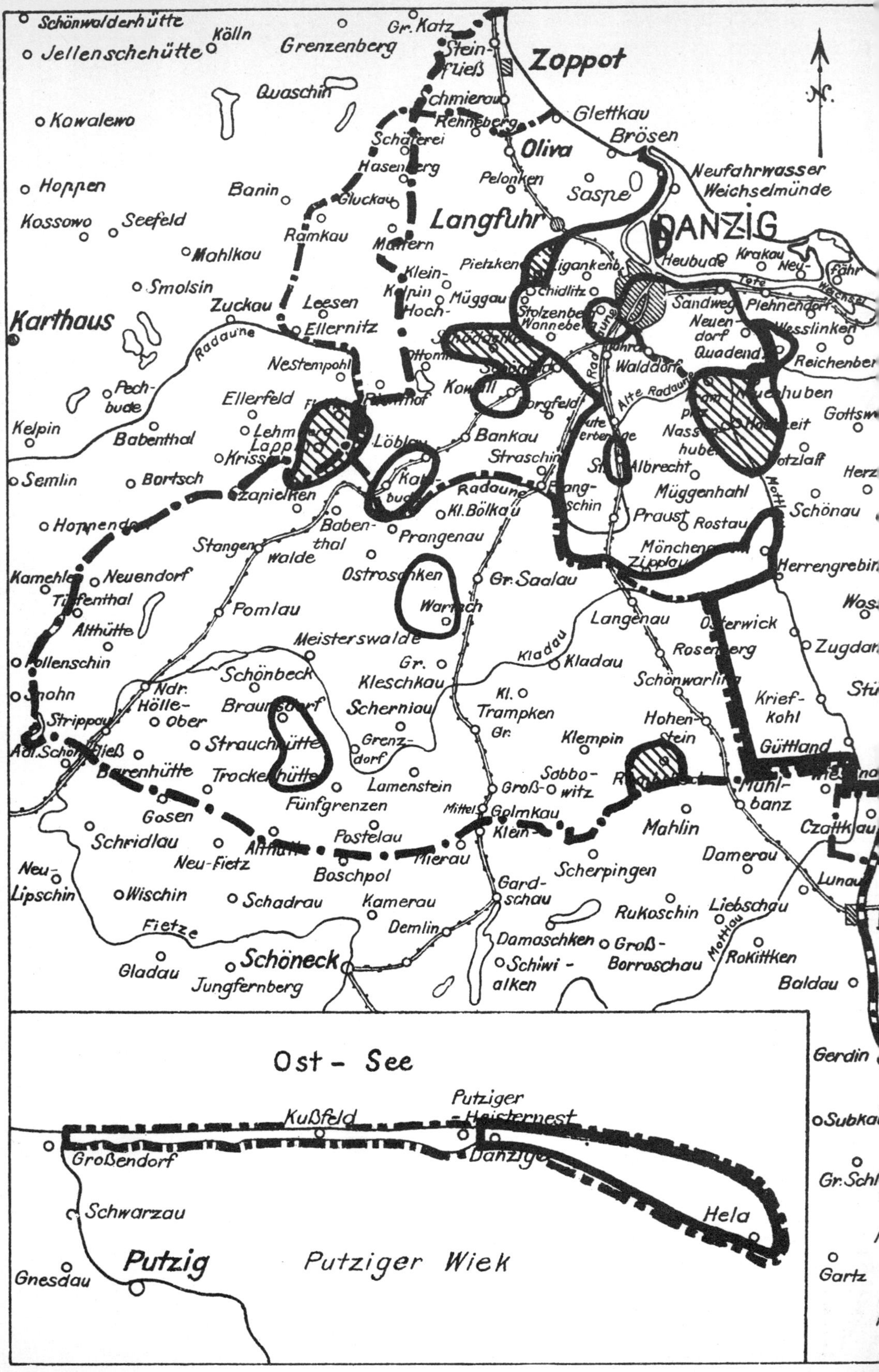
Schönwalderhütte
Kölln
Gr. Katz
Jellenschehütte
Grenzenberg
Zoppot
Quaschin
N.
Kowalewo
Schmierau
Glettkau
Rehneberg
Brösen
Oliva
Schäferei
Hoppen
Hasenberg
Pelonken
Saspe
Neufahrwasser
Weichselmünde
Banin
Gluckau
Kossowo
Seefeld
Langfuhr
DANZIG
Ramkau
Matern
Mahlkau
Pietzkendorf
Heubude
Krakau
Smolsin
Klein-Kelpin
Müggau
Schidlitz
Sandweg
Plehnendorf
Zuckau
Leesen
Hoch-
Stolzenberg
Wonneberg
Karthaus
Ellernitz
Neuendorf
Wesslinken
Radaune
Quadendorf
Nestempohl
Walddorf
Reichenberg
Kowall
Ellerfeld
Alte Radaune
Pech-bude
Kelpin
Babenthal
Lehmberg
Löblau
Bankau
Nassenhuben
Gottswalde
Krissau
Straschin
Albrecht
Semlin
Bortsch
Czapielken
Kahlbude
Radaune
Müggenhahl
Herzberg
Kl. Bölkau
Praust
Rostau
Schönau
Babenthal
Prangenau
Stangenwalde
Mönchengrebin
Kamehlen
Neuendorf
Ostroschken
Gr. Saalau
Herrengrebin
Tiefenthal
Pomlau
Wartsch
Langenau
Osterwick
Althütte
Meisterswalde
Rosenberg
Zugdam
Gr.
Kladau
Kladau
Pollenschin
Schönbeck
Kleschkau
Schönwarling
Ndr.
Kl.
Krief-
Sohn
Hölle-
Braunsdorf
Scherniau
Trampken
Hohen-
Kohl
Strippau
ober
Gr.
stein
Adl. Schönfließ
Strauchhütte
Grenzdorf
Klempin
Güttland
Bärenhütte
Trockenhütte
Lamenstein
Sobbowitz
Großwitz
Mühlbanz
Gosen
Fünfgrenzen
Mittel
Golmkau
Czattkau
Schridlau
Postelau
Klein-
Mahlin
Althütt
Mierau
Damerau
Neu-Lipschin
Neu-Fietz
Boschpol
Scherpingen
Lunau
Wischin
Schadrau
Kamerau
Gardschau
Liebschau
Fietze
Demlin
Rukoschin
Damaschken
Groß-Borroschau
Rokittken
Gladau
Schöneck
Schiwialken
Jungfernberg
Baldau
Gerdin
Ost - See
Putziger -Heisternest
Kußfeld
Subkau
Großendorf
Danzig
Gr. Schl
Schwarzau
Hela
Putzig
Putziger Wiek
Gnesdau
Gartz